6.=

De Nederlandse architectuur
1000|2005

25

De Nederlandse architectuur

1000|2005

Mariëlle Hageman

Fotografie **Jan Derwig**

Uitgeverij THOTH Bussum

Afbeelding omslag

J. Duiker, B. Bijvoet en J.G. Wiebenga, Sanatorium Zonnestraal, Hilversum, 1931

Nieuwe 's-Gravelandseweg 3, 1405 HH Bussum

WWW.THOTH.NL

Tekst

Mariëlle Hageman, Amsterdam

Fotografie

Jan Derwig, Amsterdam

(Capital Press, p. 62, Cees Dam, p. 326, Thijs Habets, p. 155, Christian Richters, p. 93)

Grafische vormgeving

Ronald Boiten & Irene Mesu, Amersfoort

Met dank aan

Jeroen Westerman, Utrecht

Maarten Kloos, Amsterdam

Gedrukt in Italië

ISBN 90 6868 370 5

Inhoud

1
8 Geloof

2
52 Op het land

3
96 Macht

4
142 Werk

5
194 Wonen in de stad

6
248 Infrastructuur

7
290 Zorg en onderwijs

8
336 Ontspanning

375 Register

Inleiding

Binnen de grenzen van het huidige Nederland staan talloze bijzondere bouwwerken, verrezen in de afgelopen duizend jaar. Ze zijn de moeite waard omdat ze in hun tijd speciaal waren, of juist omdat ze heel kenmerkend zijn voor de periode waarin ze gebouwd werden. Van al die gebouwen staan er 350 in dit boek. Het zijn allemaal bouwwerken die er vandaag de dag nog staan en die nog altijd bekeken kunnen worden. Het boek brengt ze op een toegankelijke manier onder de aandacht: moeilijk jargon is vermeden en de gebruikte architectuurtermen worden zoveel mogelijk uitgelegd. Ter illustratie is er steeds een fraaie foto van Jan Derwig.

De gebouwen staan niet zomaar in chronologische volgorde, of geordend naar architect of stroming. In plaats daarvan zijn ze steeds rondom een thema geschikt. De functie van de gebouwen dient daarbij als uitgangspunt. Zo ontstaat de mogelijkheid bouwwerken die met een overeenkomstig doel zijn neergezet met elkaar te vergelijken. Het boek biedt daarmee niet alleen een opeenvolging van beroemde architecten of gebouwen, maar geeft een overzicht van de wijze waarop de Nederlanders vorm hebben gegeven aan de ruimte waarin zij wonen en werken, bidden en besturen, bescherming en contact zoeken, en zorg en vermaak vinden. Binnen de hoofdstukken volgt de grote lijn de ontwikkeling van de verschillende stijlen, en daarmee over het algemeen de chronologie. Soms is die lijn doorbroken en staan twee gebouwen uit verschillende tijden naast elkaar, vanwege hun overeenkomsten of juist om het contrast.

In de loop van de hoofdstukken komen de voornaamste stromingen en architecten uit de geschiedenis van de Nederlandse bouwkunst steeds terug. Het begint met de middeleeuwse Romaanse en gotische bouwstijlen, waarvan de Nederlandse streken hun eigen varianten kende. In de tweede helft van de zestiende eeuw kreeg Nederland met de Hollandse Renaissance, ook wel maniërisme genoemd, een heel eigen vertolking van de Renaissancestijl. Bouwmeesters als Hendrick de Keyser en Lieven de Key versierden hun gebouwen met allerlei motieven die zij ontleenden aan de klassieke Oudheid. Vooral in de late negentiende eeuw werd deze stijl beschouwd als dé Nederlandse nationale stijl. Later in de zeventiende eeuw ontstond het strakkere, symmetrische classicisme, dat vooral teruggreep op de structuur van klassieke bouwwerken, met een beperkt aantal decoraties. In deze stijl zette Jacob van Campen met het Amsterdamse stadhuis, nu het Paleis op de Dam, het beroemdste symbool van de Nederlandse Gouden Eeuw neer. In de achttiende eeuw stond het Nederlandse bouwen sterk onder invloed van Frankrijk; de belangrijkste architect van rond 1700, Daniël Marot, was zelfs een Fransman. De negentiende eeuw zag een opeenvolging van zogeheten 'neostijlen', waarbij architecten als de beroemde P.J.H. Cuypers zich lieten inspireren door bouwstijlen uit het verleden. Aan het einde van de eeuw was de Jugendstil daarop een reactie. In de twintigste eeuw kreeg de Nederlandse architectuur weer een heel eigen gezicht. Aan het begin van die ontwikkeling stond H.P. Berlage, die met zijn aandacht voor een heldere constructie en eerlijk materiaalgebruik de weg vrijmaakte voor de moderne architectuur, voor de golvende volumes in baksteen van de Amsterdamse school, gevolgd door de rechte lijnen en moderne materialen van het Nieuwe Bouwen of functionalisme. Na de Tweede Wereldoorlog verrezen er massaal woningen in de nieuwe Nederlandse wijken, vaak in de vorm van grote flats, in een strakke stijl die voortbouwde op het functionalisme. De reactie daarop kwam in de jaren zeventig, toen architecten juist kozen voor kleinschalige gebouwen waarbij de mens als uitgangspunt diende. Ook daarop kon een reactie niet uitblijven: sinds de jaren tachtig mogen grote gebouwen weer en sindsdien is een grote variatie aan bouwstijlen en bouwwerken ontstaan.

Tegenwoordig heeft Nederland een reputatie als 'architectuurland' verworven. Binnen de grenzen verrijzen opvallende bouwwerken, maar ook daarbuiten doen Nederlandse architecten regelmatig van zich spreken. Een goede aanleiding om 350 staaltjes van Nederlands bouwen eens op een rijtje te zetten.

De oudste gebouwen van Nederland zijn kerkgebouwen, die dateren van rond het jaar 1000. Ze zijn opgetrokken in de Romaanse stijl: monumentale, massieve bouwwerken met kleine rondbogige ramen en deuren. Over het algemeen hebben die kerken de vorm van een Latijns kruis, waarbij een dwarsbeuk haaks op de hoofdrichting van het schip staat. De meeste van die oudste kerken zijn niet meer puur Romaans. Aan middeleeuwse kerken is vaak lang gebouwd en ze ondergingen bovendien in latere eeuwen dikwijls verbouwingen volgens de smaak van de tijd. Dat betekent dat er meestal verschillende stijlen naast elkaar voorkomen.

In de eerste helft van de dertiende eeuw begon de in Frankrijk ontstane gotische stijl tot de Nederlandse streken door te dringen. Belangrijkste vernieuwingen waren het systematisch gebruik van de spitsboog, die de last van de muur verdeelde, en de steunbeer, die via een luchtboog de druk van de gewelven van de buitenmuren overnam. Deze ontdekkingen maakten lichtere gebouwen mogelijk, met minder muur en meer raam, vaak voorzien van taferelen in glas-in-lood. De gotische kerken hadden een sterk verticaal accent: langgerekte spitsboogvensters en rijke, gebeeldhouwde versieringen waren allemaal op de hemel gericht. Verschillende delen van het land ontwikkelden regionale varianten van de gotiek. In de loop van de tijd werden de gotische vormen steeds flamboyanter, totdat zij in de zestiende eeuw weer uit de mode begonnen te raken.

Vanuit Italië bereikte de stijl van de Renaissance, die zich oriënteerde op de bouwstijl van de klassieke Oudheid, Nederland. Nederlandse bouwmeesters gebruikten de klassieke motieven voornamelijk als decoraties op hun in opzet nog grotendeels gotische bouwwerken. Maar in de loop van de zeventiende eeuw kozen zij voor hun gebouwen ook steeds vaker voor een strenge, symmetrische klassieke structuur. Dat was de tijd van het classicisme. Het was ook de tijd van de reformatie. De Republiek was protestants geworden en de protestanten confisqueerden de katholieke kerken, verwijderden de overvloedige decoraties, bedekten de muren met een dikke witte pleisterlaag en richtten ze in voor hun eigen eredienst. In de zeventiende eeuw begonnen zij ten slotte ook hun eigen, nieuwe kerken te bouwen. De architecten van de protestanten ontwierpen veelal een nieuw type kerkgebouw, met een gecentraliseerde in plaats van een langgerekte plattegrond, zodat de gelovigen zich rondom de predikant konden scharen.

De katholieken van de Republiek moesten voortaan de mis vieren in schuilkerken. In de Zuidelijke Nederlanden bouwden zij kerken en kloosters in een barokke stijl, georiënteerd op de bouwtrant van katholiek Europa. Pas in de negentiende eeuw was het de katholieken in het noorden weer toegestaan in het openbaar hun geloof te belijden. Dat leverde een golf van nieuwe kerkgebouwen op, vaak in neostijlen die herinnerden aan de glorietijd van het katholicisme, in het bijzonder de gotiek. In de twintigste eeuw contrasteerde deze traditionele manier van bouwen met een meer moderne, experimentele stroming in de kerkenbouw, vooral die van de jaren vijftig en zestig. Tegenwoordig worden er nauwelijks nog kerken gebouwd. Nieuwe religieuze gebouwen zijn meestal bestemd voor immigranten. Veel oude kerkgebouwen, vooral die uit de negentiende en het midden van de twintigste eeuw, krijgen een nieuwe functie of worden gesloopt.

1

Geloof

Onze-Lieve-Vrouwekerk (vanaf 1000)

Onze-Lieve-Vrouweplein 9, Maastricht

Onverbiddelijk en massief is het silhouet van de westelijke façade van de Maastrichtse Onze-Lieve-Vrouwekerk, waarvan de bouw niet lang na het jaar 1000 begon. Het is een zogenoemd westwerk: een brede, gesloten torenpartij aan de westkant van de kerk, geflankeerd door smallere traptorens. Het hoofdaltaar aan de oostkant was voorbehouden aan de kanunniken die aan de kerk verbonden waren. In het westwerk stond aanvankelijk het altaar waar de parochie de mis vierde. Het westwerk is opgetrokken in de monumentale, ingetogen Romaanse stijl. Romaanse kerken zijn robuuste gebouwen met kleine openingen – anders zou de last van het gewelf op de muren te zwaar zijn – en ramen en portalen met rondbogen. Achter het westwerk bouwden de Maastrichtenaren in de twaalfde eeuw een nieuwe kerk in de vorm van een kruis, dus met een dwarsbeuk tussen schip en koor, die ze helemaal in steen overwelfden. De bouwers maakten steeds gebruik van de nieuwste ideeën over architectuur. De ontwikkeling van de Romaanse stijl is daarom in de kerk te volgen. Toen ze de apsis bereikten – de halfronde afsluiting van het oostelijke koor met het hoofdaltaar – maakten ze de rondbogen langgerekt. Dat verticale accent zou later, toen de gotiek in de mode kwam, de bouwkunst gaan overheersen. De ingang aan de westkant bevindt zich in een licht, gotisch vormgegeven gebouwtje dat contrasteert met de zware vormen van het Romaanse westwerk.

Sint-Servaaskerk (vanaf de 11de eeuw)

Keizer Karelplein 6, Maastricht

De vierde-eeuwse bisschop van Tongeren, Servatius, stierf in 384 in Maastricht. Boven zijn graf bouwden zijn volgelingen een kerk, waar zij Servatius als een heilige vereerden. Steeds meer pelgrims kwamen in de volgende eeuwen het graf van de heilige bezoeken en zelfs de keizer toonde belangstelling voor de Sint-Servaaskerk. In de elfde eeuw begon de bouw van het schip voor een grotere kerk in de eenvoudige, harmonieuze vormen van het Romaans. Aan de oostkant, aan het Vrijthof, kwam in de twaalfde eeuw de apsis gereed, de ronde afsluiting van het koor met het hoofdaltaar waar kanunniken dagelijks de liturgie vierden en gebeden zongen ter ere van God en Sint-Servaas. Aan de buitenkant had die apsis een dwerggalerij – een kleine hooggelegen zuilengalerij – en aan weerszijden twee kloeke vierkante torens. Aan de ene kant was een deur waardoor de pelgrims naar binnen trokken om een bezoek te brengen aan het graf van de heilige Servaas in de crypte. Door een deur aan de andere kant kwamen ze weer naar buiten. Aan de westkant stond een westwerk, een massief blok met twee vierkante torens, versierd met typisch Romaanse reliëfbanden, lisenen geheten, en rondbogen. In het westwerk was een plaats gereserveerd voor de keizer, die vanaf een balkon het binnenste van de kerk kon overzien. De kerk heeft sindsdien veel verbouwingen ondergaan, maar heeft desondanks zijn Romaanse gezicht behouden.

Sint-Pieterskerk (vanaf 1040)

Pieterskerkhof 5, Utrecht

Toen keizer Koenraad II in 1039 in Utrecht overleed, werd zijn hart begraven in de oude Dom. De Utrechtse bisschop Bernoldus liet daarna vier kerken bouwen die samen een kruis op de stadsplattegrond vormden, met de Dom als middelpunt. Dit kerkenkruis maakte van Utrecht een stad Gods op aarde, tegen allerlei kwaad beschermd. Op de oostelijke arm van het kruis kwam de Sint-Pieterskerk te staan. Vooral deze kerk lag de bisschop na aan het hart; hier wilde hij ook begraven worden, en niet, zoals voor een bisschop gebruikelijk, in de Dom. De bouw van de Sint-Pieterskerk begon in 1040. Acht jaar later volgde de wijding van de kerk. Het was een sobere maar harmonieuze kruisvormige basiliek geworden, met een schip en een dwarsschip, met drie beuken, door slanke zuilen van elkaar gescheiden. Van alle Romaanse kerken in Utrecht is de Sint-Pieterskerk het best bewaard gebleven. Er zijn verschillende gebouwen tegenaan geplaatst, maar vooral aan de zuidkant zijn de ramen met de Romaanse rondbogen nog goed te zien. Toch is er veel veranderd sinds de tijd van Bernoldus. Het westwerk en twee torens zijn verdwenen en het koor en het dwarsschip zijn naar gotische smaak verbouwd. Sinds 1580 is de Sint-Pieterskerk bovendien een wit gepleisterde protestantse kerk. In het koor bevonden zich tot 1950 de slaapkamers van de kostersfamilie. Daarna is de Pieterskerk gerestaureerd.

Sint-Lebuïnuskerk (vanaf de 11de eeuw)

(Grote Kerk), Grote Kerkhof 42, Deventer

Op een zandrug aan de oever van de IJssel bouwde de Angelsaksische missionaris Lebuïnus tegen het einde van de achtste eeuw een kleine houten kerk. De plaats rondom die kerk, gunstig gelegen aan de rivier en verscheidene handelswegen, werd al snel een bloeiende handelsstad. En toen de Noormannen in de negende en tiende eeuw de westelijk gelegen streken tergden met plunderingen en verwoestingen, zochten de bisschoppen van Utrecht hun toevlucht tot Deventer. Deventer was dus een belangrijke stad. En daarbij hoorde een aanzienlijke kerk. In het midden van de elfde eeuw liet bisschop Bernoldus, die ook in Utrecht een reeks kerken had laten bouwen, hier een Romaanse basiliek van indrukwekkende afmetingen neerzetten, gewijd aan Lebuïnus en de Heilige Maagd. De kerk had drie beuken en zelfs twee dwarsschepen, één aan de oostkant en één aan de westkant. In 1235 ging een groot deel van Bernoldus' bouwwerk in vlammen op. De kerk werd later, voornamelijk in de vijftiende eeuw, in gotische stijl herbouwd. Van een Romaanse basiliek veranderde de Lebuïnuskerk in een imposante gotische hallenkerk, een kerk waarbij het middenschip en de zijbeuken even hoog zijn. Maar er zijn, vooral in het interieur, nog heel wat resten van de oude kerk bewaard gebleven, zoals de oostelijke muur van het koor, een aantal pijlers in het dwarsschip en de sierlijk gebeeldhouwde zuilen in de crypte onder het koor.

Sint-Nicolaaskapel (vanaf de 11de eeuw)

Valkhof, Nijmegen

Karel de Grote had in de late achtste eeuw een burcht laten bouwen op een heuvel aan de Waal, waar nu Nijmegen ligt. Daar, op het Valkhof, staat een kapel die herinnert aan de beroemde keizer, die aan het begin van de negende eeuw over vrijwel heel Europa heerste. Deze Sint-Nicolaaskapel stamt weliswaar niet uit de tijd van Karel de Grote zelf – hij werd waarschijnlijk tegen het midden van de elfde eeuw gebouwd –, maar zinspeelt met zijn vorm wel op een bouwwerk dat de keizer had laten optrekken: de kapel bij zijn paleis in Aken, nu de Akense Dom. Net als die kapel heeft de Sint-Nicolaaskapel niet de langgerekte kruisvorm die gebruikelijk was voor een middeleeuwse kerk, maar een achthoek als uitgangspunt. Karel de Grote had daarvoor weer naar achthoekige bouwwerken van de Byzantijnse keizer gekeken. De Sint-Nicolaaskapel is wel een stuk kleiner dan de kapel van Karel de Grote: de achthoek heeft een diameter van maar ongeveer zes meter. Die achthoekige kern van tufsteen heeft van binnen op de eerste verdieping een galerij. Rondom het achthoekige hart ligt bij de Nijmeegse kapel een lagere ombouw, die de vorm van een zestienhoek heeft. Aan de westkant is een aanbouwtje met de ingang – ook heel wat minder imposant dan het grote westwerk van de Akense Dom. De Sint-Nicolaaskapel geeft een keizerlijke impressie in miniatuur.

Kerk van Oudega (begin 12de eeuw)

Buorren 1, Oudega

In het noordoosten van Nederland verrees een hele reeks eenvoudige Romaanse kerken. Ze hebben bijna allemaal maar één beuk, met aan de oostkant, waar het altaar stond, een simpele apsis. Eén van de mooiste van die kerken staat in Oudega; tegenwoordig is het de hervormde kerk. Oudega was eens het bestuurlijke centrum van Smallingerland. Daarom had de plaats een flinke kerk nodig. De kerk verrees aan het begin van de twaalfde eeuw. Hij was van tufsteen en het koor had een met riet bedekte halfronde afsluiting. Daar is nu niets meer van over; later is de kerk aan de oostkant in gotische stijl uitgebreid. Tegenwoordig heeft het schip wel weer echt Romaanse rondboogvensters, die stammen van een restauratie in 1921. Een gotische deur is nu dichtgemetseld. De versiering van de muren van het schip is typisch Romaans. Bovenaan loopt een reliëfband van ritmisch op elkaar volgende kleine gekoppelde rondbogen, een rondboogfries. De onderste strook van de gevel vertoont een mooi afwisselend patroon van verticale reliëfbanden en rondbogen.

Bij al dit soort kerkjes was de kerk zelf veel belangrijker dan de toren. De toren van Oudega staat los van de rest van de kerk en is er pas later, omstreeks het jaar 1200, bij gebouwd. De eenvoudige, onversierde toren contrasteert met het schip met zijn decoraties.

Munsterkerk (vanaf 1218)

Munsterplein 1, Roermond

Na de dood van graaf Otto I van Gelre wilde zijn weduwe Richardis zich graag terugtrekken in een cisterciënzer abdij. Die was er echter nog niet in Gelre. Haar zoon, graaf Gerard van Gelre, stichtte daarom in 1218 een nieuwe abdij in Roermond, waarvan Richardis de eerste abdis werd. Van die abdij staat alleen de aan Maria gewijde kerk, de Munsterkerk, nog overeind. Het koor is het oudste deel van de kerk. Het bestaat uit een halfronde apsis met daaraan vast drie lagere kapellen. De apsis heeft bovenin een lage zuilengalerij, een zogeheten dwerggalerij. Aan weerszijden staan grote, vierkante torens. De vorm van dit oostelijke deel van de kerk kwam in het Romaanse Rijnland vaker voor. Na het koor werd het driebeukige schip gebouwd, en ten slotte het hoge westwerk. Daarin is de invloed van de gotiek al goed te zien. De Munsterkerk is dan ook de laatste grote Romaanse kerk die in Nederland werd gebouwd. De kerk ziet er nu niet meer zo uit als vroeger. Architect P.J.H. Cuypers voerde tussen 1863 en 1890 radicale restauraties uit, om de kerk zo Romaans mogelijk te maken. Hij verwijderde daarom een achttiende-eeuwse toren en voegde twee torens in Romaanse stijl toe aan de westkant. De twee oostelijke torens verhoogde hij in dezelfde stijl. Cuypers' restauratie kreeg zoveel kritiek, dat de architect van Roermond naar Amsterdam verhuisde.

Sint-Bavokerk (vanaf 1220)

Sint-Bavostraat 5, Aardenburg

De hervormde kerk is het oudste gebouw van Aardenburg. Tot 1604 was dit een katholieke kerk, gewijd aan de heilige Bavo, een rijke Brabantse grondbezitter uit de zevende eeuw die al zijn bezittingen wegschonk en zich als kluizenaar terugtrok in een holle boom bij Gent, waar zijn verering begon. De kerk van Aardenburg verrees op de fundamenten van een afgebrande Romaanse kerk. Het westelijke deel van de kerk, met het schip, dateert uit de dertiende eeuw. Aardenburg hoorde toen bij Vlaanderen. Daar werden de kerken in die tijd gebouwd in de stijl van de Scheldegotiek, een vroege variant van de gotiek. Kerken in de nieuwe gotische stijl kregen vooral een verticaal accent: ze waren hoog en na de rondboog stond nu de spitsboog centraal. De kerk van Aardenburg is het belangrijkste voorbeeld van Scheldegotiek in Nederland. Sommige delen van de kerk, zoals de ramen van de zijbeuken en de lage delen van het dwarsschip, lijken nog op die uit de Romaanse tijd. Maar echt gotisch zijn bijvoorbeeld het venster in de westgevel, dat bestaat uit drie spitsbogen, de spitsboogvensters in de middenbeuk, en het triforium, de loopgang hoog in de kerk, onder de vensters, met zijn galerij van gekoppelde zuiltjes. In de veertiende eeuw kreeg de kerk nog een nieuw koor met drie even hoge beuken – een zogeheten hallenkoor – in een modernere gotische stijl.

Kerk van Bierum (vanaf 1200)

Kerkstraat 1, Bierum

In het Groningse plaatsje Bierum staat een opvallend kerkje met één beuk, waarschijnlijk uit het midden van de dertiende eeuw. Het schip is in Romaanse stijl opgetrokken, met rondboogvensters, een klein fries met rondbogen langs de bovenkant van de muren en aan de zuidkant lisenen, verticale reliëfbanden. Het koor in gotische stijl is het resultaat van een veertiende-eeuwse verbouwing. Wat het meest opvalt aan de kerk is de forse toren aan de westkant. Die is ouder dan de rest van de kerk, waarschijnlijk van omstreeks 1200, en diende oorspronkelijk misschien wel als vuurtoren voor de scheepsvaart op de Eems. De oude toren is later ingebouwd in het schip van de kerk. Die heeft daarmee een zogeheten 'gereduceerd westwerk' gekregen, zoals dat bij de Romaanse kerkjes van Groningen en Friesland vaker voorkwam: een massief blok, waarin de verlengstukken van het schip de toren flankeren. Deze eenvoudige vorm is niet zo imposant als de reusachtige torenpartijen met smallere traptorens die het westwerk van grote Romaanse kerken vormden, maar maakt toch ook indruk. Een grote steunbeer zorgt ervoor dat de zware toren overeind blijft. Binnen heeft de toren beneden een ruimte die als gevangenis heeft gediend en op de eerste etage een kapel. Daar is goed te zien dat de steunbeer de toren uit het lood heeft gebracht: de vloer van de kapel loopt sterk af.

Kerk van Appingedam (vanaf 1225)

Wijkstraat 32, Appingedam

In de loop van de dertiende eeuw begon de gotische stijl vanuit Frankrijk tot alle hoeken van Nederland door te dringen. Dat betekende echter niet dat elk gebouw plotseling helemaal in de gotische bouwtrant werd opgetrokken. Vooral in Groningen en Friesland gingen de kerkenbouwers langzamerhand verschillende gotische elementen, zoals spitsbogen en ribgewelven, toepassen, zonder dat ze hun oude manier van bouwen meteen lieten. Hun kerken waren niet meer helemaal in Romaanse stijl, maar toch ook niet compleet gotisch. Deze stijl heet daarom romano-gotisch. In Appingedam staat zo'n romano-gotische kerk. De bouw van die kerk begon in 1225. Het was toen nog een eenvoudig kerkje, met maar één beuk. Maar Appingedam groeide uit tot een havenstad van betekenis en de kerk moest aansluiten bij de status van de stad. Daarom werd de kerk verbouwd tot een grote hallenkerk; dat is een kerk waarbij het middenschip en de zijbeuken even hoog zijn. Daarbij maakten de bouwers gebruik van gotische gewelven. Gotische vensters met spitsbogen zorgen voor een verticaal accent. Tot het midden van de zestiende eeuw werd er in Appingedam aan de kerk gewerkt. Op de gewelven, de pijlers en de wanden kwamen uitvoerige schilderingen. Daarbij werden de bouwers niet vergeten: in het middenschip zijn voorstellingen te zien van de heilige Castorlantis, Clatiditis, Nicostraitis en Sempronlantis, de beschermheiligen van de bouwvakkers.

Stiftskerk (vanaf de 13de eeuw)

Hoogstraat 5, Thorn

Graaf Ansfried, later bisschop van Utrecht, stichtte aan het einde van de tiende eeuw een abdij in het Limburgse Thorn. Het veranderde al gauw in een wereldlijk stift, een religieuze gemeenschap van adellijke dames zonder de strenge regels van een reguliere kloosterorde. Aan het hoofd van deze kanunnikessen stond de vorstin-abdis, die ook politiek veel invloed had. Kanunniken stonden de vrouwen bij in de liturgie. De kerk van het stift is de enige in Nederland behouden stiftskerk van een middeleeuws adellijk vrouwenklooster. De bouw begon rond het jaar 1000. Uit die periode is alleen een deel van het vierkante westwerk over. Vanaf het midden van de dertiende eeuw lieten de kanunnikessen hun kerk opknappen in gotische stijl. Eerst kwam er een nieuw koor, in de veertiende en de vijftiende eeuw gevolgd door het schip en de kapittelzaal, waar de kanunnikessen en de kanunniken vergaderden, en kapellen tegen de zijbeuken. Ook lieten zij een tweede crypte aanleggen, hoewel dat eigenlijk uit de mode was. Pas in 1780 besloten de kanunnikessen hun kerk weer aan te passen aan de smaak van de tijd. Toen lieten zij het interieur helemaal wit schilderen en voorzien van neoclassicistische pilasters en lijsten, en een marmeren vloer. Lang konden ze er niet van genieten. Aan het einde van de achttiende eeuw hieven de Fransen het stift op en werd de kerk parochiekerk.

Domkerk (vanaf de 13de eeuw)

Achter de Dom 1, Utrecht

Tegen het einde van de zevende eeuw vestigde Willibrord, bisschop van de Friezen, zich in Utrecht. Sindsdien stond daar de eerste kathedraal van Nederland. Deze Domkerk werd regelmatig verbouwd. In de dertiende eeuw begon het werk aan een nieuwe, grote kerk, volgens de laatste mode. De Franse gotische kathedralen dienden als voorbeeld. Over een periode van drie eeuwen vervingen hoog oprijzende gotische bouwdelen met spitsbogen stukje bij beetje de oudere Dom. Eerst was het koor, aan de oostkant, aan de beurt. Een krans van vijf kapellen ging de kooromgang omgeven. Tussen 1321 en 1362 kwam het werk aan het koor stil te liggen, omdat de bisschop eerst de indrukwekkende Domtoren wilde bouwen. Pas in 1408 was het koor voltooid. Daarna verrees, in het midden van de vijftiende eeuw, het dwarsschip, gevolgd door een reusachtig schip. Maar in de zestiende eeuw was de gotische stijl ouderwets geworden. Het enthousiasme voor de bouw van de kathedraal nam af, zeker toen de reformatie terrein won. De bouwers gaven het schip een houten plafond, in plaats van stenen gewelven. De steunberen hielden ze laag en van ondersteunende luchtbogen zagen ze helemaal af. Het niet al te stevige schip viel in 1674 ten prooi aan een tornado. De tegenwoordig protestantse Domkerk bestaat nu slechts uit het dwarsschip en het koor van de voormalige kathedraal, door het Domplein gescheiden van de toren.

Bovenkerk (vanaf de 13de eeuw)

Koornmarkt 28, Kampen

Vanaf de tweede helft van de dertiende eeuw bouwden de Kampenaren aan een gotische kerk die gewijd was aan de heilige Nicolaas, de beschermheilige van de zeelieden. Nicolaas was een belangrijke heilige voor Kampen, een Hanzestad die snel uitgroeide tot een havenstad van betekenis. De nieuwe kerk moest passen bij de machtige positie van de stad en werd dus flink groot. De Sint-Nicolaaskerk, of Bovenkerk, is een basiliek in de vorm van een kruis, dus met een schip en een dwarsschip. Het schip bestond aanvankelijk uit drie even hoge beuken; de kerk was daarmee een hallenkerk. In de tweede helft van de veertiende eeuw kreeg de kerk een heel nieuw koor, volgens de laatste gotische opvattingen: rondom het koor liep een omgang en van daar waaierde een krans van kapellen uit. Na de Dom van Utrecht, als kathedraal de belangrijkste kerk van het land, was de Kampense kerk de eerste in Nederland met zo'n soort omgangskoor. Het koor was wel veel hoger dan de rest van de kerk. Een eeuw later begon daarom de uitbreiding van het schip met aan iedere kant een extra zijbeuk; de Bovenkerk werd dus een vijfbeukige kerk. Ook de oude toren werd vergroot. Zo kreeg Kampen een van de grootste kerken van Nederland, die nog altijd hoog boven de oude stad uittorent.

Oude Kerk (vanaf 1300)

Oudekerksplein 23, Amsterdam

De Oude Kerk is het oudste gebouw van Amsterdam. De bouw begon niet lang na 1300. De kerk werd gewijd aan de heilige Nicolaas, die scheepsvolk en polderbewoners beschermde tegen de gevaren van het water; toepasselijk in deze havenstad vol water. De drassige grond maakte een lichte constructie noodzakelijk. De gotische stijl, met veel spitsboogramen en weinig muurwerk, was daarvoor erg geschikt, en de kerk kreeg een houten in plaats van een stenen overwelving. De Sint-Nicolaaskerk, die sinds de bouw van een tweede Amsterdamse parochiekerk ook Oude Kerk heette, was een van de eerste hallenkerken van Holland: de twee smalle zijbeuken waren even hoog als het middenschip en het koor was bescheiden en rechthoekig. Het was daarmee echt een grote hal, waar Amsterdammers elkaar ontmoetten en zelfs handel konden drijven. Naast de kerk stond een forse toren. In de loop van de eeuwen hebben steeds verbouwingen en uitbreidingen plaatsgevonden. Zo vervingen brede zijbeuken de oude, kleinere beuken en kwam om het koor een vijfkantige omgang te liggen. De opvallendste toevoeging zijn de verschillende kapellen die langs de zijkanten van de kerk verrezen. Samen met de koorafsluiting vormen die aan de buitenkant een hele reeks van puntgevels. Al deze uitbreidingen, en de diverse gebouwtjes die tegen de kerk aan staan, maken het moeilijk de oorspronkelijke eenvoudige vorm van de Oude Kerk te herkennen.

Sint-Janskathedraal (vanaf 1360)

Torenstraat 1, Den Bosch

Willem van Kessel e.a.

In de veertiende eeuw ging het Brabant, vooral door de handel in wol en stoffen, economisch voor de wind. Er ontstond, onder invloed van de Franse gotische stijl, een eigen variant op de gotiek. Het hoogtepunt van die Brabantse gotiek werd de Sint-Jan, de reusachtige parochiekerk van het welvarende Den Bosch. Waarschijnlijk maakte Willem van Kessel halverwege de veertiende eeuw het ontwerp voor de kerk, naar voorbeeld van de kathedraal van Amiens. Hij leidde van 1360 tot 1419 de bouwwerkzaamheden aan de bijna hele nieuwe kerk; alleen de toren aan de westkant bleef staan. Na zijn dood zetten andere bouwmeesters het werk van Van Kessel voort. De bouw zou bijna twee eeuwen gaan duren. De Sint-Jan is een kruisbasiliek met vijf beuken. Het koor heeft, op Franse wijze, een omgang en een kapellenkrans. Alles aan de kerk lijkt zich naar de hemel te richten: de spitsbogen, de steile driehoekige siergevels – zogeheten wimbergen – boven de kapelvensters, en het overvloedige beeldhouwwerk op de luchtbogen en de steunberen die de druk van de buitenmuren overnemen. Al die decoraties zijn wel erg kwetsbaar en behoeven tegenwoordig vrijwel onafgebroken restauratie. De enorme parochiekerk werd niet lang na de voltooiing, in 1559, de kathedraal van het nieuwe bisdom 's-Hertogenbosch. In de zeventiende eeuw viel de Sint-Jan echter in handen van de calvinisten. Sinds 1810 mag de kerk zich weer kathedraal noemen.

Grote Kerk (vanaf 1410)

Torenstraat 20, Breda

Nadat Jan van Polanen, heer van Breda, zich halverwege de veertiende eeuw in Breda zelf had gevestigd, begon voor de stad een periode van grote bloei. De heren van Breda lieten zich voortaan begraven in de Onze-Lieve-Vrouwekerk, of Grote Kerk, in een grafkapel aan de noordkant van het koor. In 1410 begon een grootscheepse verbouwing van de kerk in de trant van de Brabantse gotiek. Eerst was het koor aan de beurt. De grafkapel van de heren van Breda werd toen uitgebreid tot het zogenaamde Herenkoor. Daarna verrees een nieuw schip met zijbeuken, die later nog kapellen zouden krijgen, gevolgd door het transept. Na de komst, in 1449, van een wonderbaarlijk bloedende hostie uit het plaatsje Niervaart trokken steeds meer pelgrims naar de kerk. Dat droeg flink bij aan de bouw. Een speciaal opgericht Sacramentsgilde liet in de zestiende eeuw een kapel in de kerk bouwen. Er kwam toen ook een omgang om het koor te liggen. In 1509 liet graaf Hendrik III van Nassau, die verwant was aan de familie van Oranje-Nassau en een positie bekleedde aan het keizerlijke hof, de toren, die al veertig jaar in aanbouw was, voltooien. Ongeveer twintig jaar later richtte hij een grafmonument voor zijn ouders op in een uitbreiding van het Herenkoor, de Prinsenkapel. In 1566 maakte de Beeldenstorm een einde aan de bloeiperiode van de Grote Kerk.

Nieuwe Kerk (vanaf 1383)

Markt, Delft

Een veertiende-eeuwse Delftenaar kreeg dertig jaar achtereen elk jaar hetzelfde visioen terwijl hij over de Markt liep. In de lucht verscheen een aan de maagd Maria gewijde "goude Kerck". Er kwam pas een einde aan de visioenen toen op die plek een kerk werd gebouwd. Het was de tweede parochiekerk van Delft en daarom de 'Nieuwe Kerk'. Aanvankelijk bestond de kerk uit een houten noodgebouw. Daaromheen verrees in precies honderd jaar tijd een laatgotische kruisbasiliek, gewijd aan Maria en de heilige Ursula. De bouw begon met het dwarsschip, aan de oostkant van de noodkerk. Dat dwarsschip liep een vreemde knik op, waarschijnlijk omdat de bouwers moesten uitwijken toen ze te dicht bij de houten kerk kwamen. Hierop volgden het koor en het onderste deel van de toren, daarna het schip met de zijbeuken en pas in de tweede helft van de vijftiende eeuw de omgang rond het koor. Op 6 september 1496 was ook de forse toren die de Markt domineert klaar: twee achtkanten op een rechthoekige basis met bovenop een reusachtige appel. De huidige torenspits, ontworpen door P.J.H. Cuypers, stamt uit 1875. De toren is ruim 108 meter hoog. Alleen de Utrechtse Domtoren is hoger. De kerk is vooral beroemd geworden nadat Willem van Oranje er in 1584 begraven werd. Sindsdien is de Nieuwe Kerk het mausoleum van de familie van Oranje.

Klooster (vanaf 1465)

Boslaan 3, Ter Apel

In 1464 kwam een gebied tussen Winschoten en Ter Apel in het bezit van de kloosterorde van het Heilige Kruis. Vijf kruisbroeders trokken ernaartoe en begonnen midden in de bossen aan de bouw van een klooster dat de naam 'Domus Novae Lucis', Huis van het Nieuwe Licht, kreeg. Het duurde bijna een eeuw voordat het klooster helemaal klaar was. Het had de gebruikelijke vorm van een middeleeuws klooster: een vierkant complex met de verschillende leef- en werkruimten van de monniken en een kerk, maar ook met bijvoorbeeld een kruidentuin en bedrijfsgebouwen, watermolens en een gastenverblijf. Veel daarvan is in de loop van de tijd gesloopt. Maar de onderste bouwlagen van drie vleugels van het oorspronkelijke vierkant zijn nog over, verbonden door de gotisch overwelfde bakstenen kloostergangen. Aan de zuidkant staat de kerk, de oostelijke vleugel bevat de kapittelzaal en de sacristie en in het noorden zijn de kamer van de prior en de refter. Die rechthoekige eetzaal heeft nog de resten van beschildering op het balkenplafond, de oorspronkelijke groene en bruine geglazuurde plavuizen en een voorlezersplaats: een erker van waaruit een broeder tijdens het eten stichtelijke teksten voorlas. Het klooster van Ter Apel is het enige behouden middeleeuws plattelandsklooster van Nederland. Het bleef tijdens de reformatie gespaard, omdat de laatste prior zich bekeerde tot het protestantisme en als predikant in het klooster bleef wonen.

Martinuskerk (vanaf de 15de eeuw)

Markt 8, Weert

De parochie van de heilige Martinus, oftewel Sint Maarten, in Weert is een van de oudste Limburgse dekenaten – een kerk die aan het hoofd van een groep parochies staat. In de vijftiende eeuw kreeg de parochie een hele nieuwe in steen overwelfde gotische hallenkerk, een kerk waarbij het middenschip en de zijschepen even hoog zijn. In 1456 was het eerste gedeelte van de kerk, bestaande uit het koor en het aangrenzende stuk van het schip, voltooid. In de loop van de vijftiende eeuw brak in Weert een periode van grote economische bloei aan. Toen de bouw van de kerk in de zestiende eeuw voortging, kregen de nieuwe delen van het bouwwerk meer allure. Het verschil is goed te zien aan de in baksteen gemetselde gewelven. In de oudste bouwdelen bestaat de constructie uit eenvoudige kruisribgewelven: twee gewelven die elkaar loodrecht kruisen, waarbij ribben de diagonale snijlijnen ondersteunen. In het nieuwere gedeelte is een variatie aan verschillende gewelftypen te zien, zoals die in de laatgotische stijl waren ontstaan. Ribben zonder enige dragende functie zorgen daarbij voor een puur decoratief effect. In het middenschip vormen de ribben bijvoorbeeld stermotieven. Dit type gewelf heet stergewelf. In de beuk links van het koor zijn netgewelven te zien, met ribben die samen een netpatroon vormen. Rechts van het koor creëren de ribben een ruitmotief en is er sprake van ruitgewelven.

Toren (1535)

Bij de Hervormde Kerk, Kronenburgplantsoen 2, IJsselstein

Alessandro Pasqualini

De Renaissance, de herleving van de stijl van de klassieke Oudheid, bereikte rond 1530 de Nederlanden. Plaatselijke bouwmeesters gingen hun vaak nog gotisch opgezette gebouwen versieren met klassieke motieven. Italiaanse architecten die naar de Nederlanden kwamen, introduceerden hier ook de zuivere Renaissancestijl. Alessandro Pasqualini, afkomstig uit Bologna, was een van hen. Hij was eigenlijk goudsmid van beroep, maar legde zich in het noorden toe op de bouwkunst. Zijn belangrijkste werk bouwde hij tussen 1530 en 1535: de toren bij de Sint-Nicolaaskerk van IJsselstein. De kerk was niet lang daarvoor voltooid in laatgotische stijl. Pasqualini gaf de toren een heel ander, modern uiterlijk. De drie onderste lagen van de toren zijn vierkant. Ze zijn gedecoreerd in typische Renaissancestijl, met klassieke pilasters op een voetstuk en blinde nissen met schelpmotieven. Die nissen roepen associaties op met de triomfbogen van het oude Rome: een grote nis in het midden, geflankeerd door twee kleinere bogen. Op deze vierkante basis rust de achthoekige bovenbouw van de toren. Op de hoeken staan pilasters. Al in 1568 ging de bovenkant van de toren in vlammen op, nadat de bliksem er was ingeslagen. Een volgende, zeventiende-eeuwse houten torenspits ging in 1911 bij een brand verloren. De huidige bekroning van de toren – een achtkant met een keizerskroon – stamt uit 1928. Het ontwerp is van de Amsterdamse School-architect Michel de Klerk.

Jezuïetenkerk (1614)

Achter de Komedie 1, Maastricht

Pieter Huyssens

Terwijl de Noordelijke Nederlanden tegen het einde van de zestiende eeuw officieel protestants waren geworden, bleef het zuiden overwegend katholiek. De kerkenbouwers daar haalden hun inspiratie uit katholieke landen, en uit Rome in het bijzonder. Vooral de in 1540 opgerichte jezuïetenorde bouwde nieuwe kerken en kloosters. In 1574 vestigden de jezuïeten zich in Maastricht. Aan het begin van de zeventiende eeuw vroegen zij hun Brugse lekenbroeder Pieter Huyssens een kerk voor hen te ontwerpen. Het was het eerste werk van de architect, en ook het eerste bouwwerk in de Zuid-Nederlandse barokstijl. Op 30 juni 1606 legde de Spaanse veldheer Ambrogio Spinola de eerste steen. Hoewel het kapittel van Sint-Servaas mergelblokken ter beschikking stelde, zorgde geldgebrek ervoor dat de aan de apostelen Petrus en Paulus gewijde kerk pas acht jaar later, in 1614, in gebruik kon worden genomen. De kerk had maar één beuk en een eenvoudig, rechthoekig koor. Een vlak houten plafond, beschilderd met allerlei heiligen, dekte het geheel af. De voorzijde had een krullende topgevel – naar het voorbeeld van barokke kerken in Rome – met daarop een verguld kruis, en was versierd met klassieke pilasters, het Christusmonogram en heiligenbeelden in nissen. In 1773 hief paus Clemens XIV de orde der jezuïeten op. De Maastrichtse Jezuïetenkerk werd daarna verbouwd tot schouwburg. In het grote blok van mergel is tegenwoordig nauwelijks meer een kerk te herkennen.

Kapucijnenklooster Emmaüs

(vanaf 1663)

Basilius van Bruggelaan 4, Velp

Met de komst van het protestantisme was er in de Republiek een abrupt einde gekomen aan het voorheen bloeiende kloosterleven. Maar in de katholieke Zuidelijke Nederlanden bleven kloosters bestaan. In Noord-Brabant werden zelfs een paar nieuwe kloosters gesticht, die barokke gebouwen kregen. Zo vestigde de kapucijn pater Basilius van Brugge zich in 1635 in Velp, bij Grave. Hij had er aanvankelijk maar een klein huisje, dat hij Emmaüs noemde. Maar er voegden zich steeds meer kapucijnen bij de pater. Basilius bouwde daarom een groter onderkomen en voorzag dat meteen van een kerk. In 1663 waren het nieuwe klooster en de kerk klaar. Van die kerk is de voorgevel grotendeels behouden, bekroond met een klassiek driehoekig fronton van natuursteen, met daarin een beeld van de Moeder Gods van enkele decennia later. Al aan het begin van de achttiende eeuw was het klooster te klein geworden voor de grote schare kapucijnen. Het gebouw van Basilius begon bovendien nogal in verval te raken. Nieuwbouw was de enige oplossing. In 1718 was er een heel nieuw klooster, bestaande uit drie vleugels rondom een kloostergang, en in 1735 stond er achter de oude gevel ook een gemoderniseerde kerk. De kapucijnen behielden wel de zeventiende-eeuwse, barokke inrichting. Die is er nog steeds. Ook nu nog leeft er een gemeenschap van kapucijnen in Velp.

Westerkerk (1631)

Prinsengracht 279, Amsterdam

Hendrick de Keyser

Amsterdam breidde in de zeventiende eeuw flink uit. Voor de inwoners van de nieuwe stadsdelen waren nieuwe, protestantse kerken nodig. Stadssteenhouwer Hendrick de Keyser ontwierp de kerk voor het westelijke deel van de stad, de Westerkerk. Zijn zoon Pieter zette de bouw na zijn dood, in 1621, voort. Toen de kerk met Pinksteren 1631 in gebruik werd genomen, was het de grootste speciaal voor de protestantse eredienst gebouwde kerk in de wereld. Hendrick de Keyser baseerde zijn ontwerp op het traditionele kerkgebouw: de Westerkerk is een basiliek met een middenschip met twee zijbeuken. Maar hij varieerde op die bekende vorm. In plaats van één heeft de Westerkerk twee dwarsschepen. Net als het middenschip zijn die hoog opgetrokken en voorzien van grote ramen, zodat er bovenin veel licht de kerk binnenstroomt. Heel modern maakte Hendrick de Keyser zijn kerk met versieringen die geïnspireerd waren op de klassieke Oudheid. Deze stijl heet wel Hollandse Renaissance. Driehoekige frontons bekronen de gevels van het dwarsschip en tegen de muren prijken pilasters, siervazen en krulmotieven, voluten geheten. De 85 meter hoge Westertoren naast de kerk was zeven jaar later klaar. Hij wijkt wat af van het oorspronkelijke plan van Hendrick de Keyser, die een achthoekige bovenkant had ontworpen. De toren bestaat nu uit vierkante blokken, die hem een strakker klassiek voorkomen geven, volgens de eisen van het opkomende strenge classicisme.

Marekerk (1649)

Lange Mare 48, Leiden

Arent van 's-Gravesande en Jacob van Campen

Vanaf de zeventiende eeuw werden in de Nederlanden steeds meer nieuwe kerken gebouwd, speciaal voor de protestantse eredienst. De architecten konden daarbij nieuwe vormen bedenken, zodat ook het uiterlijk van de kerken de breuk met het katholicisme weergaf. Die vorm baseerden zij op de eisen die de protestanten aan hun kerken stelden. Het woord stond centraal in de protestantse eredienst en daarom waren gebouwen met een centrale aanleg – in plaats van een langgerekt kruis – waarin de gelovigen zich om de predikant verzamelden het meest geschikt. De Leidse stadsarchitect Arent van 's-Gravesande maakte in 1639 een eerste ontwerp voor een echt protestantse kerk, de Marekerk. Hij bouwde in een classicistische stijl. Dat was een strenge klassieke stijl, waarbij niet alleen de versieringen ontleend waren aan de Oudheid, maar ook de vorm en de proporties van het gebouw. In 1649 was de Marekerk voltooid. Het is een in hout overkoepeld achthoekig gebouw met een lage omgang. Uitgezwenkte steunberen zorgen voor een vloeiende overgang tussen het hoge en het lage gedeelte van de kerk. Jacob van Campen, die beroemd werd met zijn ontwerp voor het Amsterdamse stadhuis, ontwierp de strenge, klassieke gevel met een fronton in zandsteen. Ook binnen zijn klassieke elementen te vinden: beneden Ionische zuilen, met een krulversiering, en boven Corinthische pilasters, met een kapiteel met bladmotieven.

Nieuwe Kerk (1656)

Spui 175, Den Haag

Pieter Noorwits

Aan het Spui in Den Haag stond in 1656 een gloednieuwe protestantse kerk in classicistische stijl. De ontwerper was de timmerman Pieter Noorwits, broer van de bekende Leidse stadsarchitect Arent van 's-Gravesande. Het is, voor zover bekend, zijn enige ontwerp. De vorm van het gebouw maakt meteen duidelijk dat dit geen katholieke kerk is: geen langgerekte kruisvorm voor de katholieke liturgie, maar een gecentraliseerd bouwwerk waarin de gelovigen zich rondom de predikant konden scharen. Maar terwijl andere protestantse kerken vaak een ronde of achthoekige plattegrond kregen, koos Noorwits voor een uitzonderlijke centrale constructie. De plattegrond heeft de contouren van een onregelmatige zeshoek. De kern daarvan is een vierhoek, met in het midden de preekstoel, en daaromheen liggen uitbouwen in de vorm van apsissen. Vier steunberen dragen het dak, dat verder op de uitbouwen rust. Daardoor zijn er binnen geen pilaren die de gelovigen het zicht op de predikant ontnemen. De zonderlinge plattegrond heeft van buiten ook een ongewoon silhouet opgeleverd. In de decoraties maakte Noorwits gebruik van de mode van zijn tijd. Ze zijn gebaseerd op de bouwkunst van de klassieke Oudheid. Kolossale pilasters – rechthoekige, halve pilaren – lopen over de hele hoogte van de kerk, een fronton bekroont de toegang en op de hoeken staan vazen als ornamenten. Ook de toren sluit aan bij die van andere protestantse kerken uit die tijd.

-katholieke Kerk (1722)

ffrouw Idastraat 7-7A, Den Haag

niël Marot en Jean-Baptiste Xavery

de protestantse Repu-
ek mochten de katholie-
niet in het openbaar
geloof belijden. Zij vier-
de mis in zogenoemde
uilkerken, die vanaf de
aat het uiterlijk van een
woon woonhuis hadden, maar van binnen een vaak weelderig kerkinterieur bevatten. Rome beschouwde de Noordelijke Nederlanden in de zeventiende eeuw als missiegebied. De contacten tussen de Nederlandse katholieken en het Vaticaan verliepen moeizaam. Als gevolg daarvan vielen de katholieken in twee groepen uiteen: de meeste bleven zich op Rome richten, maar een aantal greep terug op oude rechten en koos zelf een bisschop. Deze oud-katholieken hadden in Den Haag een schuilkerk op de zolder van een huis in de Molenstraat. Die kerk was aan de kleine kant. Toen aan het begin van de achttiende eeuw het beleid tegen niet-gereformeerden wat soepeler was geworden, besloten de bestuurders van de oud-katholieke kerk het Haagse stadsbestuur toestemming te vragen voor de bouw van een grotere kerk. Die toestemming kwam er, hoewel het nog steeds niet de bedoeling was dat de kerk van buitenaf zou opvallen. De uit Frankrijk afkomstige architect Daniël Marot ontwierp de nieuwe kerk samen met een van zijn leerlingen. Marot was vooral beroemd om zijn interieurs in Lodewijk XIV-stijl. Achter de onopvallende façade creëerde hij dan ook een rijke kerk, waarin vooral het plafond met de elegante decoraties in stucwerk de aandacht trekt.

Oostkerk (1667)

Oostkerkplein 1, Middelburg

Bartholomeus Drijfhout, Pieter Post en Arent van 's-Gravesande

De Oostkerk was de eerste kerk die de Middelburgse protestanten voor zichzelf bouwden. Elders maakten zij gebruik van geconfisqueerde katholieke kerken, maar in het nieuwe stadsdeel aan de oostkant van Middelburg was zo'n gebouw niet voorhanden. Alle inwoners van de stad betaalden mee aan de nieuwe kerk via een extra belasting op wijn en bier. Een stel belangrijke architecten uit die tijd werkte aan deze bijzondere kerk. Het eerste ontwerp was van Bartholomeus Drijfhout. Die had een aantal van de nieuwe protestantse kerken bestudeerd die inmiddels in de Republiek verrezen waren. Drijfhout vroeg de bekende bouwmeester Pieter Post als adviseur. Ze besloten een gecentraliseerde kerk te bouwen, met in het midden de preekstoel – een veelgebruikte vorm voor protestantse kerken. De werkzaamheden gingen in september 1648 van start. Maar in 1649, toen alleen de funderingen er nog maar lagen, overleed Drijfhout. Arent van 's-Gravesande, stadsarchitect van Leiden, maakte daarop een nieuw ontwerp: een achtkantige kerk met een koepel met daarop een lantaarn. Hij gebruikte natuursteen, wat de kerk een voornaam voorkomen gaf. Het is een classicistisch gebouw, dat van binnen en van buiten strak symmetrisch is, en gedecoreerd is met aan de klassieke Oudheid ontleende vormen. Kolossale pilasters lopen van beneden tot boven en dragen bij aan het monumentale karakter van de kerk. Een driehoekig fronton bekroont de toegang en rijk beeldhouwwerk siert de gevel.

Portugees-Israëlitische Synagoge (1675)

Mr. Visserplein 1-3, Amsterdam

Elias Bouman

Veel Portugese joden, die in hun eigen land leden onder vervolging door de inquisitie, trokken in de zeventiende eeuw naar Amsterdam, waar een relatief grote mate van godsdienstvrijheid bestond. Hun bijdrage aan de Amsterdamse economie was aanzienlijk. Daarom mochten zij in de tweede helft van de zeventiende eeuw opvallende synagogen bouwen, terwijl officieel alleen het gereformeerde geloof zichtbaar mocht zijn in de stad. In het centrum van de toenmalige jodenbuurt kon in 1675 de Portugees-Israëlitische Synagoge, ook wel Snoge genoemd, ingewijd worden, in die tijd de grootste synagoge ter wereld. Elias Bouman had het ontwerp geleverd. Voor de vorm van het gebouw – een synagoge aan een voorplein, aan drie zijden omgeven door lage dienstgebouwen – had Bouman gekeken naar het houten model van de bijbelse tempel van Salomo dat rabbijn Jacob Juda Leon in 1641 vervaardigd had. Maar de bouwstijl sloot aan bij de classicistische smaak van zijn eigen tijd waarin ook de protestantse kerken opgetrokken werden. De synagoge is een strak symmetrisch, rechthoekig gebouw, met aan alle kanten een iets vooruitspringende middenpartij. Hoge rondboogramen domineren de gevels; erboven en eronder zijn de vensters klein en rechthoekig. Kolossale pilasters lopen over de hele hoogte van het bouwwerk. Een grote balustrade bekroont het gebouw en versterkt het massieve karakter van het blok. De Snoge is de enige oude Amsterdamse synagoge die nog in gebruik is.

Synagoge (1929)

Prinsestraat 14, Enschede

K.P.C. de Bazel (A.P. Smits en C. van de Linde)

In 1929 kon de grote joodse gemeenschap van Enschede beschikken over een nieuwe synagoge met zeshonderd zitplaatsen. Het synagogecomplex, dat ook een kleinere dagsynagoge, een ritueel badhuis, een school en twee dienstwoningen bevatte, had een oriëntaals voorkomen met koepeldaken, zoals dat sinds het midden van de negentiende eeuw populair was voor synagogen. De synagoge werd gebouwd naar een ontwerp van architect K.P.C. de Bazel uit 1918. Die maakte graag gebruik van traditionele vormen, zowel uit het westen als uit het oosten. Centraal ligt de vierkante gebedsruimte, bekroond door een twaalfzijdige met koper beklede koepel. Boven de vensters, de deuren en de dakranden loopt meanderend siermetselwerk in donkerbruine baksteen, een geliefd decoratief motief van De Bazel. Aan de noordkant is een aanbouw met de vrouwengalerij. Het interieur van de synagoge is weelderig, met gebrandschilderde ramen en veel tapijten. Een mozaïek van een gouden ster tegen een blauwe ac
het grote
ster heeft
met daarb
de dierenr
zen naar d
van Israël.
symboliek
gebouw e
afmetinge
en het aan
allemaal e
betekenis.
de synago
voor het k
Enschede
alleen nog
en bij spe
den gebru

Ou

Sint-Gerlachkerk (1727)

Vroenhof 87, Houthem

De heilige Gerlach was een twaalfde-eeuwse ridder die zich als kluizenaar had teruggetrokken in een grote, holle eik bij het Limburgse Houthem. Na zijn dood trok zijn graf, op diezelfde plek, veel pelgrims. In 1201 werd er bij het graf een klooster gesticht. Dat herbergde aanvankelijk mannen en vrouwen, maar vanaf 1225 was het een klooster voor edelvrouwen, een stift. In de achttiende eeuw bloeide de verering van de heilige Gerlach op en maakte het klooster een periode van grote voorspoed mee. De bewoonsters lieten tussen 1720 en 1727 een nieuwe kerk bouwen. Zij oriënteerden zich daarbij op de rococostijl zoals die toen in Duitsland in de smaak viel. De kerk, een zaalkerk – een kerk met maar één beuk –, is als een weelderige grote schrijn rondom het lichaam van de heilige Gerlach, die niet veel later een witgeschilderd houten praalgraf midden in de kerk kreeg. In 1751 voorzag de Beierse kunstenaar Johann Adam Schöpf de kerk van barokke schilderingen met taferelen uit het leven van Gerlach. Aan de buitenkant vallen de gedecoreerde pilasters en de ramen met een flauwe boog – zogeheten segmentboogvensters – op. Aan de zuidkant van de kerk loopt een overgebleven kloostergang. Met de komst van de Fransen, aan het einde van de achttiende eeuw, moesten de religieuze vrouwen hun nog vrij nieuwe klooster verlaten. Sinds 1808 is de Sint-Gerlachkerk de parochiekerk van Houthem.

Mozes en Aäronkerk (1841)

Waterlooplein, Amsterdam

T.F. Suys

Op de plaats waar zich in de zeventiende eeuw een katholieke schuilkerk bevond, ondergebracht in twee gebouwen met de namen 'Moyses' en 'Aäron', verrees tussen 1837 en 1841 een grote, nieuwe kerk, gewijd aan de heilige Anthonius van Padua. De Belgische architect T.F. Suys had het ontwerp voor het neoclassicistische gebouw geleverd. Hij had zich vooral laten inspireren door de bouwkunst van de Griekse Oudheid. De gevel van de kerk heeft in het midden een portiek met Ionische zuilen en een groot driehoekig fronton en doet daarmee denken aan een Griekse tempel. Amsterdammers noemden de kerk wel 'de tempel van Suys' – een woordspeling op de Griekse god Zeus. Bovenop staat een beeld van Christus. Grote vierkante torens, voorzien van klassieke pilasters, staan aan weerszijden. De gevel is eigenlijk opgetrokken in baksteen en de torens zijn grotendeels van hout, maar door het witte pleisterwerk ziet het gebouw eruit als een dure kerk, in kostbare materialen. Sinds 1824 bemoeide het Ministerie van Waterstaat zich met de bouw van openbare gebouwen en kerken en het daarvoor bestemde budget, en deze kostenbesparende manier van werken – het vermommen van goedkope bouwmaterialen tot een imposant geheel – heet daarom wel waterstaatsstijl. Vroeger stond de Mozes en Aäronkerk er trouwens heel anders bij. De kerk was opgenomen in een gevelwand en vormde de monumentale markering van de kruising van twee inmiddels gedempte grachten.

Basiliek van Oudenbosch (1880/1892)

(Basiliek van de heilige Agatha en Barbara), Markt 57, Oudenbosch

P.J.H. Cuypers/G.J. van Swaay

In 1842 werd een zekere Willem Hellemons pastoor van de parochie van Oudenbosch. De zestiende-eeuwse parochiekerk, gebouwd in gotische stijl, beviel de pastoor helemaal niet en hij besloot een nieuwe kerk te laten bouwen. Hellemons was ambitieus. Hij had in Rome gestudeerd en was daar onder de indruk geraakt van de Sint-Pieter. In Oudenbosch moest daarom een kleine kopie van de Sint-Pieter verrijzen. Voor deze klus schakelde de pastoor architect P.J.H. Cuypers in, die in heel Nederland nieuwe katholieke kerken bouwde, gebaseerd op glorieuze voorbeelden uit de geschiedenis van het katholicisme. Maar zelfs binnen het oeuvre van Cuypers, die zijn bouwwerken meestal ontwierp op basis van middeleeuwse voorbeelden, is de kerk van Oudenbosch uniek. Hoewel de kerk met zijn koepel onmiddellijk doet denken aan het Romeinse voorbeeld, is het geen exacte imitatie. De verhoudingen van deze aan de heilige Agatha en Barbara gewijde kerk zijn anders. De kerk is bovendien niet opgetrokken in marmer, maar in witgepleisterde baksteen, met hier en daar wat natuursteen. In het interieur overheersen geschilderde marmerimitaties en nepgoud. In 1892 kreeg de kerk een nieuwe façade, naar het voorbeeld van de tweede grote kerk van Rome, de Sint-Jan van Lateranen. Deze keer maakte G.J. van Swaay het ontwerp. Ook al is de basiliek maar half zo groot als de echte Sint-Pieter, de monumentale koepelkerk domineert toch Oudenbosch en de wijde omgeving.

Sint-Catharinakerk (1867)

Kerkstraat 1/Stratumseind 2, Eindhoven

P.J.H. Cuypers

P.J.H. Cuypers was de belangrijkste architect uit de tweede helft van de negentiende eeuw. Cuypers was zelf katholiek en hij bouwde vooral veel kerken voor de Nederlandse katholieken, die in de negentiende eeuw voor het eerst sinds de reformatie weer openlijk hun geloof mochten belijden. Vaak baseerde hij zich op de gotische bouwstijl, waarin in de Middeleeuwen – de glorietijd van het katholicisme – zoveel grote kerken waren gebouwd. Nadat in Eindhoven in 1860 een echte middeleeuwse kerk gesloopt was, bouwde Cuypers op die plek de nieuwe Sint-Catharinakerk. Hij baseerde zijn ontwerp op de dertiende-eeuwse Franse gotische kathedralen, in het bijzonder die van Chartres en Reims. De Catharinakerk is een bakstenen basiliek met drie beuken, en heeft ook een dwarsschip met drie beuken. Het koor, dat niet aan de oostkant maar op het zuidwesten ligt, heeft een omgang en drie zeshoekige straalkapellen. In de façade bevinden zich drie portalen met beeldhouwwerk in natuursteen. Ronde ramen, zogeheten roosvensters, verwijzen naar het rad waaraan de heilige Catharina, patroonheilige van de kerk, werd gemarteld. De twee torens van de kerk verschillen van elkaar, net als bij de Franse kerken. Volgens Cuypers hadden ze een symbolische betekenis. De verfijnde zuidelijke toren staat voor de ivoren toren, een symbool voor de zuiverheid van Maria. De noordelijke toren heeft torentjes en kantelen en verwijst naar de toren van David, een symbool van kracht.

Kerk van het Groot-Seminarie (1939)

Raamse Akkers 15, Haaren

M.J. Granpré Molière

In Haaren stond sinds 1839 temidden van uitgestrekte tuinen het majestueuze gebouwencomplex van het Groot-Seminarie van het bisdom Den Bosch. Toen er een eeuw na de bouw een nieuwe, liefst even monumentale, kerk aan het complex moest worden toegevoegd, ging de opdracht naar de architect M.J. Granpré Molière. Granpré Molière was een traditionalist; hij bouwde in een stijl die teruggreep op vormen uit het verleden – een reactie op het modernisme dat de architectuur van de twintigste eeuw ging overheersen. Van 1924 tot 1953 was hij hoogleraar aan de Technische Hogeschool van Delft, waar hij van grote invloed was op zijn studenten. Daarom staat zijn stijl van bouwen ook bekend als 'Delftse School'. In 1927 bekeerde Granpré Molières zich tot het rooms-katholicisme en vanaf dat moment was het traditionalisme vooral met het katholieke geloof verbonden. De stijl was erg geschikt voor monumentale bouwwerken als katholieke kerken en kloosters, die de traditionalisten vormgaven in een stijl die vooral op Romaanse voorbeelden was gebaseerd: massieve, sobere bakstenen blokken met steunberen en kleine rondboogvensters. Ook in zijn ontwerp voor de kerk van het Groot-Seminarie in Haaren greep Granpré Molière terug op de Romaanse stijl. De kerk heeft een gesloten bakstenen gevel met rondbogige ramen en een groot aantal torentjes. Aan de oostkant van het gebouw bevindt zich de traditionele halfronde apsis.

Kerk van Andijk (1930)

Middenweg 4, Andijk

E. Reitsma

Toen de Groningse architect Egbert Reitsma aan het einde van de jaren twintig een nieuwe kerk ontwierp voor de gereformeerde gemeente van Andijk, in West-Friesland, genoot hij al een behoorlijke reputatie als kerkenbouwer. De Andijkse gereformeerden hadden een enorm bedrag bij elkaar gebracht, en wensten daarvoor ook een reusachtige kerk. De gereformeerde kerk die op woensdag 3 september 1930 in gebruik werd genomen had dan ook 1200 zitplaatsen en was zo groot dat hij vanuit de verre omtrek te zien was, zelfs vanaf de Zuiderzee. Van alle kerkgenootschappen die in deze tijd nieuwe gebouwen lieten neerzetten, waren de gereformeerden het meest onconventioneel. Egbert Reitsma bouwde in een expressionistische stijl, die sterk beïnvloed was door de als grote sculpturen vormgegeven bouwwerken van de Amsterdamse School. Reitsma baseerde zich weliswaar op de ouderwetse kerk, met een puntdak en een toren, maar gaf er overdadige expressieve contouren aan: een uit blokken opgebouwde toren met een scherpe spits en een heel scala aan punten in de verschillende gevels en in de vorm van grote driehoekige raamvlakken. Hij legde bovendien de plattegrond in de breedte en plaatste de kansel aan de lange in plaats van aan de smalle zijde. Gebrandschilderde ramen, met voorstellingen van handel, techniek, landbouw en scheepvaart, maken het grootse geheel af. De kerk van Andijk heeft als bijnaam 'de enige gereformeerde kathedraal van Nederland' gekregen.

Kerk van Nagele (1962)

Ring 5, Nagele

J.H. van den Broek en J.B. Bakema

Tussen 1946 en 1964 werkten 33 architecten aan Nagele, een nieuwe plaats van driehonderd woningen in de Noordoostpolder. De meeste plaatsen in de nieuwe polders waren ontworpen door traditionalistische architecten, die in hun ontwerpen teruggrepen op historische dorpen en steden. Maar Nagele kreeg vorm volgens de principes van het Nieuwe Bouwen: modern en functioneel, zonder nostalgie. Van den Broek en Bakema ontwierpen de kerk van het dorp: een heldere compositie van kubusvormen in moderne materialen en verstoken van overbodige versieringen. De architecten creëerden een vloeiend verloop van de openbare straat – en de open polder – naar het gesloten binnenste van de kerk. Een grote rechthoekige klokkentoren staat los voor de kerk en vormt meteen een poort naar het voorplein. Op dat plein loopt een wand van betonblokken, die laag begint als een bankje, maar – steeds hoger – uitgroeit tot een muur, die ten slotte overdekt wordt om deel uit te gaan maken van de voorhal van de kerk. Hieraan grenst, rechts, de sobere kerkruimte. De stijgende lijn zet zich voort in het betonnen dak, dat rust op gemetselde kolommen. Het plafond is in de kerkruimte hoger dan in de hal en springt aan het uiteinde van de zaal, waar de preekstoel, het doopvont en het orgel staan, nog een treetje hoger. Een massieve muur van betonblokken, zonder ramen, sluit het geheel af.

Adventskerk (1958)

Leeuwerikenlaan 7, Aerdenhout

K.L. Sijmons

In een groene woonwijk in Aerdenhout bouwde architect K.L. Sijmons een strak kerkgebouw. Eigenlijk bestaat de kerk uit twee gebouwen. In een laag, langgerekt gebouw bevinden zich de dienstruimten. Hier overheerst de rechthoek, in de vorm van het geheel, van de vensters, de toegang en de strakke klokkentoren die het gebouw bekroont. De eigenlijke kerkruimte is een apart gebouw, waarin licht gebogen betonnen schaaldaken de rechte vormen doorbreken. Drie verticale segmenten naast elkaar, van boven afgesloten door de flauwe bogen van het dak, vormen de gevel. Daarbinnen tekenen zich strak geometrische patronen van beton en glas af. Het door het vele glas binnenkomende daglicht speelt een grote rol in het interieur. Ook dat is gemaakt van robuuste materialen als beton en ruw vurenhout, maar gecombineerd met marmer en notenhout. Sijmons leunde bij het ontwerpen van het interieur op de zogenoemde Modulor, het systeem van ideale verhoudingen dat de beroemde Zwitsers-Franse architect Le Corbusier bedacht had, gebaseerd op de proporties van het menselijk lichaam. Met die maten wilden architecten hun gebouwen precies toesnijden op wat de mens nodig heeft. Architect Sijmons was een functionalist: het ging hem er vooral om het gebouw zo goed mogelijk aan zijn functie aan te passen. Hij gebruikte sobere materialen en liet nutteloze ornamenten achterwege. Maar de vorm van het gebouw zelf zorgt wel voor een mooi, sculpturaal effect.

Pastoor van Arskerk (1961)

Kromhoutlaan 12, Haarlem

G.H.M. Holt

In de jaren vijftig en zestig verrees in Nederland een groot aantal nieuwe kerken. Terwijl de vorm van veel andere soorten gebouwen in die tijd min of meer standaard was, hadden architecten bij het ontwerpen van kerken een grote mate van vrijheid. Dat leidde tot allerlei experimenten, zowel met katholieke als met protestantse kerkgebouwen. Deze gebouwen zijn niet altijd direct als kerk herkenbaar. Architect Gerard Holt ontwierp de katholieke Pastoor van Arskerk in Haarlem. Ook deze kleine kerk heeft een ongebruikelijke vorm. Alleen de diepe open klokkentoren, bekroond met een kruis, doet nog aan een traditionele kerk denken en een groot kruis dat voor het gebouw staat, maakt nog eens duidelijk dat het hier om een kerk gaat. De kerk heeft een staalskelet, dat Holt overal gewoon zichtbaar heeft gelaten. De wanden zijn aan de buitenkant deels bekleed met brokken natuursteen. Het meest opvallend aan het gebouw is de dakpartij. Die bestaat eigenlijk uit twee naar de achterkant van het gebouw afhellende daken, ofwel lessenaardaken: een kleiner dak rijst boven het grotere dak uit. Het grensvlak tussen deze twee daken bevat een groot raam, waardoor het daglicht de kerk kan binnenstromen. De constructie met de twee daken zorgt voor een tweedeling in de kerkruimte. Het kleinere deel is in gebruik als dagelijkse kerk, terwijl het grote geheel voor belangrijkere vieringen is gereserveerd.

Sint-Benedictusberg (1968)

Mamelis 39, Lemiers

Dom H. van der Laan

In 1923 stichtte een groep Duitse benedictijner monniken de abdij van Mamelis, sindsdien Sint-Benedictusberg genaamd. De monniken konden zich de bouw van een kerk niet veroorloven en moesten zich behelpen met een noodkerk in een van de kloostergangen. Maar toen het klooster hersteld werd van schade die het in de Tweede Wereldoorlog had opgelopen, kreeg het meteen ook een kerk, gewijd aan Maria. De architect was de monnik Dom Hans van der Laan. Die was zijn leven lang bezig met het onderzoeken van de grondbeginselen van de bouwkunst. Volgens Van der Laan moesten architecten niet alleen de verhoudingen binnen het platte vlak bestuderen, maar driedimensionale proporties als uitgangspunt nemen. Hij drukte die uit in een zogenaamd 'plastisch getal'. Dom Van der Laan kreeg veel volgelingen, vooral in het zuiden van Nederland, die aangeduid worden als de Bossche School. Zelf bouwde Dom Van der Laan slechts een handjevol gebouwen, meestal met een religieuze functie, waarvan de abdijkerk van Mamelis het belangrijkste is. De kerk werd op 4 mei 1968 gewijd. Het bouwwerk heeft door de symmetrie, de verhoudingen van de verschillende onderdelen en het ritme dat daarin te voelen is een bijzonder harmonieuze werking. De buitengewone lichtval versterkt dat effect. De sobere materialen leiden de aandacht niet af van de vorm van het gebouw. Van der Laan ontwierp ook het interieur en de meubels.

Ontmoetingskerk (1969)

Louis Davidsstraat 2, Den Haag

G. Drexhage (DSBV)

Een groot stalen kruis op een klein pleintje in Den Haag maakt voorbijgangers duidelijk dat het strakke blok erachter een kerk bevat. Het is de Ontmoetingskerk, naar ontwerp van architect G. Drexhage. Het gebouw bestaat uit een constructie van beton waarin grote ruiten zijn aangebracht. Witte horizontale lamellen, die het gebouw helemaal omgeven, beschermen het binnenste van de kerk tegen de zon en nieuwsgierige blikken van buiten. Ze zijn meteen ook de blikvangers van het bouwwerk. Eigenlijk is het gebouw, dat op 30 juni 1969 in gebruik werd genomen, veel meer dan een kerk. Het is ook een soort buurtcentrum. Daarom zijn er naast de zaal van de gereformeerde gemeente ook ruimten voor andere doeleinden. Een vouwwand kan de entreehal afscheiden van de kerkzaal om zo een ontmoetingsruimte te creëren. Ook de kerkzaal zelf is multifunctioneel. De vierkante kerkruimte onderscheidt zich visueel van de entreehal doordat hij 1,70 meter hoger ligt. De inrichting van de zaal is volledig flexibel. Zo zijn de avondmaaltafel en het doopvont gemakkelijk te verwijderen en kan de kansel door een hydraulisch systeem in het podium wegzinken, zodat de ruimte omgetoverd kan worden tot concertzaal of theater. Een klein bijgebouw is gedeeltelijk onder de verhoogde kerkzaal geschoven. Daarin bevinden zich de woning van de koster, en nog wat functionele vertrekken.

Soefi-tempel (1970)

Zuidduinseweg 5, Katwijk aan Zee

S.J. van Embden

Nieuwe religieuze bouwwerken zijn tegenwoordig vooral bestemd voor immigranten. Maar de nieuwe godsdiensten hebben in Nederland nog maar weinig vernieuwende architectuur opgeleverd. Wel staat in Katwijk aan Zee een opmerkelijke tempel voor de beoefenaren van het soefisme, de uit de islam afkomstige mystieke beweging. De Indiase oprichter van de internationale soefibeweging, Hazrat Inayat Khan, zegende daar in 1922 een plek in de duinen en verklaarde dat volgelingen die daar zouden bidden hun wensen vervuld zouden zien. In 1970 kwam er een tempel te staan. Voor Inayat Khan was het soefisme niet aan één godsdienst gebonden en de tempel is dan ook een internationaal centrum voor meditatie en universele erediensten. Het gebouw, dat de naam Universel draagt, is een ontwerp van de Nederlandse architect S.J. van Embden. Het is een sober bouwwerk met betonnen gevels. De eenvoudige vormen hebben een symbolische betekenis. Zo is de centrale meditatieruimte een vierkant, dat staat voor kracht en stabiliteit. Een kunststof koepel met een oosterse vorm laat licht binnen en symboliseert zo de ontvankelijkheid voor het licht van boven. Evenals het gebouw moest de soefibeoefenaar stevig met beide benen op de grond staan, maar ook open staan voor verlichting. De muren van de ruimte zijn lichtbeige gekleurd en sluiten daarmee aan op het omliggende duinlandschap. Rondom liggen lagere vertrekken die overgaan in de duinen, waar nog een paar meditatieplaatsen zijn.

Maranathakerk (1992)

Maranathaplein 1, Deventer

A.E. en H. van Eyck

Voor de Molukse gemeenschap omvat de kerkdienst veel meer dan dat wat zich in het kerkgebouw afspeelt. De ceremonie begint eigenlijk al thuis en gaat door op weg naar de kerk. Dit was voor Aldo van Eyck het uitgangspunt bij het ontwerpen van een kerk voor de Molukse gemeenschap in Deventer. Van Eyck hief het onderscheid tussen binnen en buiten op. De kerk en het terrein eromheen moesten één geheel vormen. Klimrozen groeien langs de buitenmuren van de kerk, zodat de tuin doorloopt in het gebouw. De kerk heeft eigenlijk twee delen, de kerkzaal en een gedeelte met vergaderruimten en dienstvertrekken. Beide delen van het gebouw hebben een eigen entree, verbonden door een binnenstraat. De kerkzaal bestaat uit een vierkante plattegrond met tegen elke zijde een net iets andere halfronde uitbouw met bovenlicht. Het platte dak rust op betonnen zuilen. Van Eyck wilde een gevoel van beweging in het gebouw brengen. Dat deed hij door niet één kijkrichting te maken, zoals in de meeste kerken gebruikelijk, maar meerdere zichtlijnen door elkaar te plaatsen. De muren van de kerk zijn met banen van verschillende tinten blauw beschilderd. Kunstenares Iene Ambar creëerde daarop golvende lijnen met van de Molukse eilanden afkomstige schelpen. De blauwe vloeiende wanden en het daglicht dat door de bovenlichten valt, geven de gelovigen de indruk dat de dienst in de buitenlucht plaatsvindt.

Voordat de mensen samendromden in steden, woonden en werkten zij verspreid over het land. Zij leefden vooral van de landbouw en de veeteelt en bouwden huizen die in de eerste plaats functioneel waren en waarin zij naast hun woonruimte ook het boerenbedrijf konden onderbrengen. In verschillende streken vonden boeren daarvoor een verscheidenheid aan vormen: van de rondom een binnenplaats opgetrokken vakwerkhoeven in Limburg tot de Noord-Hollandse stolpboerderijen. Als de boer enigszins bemiddeld was, voegde hij wat comfort toe aan zijn boerderij, en misschien als statussymbool wat decoraties.

Over de boeren heersten de edelen. Zij bouwden hun verblijven, kastelen die goed verdedigbaar moesten zijn, op strategische plekken: in de bocht van een rivier of op een heuvel bijvoorbeeld. De kleinere edelen hadden een eenvoudig versterkt huis of een woontoren. Ook hierin waren regionale varianten, zoals de Friese stins en de Groningse borg. Een belangrijke edelman had een grotere burcht – en soms wel meerdere. De kastelen moesten met hun tijd meegaan om weerstand te kunnen bieden tegen steeds krachtigere wapens, met een steeds groter bereik. Zo werd de ronde, op een terp gebouwde burcht – het zogenoemde mottekasteel – in de loop van de dertiende eeuw opgevolgd door het vierkante kasteel met hoektorens en een gracht.

Natuurlijk was een sterk, onneembaar kasteel ook een teken van macht en van status. Dat bleef zo, zelfs toen veel kastelen na de Middeleeuwen hun verdedigende functie verloren en veranderden in buitenverblijven. De eigenaren lieten ze verbouwen volgens de smaak van de tijd en van meer luxe voorzien. In de zestiende en vooral in de zeventiende eeuw groeide de groep welgestelde stedelingen die op een buiten, liefst in de Vechtstreek, de drukte en de vervuiling van de stad wensten te ontvluchten. Ze verbouwden een ouder kasteel of lieten een heel nieuw landhuis optrekken. Rondom het huis lagen de tuinen, vaak zelfs uitgestrekte parken. Ook die waren onderhevig aan de mode. Terwijl in de zeventiende en achttiende eeuw vooral formeel aangelegde Franse tuinen in de smaak vielen, was in de negentiende eeuw het quasi-natuurlijke landschapspark volgens de Engelse stijl erg populair. In de moderne villa-architectuur is er nog altijd veel aandacht voor de relatie tussen gebouw en natuurlijke omgeving.

Maar niet alleen de tuin, ook het landhuis zelf behoorde volgens de laatste trend vormgegeven te zijn. Dat was zo met de komst van de Renaissance en het classicisme in de zestiende en de zeventiende eeuw, dat bleef zo in de negentiende eeuw, toen de neostijlen – vooral neoclassicisme en neogotiek – erg modieus waren voor landhuizen, en dat was nog steeds zo in de twintigste eeuw, toen de villa de bouwvorm bij uitstek was om mee te experimenteren en kon variëren van een weelderig bouwwerk met sculpturale vormen tot een strak samenspel van geometrische volumes en rechte lijnen. Het begrip villa heeft inmiddels wel een andere invulling gekregen. Niet langer gaat het alleen om een huis op het land; er zijn ook luxe, vrijstaande woningen in de minder dicht bebouwde delen van de stad gekomen. De villa bevindt zich nu vaak tussen stad en land, en daaraan hebben architecten de laatste jaren op geheel nieuwe wijze gestalte weten te geven.

2

Op het land

Kasteel Teylingen (13de eeuw)

Teylingerlaan 23, Teylingen

In de dertiende eeuw bouwde de invloedrijke heer van Teylingen, een bloedverwant van de Hollandse graaf, een kasteel in de buurt van Voorhout, waar de resten nog altijd liggen. Het was een grote, ronde burcht op een kunstmatige verhoging met een doorsnede van 37 meter, met daarbij een voorburcht met gebouwen waar gewerkt werd. De burcht gaf een goede bescherming. Om het complex lag een brede slotgracht en twee vierkante torens flankeerden de toegang. In de dikke muur van de burcht waren bogen uitgespaard met daarboven een weergang, die veilig uitzicht bood op het terrein erbuiten. Een massieve woontoren stond tegen de binnenkant van de muur. Het woongebouw had vier bouwlagen, waarvan de eerste in steen overwelfd was. Daarboven bestonden de verdiepingen uit balken; de balkgaten zijn nog altijd zichtbaar. Toen het geslacht Teylingen uitstierf, was de machtige rol van het kasteel uitgespeeld. Het kwam nu in handen van de graaf. Die liet het in 1337 verbouwen tot jachtslot. De graaf wist te voorkomen dat hier een nieuw aanzienlijk adellijk geslacht zou ontstaan door het kasteel steeds aan een ander in leen te geven. De leenman, die de titel houtvester kreeg, was eigenlijk niet veel meer dan de beheerder van het kasteel. In 1572 verwoestten de Spanjaarden kasteel Teylingen. Er volgden herstelwerkzaamheden, maar na een brand in 1676 bleef er definitief slechts een ruïne over.

Muiderslot (vanaf 1280)

Herengracht 1, Muiden

Graaf Floris V bouwde omstreeks 1280 het Muiderslot op de plaats waar de Vecht uitmondde in de Zuiderzee. Het was een goede plek om de tol op de scheepvaart te innen. Nadat Floris in 1296 was omgekomen, werd het kasteel verwoest, maar bijna een eeuw later volgde de herbouw op de oude fundamenten. Het was een kostbaar kasteel, helemaal gebouwd volgens de militaire eisen van die tijd, waarin aanvalswapens steeds effectiever werden. Het kasteel is niet rond maar vierkant, wat het eenvoudiger maakte de muren in de gaten te houden, vooral vanuit de uitgebouwde ronde torens op de hoeken. De muren zijn zo'n anderhalve meter dik en onder de dakrand bevinden zich werpgaten, van waaruit de vijand bestookt kon worden. Een gracht bood verdere bescherming. Aan de zuidoostelijke zijde staat een vijfde, bijna vierkante poorttoren, die toegang geeft tot een ruime binnenplaats. Alleen tegen de westelijke en de noordelijke kasteelmuur staan woongebouwen, aan de kant van de Vecht en de voormalige Zuiderzee. Zijn beroemdste bewoner had het Muiderslot in de eerste helft van de zeventiende eeuw. De schrijver P.C. Hooft woonde toen als drost van Muiden en baljuw van het Gooi in het kasteel. De verdedigingswerken hadden inmiddels hun functie verloren. Hooft maakte van de militaire vesting een ontmoetingsplaats van schrijvers, kunstenaars en geleerden. Vondel, Huygens en Bredero waren er regelmatig te gast.

Den Ham (13de eeuw)

Aan de weg Vleuten-Harmelen, Vleuten

Eenvoudige woontorens beschermden in de Middeleeuwen de minder prominente edelen tegen allerlei dreigingen. Den Ham, bij Vleuten, verrees vanaf de dertiende eeuw. Het was aanvankelijk een simpele vierkante stenen toren van twee of drie verdiepingen en een kelder. Door latere uitbreidingen bereikte de toren echter een hoogte van 27 meter en – in Nederland ongeëvenaard – zes verdiepingen. De naam Den Ham kwam van de ligging aan een later gedempte zijham van de Oude Rijn, die de toren vrijwel onneembaar maakte. Wonen was hier op zijn efficiëntst gecombineerd met militaire functionaliteit. De muren zijn anderhalve meter dik. Een houten buitentrap, die bij gevaar ingetrokken kon worden, leidde naar de bovenste etages. Elke verdieping had een huiselijke stookplaats, maar ook smalle schietgaten. Tot ver in de zeventiende eeuw was de toren in het bezit van een familie die zich naar de toren 'Utenham' noemde. De Utenhams wisselden nogal eens van kant in het voortdurende conflict tussen de graaf van Holland en de bisschop van Utrecht. In 1481 staken medestanders van de bisschop de toren in brand. Een paar jaar later lieten de Utenhams hem opnieuw optrekken. In de zestiende en zeventiende eeuw volgden uitbreidingen rondom de toren. Maar nadat de laatste telg van het geslacht Utenham in 1687 gestorven was, begon het huis in verval te raken. Tegenwoordig staat alleen de toren, met een poortgebouwtje, er nog.

Bourgondische toren (eind 15de eeuw)

Langs de Wal 6, Wijk bij Duurstede

Jacob van der Borch

Toen de Utrechtse bisschop David van Bourgondië in het midden van de vijftiende eeuw het oude kasteel van Wijk bij Duurstede betrok, liet hij het volledig verbouwen. Rondom de eenvoudige dertiende-eeuwse toren kwam een groot vierkant kasteel te liggen, met op drie hoeken ronde torens. Het was een waar paleis, dat 75 vertrekken telde, de bijgebouwen niet meegerekend. Jarenlang was dit het centrum van de macht. Hier vonden de grootste feesten plaats en stroomden de getalenteerdste kunstenaars samen. Maar de bisschop liet er ook zijn vijanden gevangen zetten – en martelen. Van alle pracht en praal is nauwelijks meer iets terug te vinden. Vanaf de zeventiende eeuw raakte het kasteel in verval. Er is nu nog maar één 41 meter hoge toren over van het eens zo majestueuze Bourgondische kasteel. In deze toren, met zijn monumentale schouw en grote ramen, woonde de bisschop zelf. De toren staat nu gebroederlijk naast de ruïne van de door bisschop David geringschatte vierkante oude toren, op een eilandje in de voormalige slotgracht. In de negentiende eeuw kwamen de twee torens in handen van de stad Wijk bij Duurstede. Tuinontwerper J.D.Zocher jr. legde toen een romantisch park in Engelse landschapsstijl aan rondom de ruïnes en architect P.J.H. Cuypers, befaamd om zijn kundigheid op het gebied van middeleeuwse bouwkunst, gaf de torens met een flinke restauratie weer een fiere aanblik.

De Meesterkok (16de eeuw)

E 96, Ratum

Op boerderijen in het oosten van Nederland woonden mensen en dieren eeuwenlang samen in één grote ruimte. Er was geen muur tussen de woonruimte van de boerenfamilie en de stal of schuur. Zulke boerderijen heetten 'los hoes', wat in het Twents dialect open huis betekende. De boeren trokken hun eenvoudige hoeve veelal op uit materialen die zij in de omgeving vonden. Vaak bouwden zij in vakwerkstijl. De muren bestonden dan uit een constructie van hout, opgevuld met vlechtwerk van twijgen en bedekt met leem. Eén van de oudste bewaard gebleven boerderijen van Nederland was oorspronkelijk een los hoes: De Meesterkok in het Gelderse Ratum. De boerderij met zijn steile puntdak stamt waarschijnlijk uit de late zestiende eeuw. Bij de bouw zijn verschillende materialen gebruikt. Het bovenste deel van de boerderij is van hout, terwijl de rest van het gebouw uit baksteen en vakwerk bestaat. Een zeventiende-eeuwse bewoner liet de bescheiden boerderij al eens vergroten en in de achttiende eeuw voegde de boer nog wat meer comfort toe: hij trok een scheidingswand op tussen het woongedeelte en de bedrijfsruimte. Een deur in de wand ging de twee vertrekken verbinden. In die muur liet hij bovendien bedsteden aanbrengen. Het grote woonvertrek heeft nog altijd een vloer van potscherven en een met tegels beklede schouw. Tegenwoordig heeft de boerderij ook een kelder en een opkamer.

Vakwerkhoeve (16de eeuw)

Cottessen 5, Vijlen

Limburgse boeren plaatsten hun woonvertrekken, stallen en schuren gewoonlijk in een vierkant om een binnenplaats. De muren die aan de straat lagen waren dan van steen, maar aan de besloten binnenplaats bouwden zij volgens een regionale traditie in sobere vakwerkstijl, met een skelet van hout en dunne takken, opgevuld met andere lokale materialen. Een kleine boer wist vaak niet een heel vierkant vol te bouwen en gaf zijn boerderij de vorm van een L. In het Zuid-Limburgse Cottessen staat nog zo'n hoeve. Het is een van de best behouden staaltjes van vakwerkbouw in Nederland. De kern van het woonhuis, dat één verdieping heeft, dateert uit de zestiende eeuw. Aan de straatkant is de begane grond opgetrokken in breuksteen met daarin enkelvoudige vensters. De rest van het huis bestaat uit vakwerk, met in het midden van de verdieping ramen met meerdere ruitjes. Andreaskruisen in de buitenmuur geven de constructie extra stevigheid.

Een schilddak dekt het woonhuis af. Binnen heeft de boer gebruik gemaakt van de plaatselijk aanwezige mergelsteen. In het midden van het huis staat een muur van mergel met daarin, zowel boven als beneden, aan weerszijden een schouw. Een naderhand aangelegde kelder is ook in mergel overwelfd. Een latere boer breidde het woonhuis uit en voegde een nieuwe schuur en stallen toe. Maar ook hij volgde het oude gebruik en bouwde in vakwerk.

Kasteel Twickel (1551)

Twickelerlaan 1, Delden

In het midden van de zestiende eeuw besloten Agnes van Twickelo en haar man Goossen van Raesfelt hun oude landhuis Twickel radicaal te verbouwen volgens de nieuwe smaak die juist vanuit Italië het noorden bereikte: de Renaissance. De stijl was geïnspireerd op de bouwkunst van de Romeinse Oudheid, maar Nederlandse bouwmeesters gebruikten de klassiek ogende zuilen, frontons en medaillons vooral als versiering. Twickel moest een groots bouwwerk worden van vier vleugels rondom een binnenplaats, omgeven door een gracht. Maar zover kwam het niet. Agnes overleed voordat de bouw goed en wel begonnen was. Haar echtgenoot koos toen, in 1551, voor een bescheidener bouwwerk, dat hij wel helemaal liet decoreren in Renaissancestijl. Aan de voorzijde rijst boven de ingang een schoudergevel op, een puntige gevel met in de schuine zijden horizontale onderbrekingen die vooral in de vroege Renaissance erg modieus was. Klassieke zuilen, met daarop beelden van Adam en Eva, flankeren de deur en zuiltjes aan weerszijden van de ramen dragen driehoekige frontons. Boven het familiewapen prijkt in de gevel een medaillon met in reliëf een portret van de overleden Agnes. In de zeventiende eeuw breidden de afstammelingen van Agnes en Goossen het kasteel uit. Het bestaat nu uit een hoofdgebouw met een toren, een korte vleugel aan de westzijde en een langere vleugel aan de oostkant. In het midden staat nog altijd het zestiende-eeuwse Renaissancehuis.

Kasteel Eijsden (1635)

De Geloeslaan 2, Laag-Caestert

Bouwmeesters in de Zuidelijke Nederlanden werkten in een eigen variant op de Renaissancestijl, de Maaslandse Renaissance. Hun gebouwen kregen bakstenen gevels met versieringen en horizontale banden, speklagen geheten, in natuursteen. Meestal was dat mergel, een steensoort die ter plekke voorhanden was. Omstreeks 1635 liet Arnold de Lamargelle, heer van Eijsden, ten zuiden van dat dorp een kasteel in deze stijl bouwen, op een plek waar al eerder een versterkt huis had gestaan. Het kasteel verrijst, omgeven door een gracht, temidden van Franse tuinen. De rode baksteen en de voor de Maaslandse Renaissance kenmerkende hardstenen banden maken van de gevels van het slot een levendig geheel. Ook andere decoraties zijn uit natuursteen gemaakt. De ramen – uit vier delen samengestelde zogenoemde kruisvensters – hebben een sierlijke hardstenen omranding en de hoeken van het kasteel zijn afgewerkt in natuursteen. Ook de markante dakkapelletjes waren een geliefd motief van de bouwmeesters van het zeventiende-eeuwse Maasland. In 1767 liet de eigenaar het interieur van het kasteel grondig moderniseren. De smaak was inmiddels veranderd: het was nu de Franse architectuur die de trend zette. De kamers op de begane grond kregen decoraties in de Franse stijlen die genoemd waren naar de koningen Lodewijk XV en Lodewijk XVI: betimmeringen en stucwerk in elegante, zwierige vormen. Temidden van de goede smaak van twee opeenvolgende eeuwen woont er ook deze dagen nog een grafelijke familie.

Huis ten Bosch (1650)

’s-Gravenhaagse Bos 10, Den Haag

Pieter Post

In 1645 gaven stadhouder prins Frederik Hendrik van Oranje en zijn vrouw Amalia van Solms architect Pieter Post de opdracht een zomerverblijf voor hen te ontwerpen. Post werkte in de classicistische stijl: hij gebruikte klassieke vormen niet alleen als decoraties, maar baseerde ook de structuur van zijn gebouwen op de bouwkunst van de Oudheid. Vooral de symmetrie en de harmonieuze proporties van een bouwwerk waren binnen het classicisme van belang. De ‘Sael van Oranje’, zoals de naam van het nieuwe buitenverblijf luidde, ging bestaan uit een koepelzaal, geflankeerd door twee kleine bijgebouwen temidden van tuinen en een ring van grachten die in verbinding stond met de Singelgracht van Den Haag. Toen Frederik Hendrik twee jaar na het begin van de bouw overleed, liet de prinses van de koepelzaal een monument ter nagedachtenis aan haar overleden man maken. Twaalf schilders voorzagen de zaal van voorstellingen uit het leven van de stadhouder, met als apotheose Jacob Jordaens’ verbeelding van de triomferende Frederik Hendrik op een zegewagen. Latere verbouwingen en uitbreidingen hebben het aanzien van het paleis wat veranderd. Zo ontwierp de Fransman Daniël Marot, de meest gevierde architect van dat moment, in de eerste helft van de achttiende eeuw op verzoek van stadhouder Willem IV twee nieuwe vleugels. Paleis Huis ten Bosch, zoals de ‘Sael van Oranje’ nu heet, is sinds 1981 het woonpaleis van koningin Beatrix.

Trompenburg (1672)

Zuiderend 43, 's-Graveland

Terwijl de steden drukker en voller werden, namen welgestelde stadsbewoners steeds vaker hun toevlucht tot het platteland. Zij bouwden hun buitenverblijven, waar zij vooral de zomers doorbrachten, het liefst in de Vechtstreek en in het Gooi. Zo ontstond het Gooise dorp 's-Graveland in de zeventiende eeuw uit een reeks riante landhuizen van rijke Amsterdammers. De eigenaar van een van die huizen was admiraal Cornelis Tromp, zoon van de nog beroemdere zeeheld Maarten Tromp. Zijn huis viel in 1672 ten prooi aan de Franse troepen die dat jaar de Nederlanden bezetten en onder de buitenplaatsen een spoor van vernielingen achterlieten. Tromp liet daarna een nog mooier huis bouwen. De buitenverblijven van de hoge adel stonden model. Het gebouw, Trompenburg genoemd, rijst als een echt kasteel op uit het water. Het bestaat uit een met hout bekleed rechthoekig woonhuis met een hoog souterrain en een etage, door een gang verbonden met een achtzijdige koepelzaal. Tromp nam de koepelzaal van Huis ten Bosch als voorbeeld voor zijn eigen, kleinere zaal en liet hem beschilderen met taferelen die zinspeelden op zijn loopbaan en zijn grootste successen toonden. Naast voorstellingen van de vier werelddelen sieren zeeslagen en portretten van de familie Tromp de zaal. Ook in de vorm van het huis liet Cornelis Tromp trouwens een verwijzing naar zijn beroep verwerken: het achterste gedeelte heeft de contouren van een scheepsbrug.

Herenboerderij (1661)

Tussenlanen 11-13, Bergambacht

In de Krimpenerwaard, tussen Schoonhoven en Gouda, loopt een laag gelegen weg door een van de oudste ontginningsgebieden: de Tussenlanen. Aan deze weg staat een reeks oude en vaak bijzonder fraaie boerderijen. De hennepteelt bracht de Krimpenerwaard in de zeventiende eeuw grote welvaart en de boeren aan de Tussenlanen konden zich in die tijd royale en deftig uitgevoerde huizen veroorloven. Een van die monumentale huizen is een herenboerderij die in 1661 op een zandverhoging werd gebouwd. De hoeve heeft een T-vormige plattegrond en is gebaseerd op het type van de middenlangsdeelboerderij; dat betekent dat het huis dwars op de schuur staat. Zulke boerderijen waren vrij luxe, met aan de ene kant een pronkkamer en aan de andere kant een opkamer. De boerderij is opgetrokken in gele ijsselsteen en afgedekt met een dak van stro. De vormgeving van vooral het woonhuis zou ook de woning van een welgestelde koopman in de stad niet misstaan. Het huis heeft in het midden een uitspringend bouwdeel – een zogeheten middenrisaliet – en een topgevel met als versiering in de ontlastingsboog een driepas, een soort klavertje drie. Sierlijk gesmede ankers dienen als verdere opsmuk van de gevel. Boven de vensters met luiken prijken rondbogen in rode baksteen, afgewisseld met zandsteen en zelfs beeldhouwwerk. De elegante gevel toonde zo op smaakvolle wijze de voorspoed van de bewoner.

Rijgerburgh (1680)

Provincialeweg 5, Sint-Maartensdijk

Zeeuwse boeren bouwden hun woonhuis en schuur aanvankelijk aan elkaar vast. Met het oog op brandgevaar lieten zij in latere tijden steeds vaker wat ruimte open tussen het huis en de doorgaans houten schuur, maar woning en bedrijf bleven meestal wel in elkaars verlengde liggen. De hoge deuren van de schuur, de zogenoemde 'mendeuren' waardoor de wagens de oogst naar binnen konden rijden, bevonden zich daarom in de lange zijgevel. Op Tholen, in de Middellandpolder, liet burgemeester Rochus Heron van Sint-Maartensdijk omstreeks 1680 een grote boerderij bouwen, die meer dan een eeuw in zijn familie zou blijven. De welgestelde familie kon zich een huis met een interessante architectuur permitteren en Rochus liet de boerderij, de Rijgerburgh genaamd, op een ongewone manier decoreren. Het in gele steen opgetrokken woonhuis kreeg grote ovalen vensters, omrand door rode baksteen, met daarbinnen een tracering als een spinnenweb. Het patroon waarin de ramen zijn aangebracht, accentueert de punt van de gevel: beneden drie, daarboven twee, en één in de top. Een luidklok bekroont de topgevel. Ankers geven nog wat extra versiering aan de façade. Een kleine bakkeet tegenover de woning heeft ook die markante ovale vensters. De schuur staat hier tegenwoordig niet meer in het verlengde van het huis. Na een brand werd in 1895 een nieuwe grote schuur gebouwd, maar nu dwars op het voorhuis.

Paleis Soestdijk (1678)

Amsterdamsestraatweg 1, Soestdijk

Maurits Post

Rond 1650 liet een Amsterdamse burgemeester aan de weg tussen Soest en Baarn een buitenverblijf bouwen, de Hofstede aen Zoestdijck. Deze hofstede kwam in handen van stadhouder Willem III, die op die plek een jachtslot wilde neerzetten. De opdracht voor het ontwerp van dit buitenverblijf gaf hij aan Maurits Post, de zoon van de bekende architect Pieter Post, die Huis ten Bosch had gebouwd. In de jaren na 1674 verrees het nieuwe jachtslot Soestdijk in Hollands classicistische stijl, volgens de klassieke principes van symmetrie en evenwichtige maatvoering. Post ontwierp een gebouw met een hoge begane grond en verdieping, beide met grote ramen, een souterrain en een attiek met kleinere vensters, en in het midden een prominente ingangspartij. Dit zeventiende-eeuwse kasteel is het centrale deel van het huidige paleis Soestdijk. In 1816 liet prins Willem, de latere koning Willem II, het slot namelijk uitbreiden. In die tijd was het neoclassicisme erg in de mode en die stijl sloot met zijn strakke symmetrie goed aan bij die van het oudere gebouw. Het paleis kreeg toen de vleugels met de gebogen zuilengangen en het herkenbare uitbouwtje op het dak. Een witte pleisterlaag ging de verschillende stadia van de bouw verbergen. Veel Oranjevorsten hebben in de loop der eeuwen op Paleis Soestdijk gewoond. De laatste was koningin Juliana, die hier op 20 maart 2004 stierf.

Gunterstein (1680)

Zandpad 48, Breukelen

Adriaen Dortsman

Aan de oevers van de Vecht bouwden veel rijke kooplieden hun buitenverblijven. Zo ook op de plek waar in de veertiende eeuw al een huis genaamd Gunterstein, thuis van de adellijke familie Gunter, stond. Het huis had in de loop der eeuwen al heel wat te verduren gehad, toen Franse troepen het in 1672 vrijwel met de grond gelijk maakten. In 1680 liet de rijke weduwe Magdalena Poulle Gunterstein herbouwen. De Amsterdamse architect Adriaen Dortsman leverde het ontwerp voor het nieuwe huis, dat in strak symmetrische classicistische stijl op het oude, vierkante grondplan verrees. Het nieuwe Gunterstein kreeg twee verdiepingen, naast een souterrain en een zolder. Een kroonlijst sluit het gebouw af en op het dak staat een imposante torenschoorsteen met in de nissen beelden van de vier seizoenen. In de façade trekt vooral de voorname ingang, evenals de ramen op de benedenverdieping bekroond met een rondboog, de aandacht. Het balkonnetje daarboven heeft een deur met een klassiek ogend driehoekig fronton. Vanaf dit balkon loopt een marmeren gang naar de andere kant van het huis, de Vechtzijde, waar hij uitkomt op een tweede, door Toscaanse zuilen gedragen halfrond balkon. De grote zichtlaan van het huis ligt op één lijn met de Pieterskerk van Breukelen. Vanaf het einde van die laan gezien staat de toren van de kerk precies boven Gunterstein.

Heringastate (17de eeuw)

Slotleane 1, Marssum

In 1687 kocht Henricus Popta, advocaat van het hof van Friesland, voor 14.008 gulden een klein kasteel bij Marssum. Het was een state of stins, de Friese benaming voor een versterkt stenen huis. De staten en stinsen op het Friese platteland dienden oorspronkelijk om de streek tegen vijanden te verdedigen. Ze waren daarom vooral sterk en nuttig, zonder overbodige versieringen. Maar in de loop van de tijd kochten rijke stedelingen deze kasteeltjes op om ze te omringen met een weelderig park en in gebruik te nemen als lustoord. De stins die Popta als zomerverblijf aankocht, was in de vijftiende eeuw gesticht door de familie Heringa en droeg daarom de naam Heringastate. Naar de nieuwe eigenaar ging het gebouw ook wel Poptaslot heten. Het huis had bij een grondige verbouwing aan het begin van de zeventiende eeuw een heel nieuw uiterlijk gekregen. Het is opgetrokken in grote rode, gele, grijze en bruine bakstenen, kloostermoppen geheten. De ramen zijn zogenoemde kruisvensters, met luiken voor het onderste deel. Een markante toren bekroont het slot. Niet lang voor hij in 1712 overleed, stichtte Popta bij zijn buitenverblijf een opvang voor behoeftige vrouwen, bestaand uit 26 huisjes om een veldje. Popta wilde dat het slot na zijn dood onbewoond zou blijven. Een stichting moest zijn bezittingen beheren. Nog steeds zijn daarom vier regenten verantwoordelijk voor de state en het vrouwengasthuis.

Menkemaborg (17de en 18de eeuw)

Menkemaweg 2, Uithuizen

Een Groningse borg was oorspronkelijk een verdedigbaar, stenen huis, meestal op een hoogte gebouwd met rondom een gracht. Veel borgen in de Ommelanden ontwikkelden zich van zo'n beschermd stenen huis tot een adellijke woning. Zo ook de Menkemaborg, die de naam draagt van de eerste familie die hier een huis bouwde, het geslacht Menkema. Dat eerste eenvoudige, rechthoekige huis – niet veel meer dan een toren – werd in 1400 verwoest. Pas ruim tweehonderd jaar later lieten nieuwe eigenaren het huis restaureren en uitbreiden. Het nog steeds bescheiden gebouw, met als basis de oude vierkante toren, stond in het water en had de vorm van een hoefijzer. Aan het begin van de achttiende eeuw werd dat hoefijzer helemaal volgebouwd, volgens een symmetrisch ontwerp. Het gebouw kreeg daardoor een vrijwel vierkante plattegrond. Aan de buitenkant zijn de verschillende bouwfasen goed te zien; het lijken drie afzonderlijke gebouwen. Maar binnen is daar niets van te merken. Daar heersen eenheid en symmetrie. De kamers op alle verdiepingen – kelder, begane grond en bovenverdieping – liggen gegroepeerd aan weerszijden van een drie meter brede gang die het hele gebouw doorsnijdt. Voor het huis is een ommuurd voorpleintje, met op de hoeken twee vierkante torentjes. Een brug leidt van hieruit naar de borg. De Menkemaborg herbergt tegenwoordig een museum, dat een beeld geeft van het leven van de achttiende-eeuwse landadel.

De Eenhoorn (1682)

Middenweg 196, Middenbeemster

In Noord-Holland bouwden de boeren stolpboerderijen waarbij woonruimte, stallen en de deel gegroepeerd lagen rondom een 'tas', een bergruimte voor hooi en graan. Vier balken op de hoeken van de tas droegen het piramidevormige dak. In de zeventiende eeuw financierden welgestelden uit de Hollandse steden boerderijen van vaak riante proporties op het pas ingepolderde land van de Beemster. Deze droogmakerij had een strak vierkant patroon van verkaveling waarin stolpboerderijen goed op hun plaats waren. Een van de meest monumentale stolpboerderijen is De Eenhoorn, gebouwd in 1682. De hoeve is deels uit hout, deels uit baksteen opgetrokken. Aan de achterkant van de boerderij is het bedrijfsgedeelte ondergebracht in een houten gepotdekselde uitbouw; dat wil zeggen dat een plank steeds de plank daaronder een beetje overlapt. Een hoog, indrukwekkend stolpdak met pannen ligt over het woongedeelte van de boerderij. Vooral de voorgevel is imposant en lijkt eerder in de stad dan op het land thuis te horen. De grachtenpanden die de veelgevraagde architect Philips Vingboons in de tweede helft van de zeventiende eeuw voor de Amsterdamse elite ontwierp stonden dan ook model. De gevel maakt in het midden een lichte sprong en is versierd met gebeeldhouwde guirlandes en een cartouche met het bouwjaar. Een gebroken boog vormt de bekroning; in het midden herinnert een beeldje van een eenhoorn aan de naam van de boerderij.

anggevelboerderij (begin 19de eeuw)

Zandstraat 5, Moergestel

Aan de Zandstraat in Moergestel ligt een vrij onopvallend boerderijtje. Een keuterboer bouwde het aan het begin van de negentiende eeuw. Hij deed dat op de wijze waarop zijn Brabantse voorouders al eeuwenlang gebouwd hadden: zijn kleine boerderij is er een van het langgeveltype. Zulke boerderijen bestaan uit een langgerekt gebouw, meestal van baksteen, dat parallel aan de straat staat. In de zijgevel bevinden zich de deuren naar de woonkeuken, de dorsruimte en de potstal – een stal waarin de boer de mest tijdens de hele stalperiode liet liggen. De boer in Moergestel gaf zijn hoeve maar één bouwlaag en een zolder. Het woongedeelte bepleisterde hij. Het zadeldak heeft blauwe pannen en loopt aan de achterkant verder door naar beneden. Twee schuifvensters van twintig ruitjes en een bovenlicht in spitsboogvorm boven de deur lieten licht in de woning. Het gedeelte met de schuur heeft veel kleinere vensters. De wanden zijn hier gepotdekseld, dus opgebouwd uit steeds wat overlappende planken, en geteerd. Het belangrijkste vertrek voor de boer was de woonkeuken. Daarin legde hij een grote schouw aan. Verder was er een dennennaaldoven, met daarboven een kleine kamer waar het brood kon rijzen. De boer en zijn familie sliepen in een tweetal bedsteden. Hun boerderijtje staat er twee eeuwen later nog vrijwel hetzelfde bij als toen zij hem bouwden.

Kasteel Middachten (1697)

Middachten 3, De Steeg

Jacob Roman

Toen Franse troepen in de jaren 1672–1673 al plunderend en slopend door de Nederlanden trokken, lieten zij niet veel heel van het veertiende-eeuwse kasteel Middachten, een in het water gelegen versterkt huis op een strategische plek in een lus van de IJssel. De eigenaren, Godard van Reede en zijn vrouw Ursula van Raesfelt, lieten het verwoeste kasteel na enkele jaren herbouwen. Zij waren erg onder de indruk van paleis Het Loo, het nieuwe buitenverblijf van stadhouder Willem III, en vroegen een van de architecten, de befaamde Jacob Roman, ook voor hen een nieuw landhuis te ontwerpen. Roman bouwde in een sobere classicistische stijl, de 'strakke stijl' die aan het eind van de zeventiende eeuw in de mode was. Hij ontwierp, met de ruïne van het middeleeuwse kasteel als uitgangspunt, een gebouw met een volledig symmetrische en harmonieuze indeling – zowel van buiten als van binnen. Voor de afwerking kreeg hij hulp van de in die tijd al even gevierde architect Steven Vennekool. Blikvanger van het nieuwe Middachten was het monumentale met stucwerk versierde trappenhuis, op de plek waar vroeger de binnenplaats van de middeleeuwse burcht lag. De gracieuze koepel die het trappenhuis bekroont zorgt voor een bijzondere lichtinval. Rond dit centrale trappenhuis liggen de verschillende vertrekken van het huis. Een belangrijke nieuwigheid waren verder de hypermoderne schuifvensters, die in die tijd het raam met kruiskozijn gingen vervangen.

De Voorst (1697)

Binnenweg 10, Eefde

Jacob Roman en Daniël Marot

Arnold Joost van Keppel was weliswaar van adel, maar zijn familie was in de tweede helft van de zeventiende eeuw bepaald niet vermogend. Zijn vader bezorgde hem een plaats als page aan het hof van stadhouder Willem III, die door zijn huwelijk met Mary Stuart ook koning van Engeland was. De koning-stadhouder verbleef veel op zijn nieuwe buitenplaats Het Loo. Daar wist de jonge Van Keppel de vorst al snel voor zich te winnen; hij werd zelfs zijn beste vriend. In 1695 was Arnold Joost van Keppel dankzij de goedgunstigheid van Willem III graaf van Albemarle, baron van Ashford en markgraaf van Bury. In dat jaar gaf hij de twee architecten van het Loo, Jacob Roman en de Fransman Daniël Marot, de opdracht op zijn familielandgoed te Eefde een kleine imitatie van dat vorstelijke buitenverblijf te bouwen. Dit Huis De Voorst bestaat uit een strak blok met een zandstenen gevel en een vooruitspringende middenpartij, aan weerszijden door gebogen zuilengaanderijen verbonden met vleugelgebouwen. Vooral in de afgeronde daken, zogenoemde mansardedaken, is de Franse invloed voelbaar die niet veel later de smaak zou gaan bepalen. Het paleisje kwam bekend te staan als het 'Versailles van de Achterhoek'. Samen met Willem III onthaalde Van Keppel hier jarenlang allerlei belangrijke gasten. In 1943 brandde het hoofdgebouw van De Voorst uit, maar in 1957 is het in oude glorie hersteld.

Schelpengalerij (1722)

Kasteel Roosendael, Roosendael 1, Rozendaal

Daniel Marot

Tegen de grote, ronde toren van het veertiende-eeuwse Kasteel Roosendael kwam in 1722 een vierkant buitenhuis te staan. Rondom dat huis ontwierp de Franse architect Daniël Marot een strak vormgegeven, uitgestrekt park, een heus lusthof met daarin verscheidene attracties. Marot was in die tijd de meest invloedrijke architect in de Nederlanden; hij introduceerde hier de symmetrische maar gracieuze Franse Lodewijk XIV-stijl. Eén van de bijzonderheden van de door hem ontworpen tuin was een U-vormige schelpengalerij met in het midden een elegante waterval. Marot gebruikte marmer, bergkristal, allerlei gekleurde steensoorten en vooral veel schelpen – wel zestien verschillende soorten – om deze galerij te decoreren. Sommige schelpen liet hij speciaal hiervoor uit overzeese gebieden halen. De zachte kleuren sluiten bij elkaar aan, maar variëren ook, waardoor een verfijnd maar toch boeiend geheel is ontstaan. De relatie tussen de door mensenhanden gemaakte galerij en de omringende natuur was een belangrijk thema voor de ontwerper. Met het gebruik van natuurlijke materialen, waarmee hij bovendien patronen van bloemen en planten vormde, wilde hij de galerij zoveel mogelijk deel laten uitmaken van de omgeving. Het dessin van grote rozen verwijst ook naar de naam van het kasteel. In de negentiende eeuw richtte tuinarchitect J.D. Zocher jr. het park opnieuw in, volgens de landschapstijl die toen populair was. Maar Marots schelpengalerij behield ook in dit nieuwe park zijn plaats.

Welgelegen (1789)

Dreef 3, Haarlem

Bankier Henry Hope liet tussen 1786 en 1789 ten zuiden van Haarlem een buitenhuis bouwen op de plek waar eerst een boerderij stond met de naam Welgelegen. Architecten wendden zich in deze tijd weer tot de bouwkunst van de klassieke Oudheid voor inspiratie. De stijl van Hopes nieuwe huis, Paviljoen Welgelegen, was dan ook neoclassicistisch. Het bepleisterde huis bestond uit een hoog centraal vierkant blok, door lagere bouwpartijen verbonden met twee hoekgebouwen. De bouwdelen hadden elk een eigen functie. Zo bracht Hope in de zuidvleugel zijn omvangrijke kunstverzameling onder, terwijl hij zelf zijn intrek nam in het oostelijke hoekgebouw. Het hoofdgebouw heeft een indrukwekkende middenpartij met een groot bordes met dubbele pilaren. Twee imposante opgangen lopen vanaf het voorplein naar het bordes. Het was vooral effectbejag, want de eigenlijke, ook niet bescheiden ingang bevond zich aan de achterkant van het huis. Heel modern waren toen de Franse ramen. Ook van binnen was het huis helemaal volgens de neoclassicistische smaak ingericht. De reliëfschilderkunst die het interieur allure geeft, was gebaseerd op recente opgravingen in Pompeï. De grote staatsietrap lijkt van marmer, maar is eigenlijk beschilderd hout. Erg lang kon Henry Hope niet van zijn huis genieten. In 1794, toen de Fransen de revolutie naar het noorden wilden uitbreiden, vertrok hij naar Engeland. Welgelegen ligt tegenwoordig aan een drukke weg en herbergt het provinciehuis.

Molenbosch (1850)

Driebergseweg 7, Zeist

J.D. Zocher

Met de komst van de Fransen werd het neoclassicisme de meest populaire bouwstijl in Nederland. Terwijl aanvankelijk vooral de Romeinse bouwkunst in de belangstelling stond, kregen architecten na 1820 oog voor de soberdere vormen van de Griekse tempel. Jan David Zocher jr., een van de productiefste architecten van deze periode, was goed op de hoogte van de nieuwste stijlen. Lodewijk Napoleon, door zijn broer Napoleon aangesteld tot koning van Holland, had de veelbelovende jonge Zocher laten studeren in Parijs en Rome. Tussen 1820 en 1850 ontwierp Zocher vooral veel parken en buitenverblijven. Hij plaatste doorgaans een neoclassicistisch landhuis in een park in landschapsstijl. In 1849 ontwierp hij voor de Amsterdamse bankier J.B. Stoop de buitenplaats Molenbosch aan de Driebergseweg te Zeist, waar al verscheidene chique buitenverblijven lagen. Molenbosch is een sober, symmetrisch, blokvormig gebouw van twee bouwlagen en een attiek – een kleine verdieping boven de kroonlijst. Een flauw hellend dak dekt het huis af. Kolossale klassieke pilasters lopen over beide verdiepingen en geven het een verticaal accent. Ze contrasteren in kleur met de bakstenen van de rest van de gevel. De schuifvensters hebben een geprofileerde omlijsting. In het midden heeft het huis een ondiepe, inpandige portiek met de zuilen van een Griekse, Dorische tempel. De forse, wat gedrongen zuilen van de Dorische orde met hun onversierde kapitelen stonden symbool voor eenvoud en zuiverheid.

De Schaffelaar (1852)

Stationsweg 6, Barneveld

A. van Veggel

Jasper Hendrik baron van Zuylen van Nievelt liet in 1852 een uitzonderlijk landhuis bouwen in Barneveld. Het heette net als een eerder huis op deze plek De Schaffelaar, naar de Barneveldse held Jan van Schaffelaar. Architect A. van Veggel baseerde zijn ontwerp niet op de bouwkunst van de klassieke Oudheid, maar op die van de gotische Middeleeuwen. Nederlandse architecten gebruikten deze neogotische bouwstijl, waarbij spitsbogen, torentjes en pinakels in de plaats kwamen van de strakke, symmetrische klassieke vormen, vooral voor de bouw van – meestal katholieke – kerken. Er verrezen in ons land weinig neogotische landhuizen, maar op het Engelse platteland des te meer. Van Veggel richtte zijn blik dan ook op Engeland en ontwierp een huis met vooral kenmerken van de bouwkunst uit de tijd van de Tudors. Het gebouw heeft de kantelen van een middeleeuws kasteel, uitkragende hoektorentjes en verscheidene uitbouwtjes. De lijsten rondom deuren en ramen lopen hier en daar uit in accoladevormige bogen. Grote spiegelruiten rusten in kozijnen van gietijzer, een modern materiaal dat de architecten van de neogotiek graag toepasten. Muren in rode baksteen droegen verder bij aan een levendig effect. Van Veggel liet daarvoor tweeënhalf miljoen bakstenen aanvoeren, naast een grote hoeveelheid Italiaans marmer voor de lange gangen van het huis. Ook de rest van het interieur is in stijl. Zo werden de plafonds versierd met druipsteenmotieven in gips.

De Haar (1912)

Kasteellaan1, Haarzuilens
P.J.H. Cuypers

Van het veertiende-eeuwse kasteel De Haar was in 1890 niet meer dan een bouwval over. Het was de droom van de jonge eigenaar baron Etienne van Zuylen van Nyevelt, getrouwd met een dochter uit de steenrijke Rothschild familie, het huis van zijn voorouders te restaureren. Daarvoor schakelde hij de beroemde architect P.J.H. Cuypers in. Die had een uitvoerige studie gemaakt van de bouwprincipes van de gotiek, als basis voor zijn eigen ontwerpen, maar ook als houvast bij de restauratie van middeleeuwse bouwwerken. Cuypers en de baron pakten het groots aan. Ze lieten het complete dorp Haarzuilens, dat naast de ruïne lag, afbreken en verplaatsen om ruimte te maken voor een droomkasteel met park. De bouw nam twintig jaar in beslag, van 1892 tot 1912. Cuypers volgde het vijfhoekige grondplan van het oude kasteel en maakte gebruik van de muurresten die nog overeind stonden. Met een contrast in baksteen toonde hij waar oud ophield en nieuw begon. Het kasteel moest zijn vroegere luister terugkrijgen, maar de familie wilde ook over de gemakken van de moderne tijd kunnen beschikken. Daarom heeft dit middeleeuwse kasteel met zijn tweehonderd kamers en dertig badkamers een lift, warm en koud stromend water in alle slaapkamers en centrale verwarming. De oude fundamenten bleken hier echter niet tegen bestand; zij beginnen langzaam te scheuren en te verzakken. Inmiddels komt een reddingsactie op gang.

Ma retraite (1896)

Utrechtseweg 67, Zeist

A. Salm

In de tweede helft van de negentiende eeuw overheerste niet langer één bouwstijl. Architecten maakten gebruik van een groot scala van historische stijlen naast en door elkaar. Deze tendens heet eclecticisme. Voor de bouw van landhuizen waren tegen het einde van de negentiende eeuw vooral barokke vormen populair. Abraham Salm ontwierp in 1892 de villa Ma Retraite voor J.C. van Marwijk Kooy, directeur en medeoprichter van de Amstelbrouwerij in Amsterdam. Die probeerde met dit landhuis in Zeist aansluiting te vinden bij de oude elite; als vermogend man telde je immers pas mee als je daar een chique buiten had dat je rijkdom adequaat weerspiegelde. De villa heeft in grote lijnen de vorm van een Italiaans palazzo. Salm liet zich vooral inspireren door de weelderige vormen van de zeventiende-eeuwse barokke Villa Borghese in Rome. Maar voor de details putte hij uit de stijl van de Franse Renaissance en de chaletstijl. De stralend witte villa met vierkante torens valt vooral op door het gigantische bordes met zuilengalerij met rondbogen, waarvandaan twee trappen naar het gazon voor de vijver voeren. De echte adel reageerde met onverhulde minachting op dit paleisje en noemde het 'de roomtaart'. De villa staat tegenwoordig ook bekend als Huize Sint Jan. Vanaf de jaren vijftig was hier een rooms-katholiek jongenstehuis – totdat een van de pupillen het in brand stak. Sindsdien is Ma Retraite gerestaureerd.

Rams Woerthe (1899)

Gasthuislaan 2, Steenwijk

A.L. van Gendt

Toen Jan Hendrik Tromp-Meesters, telg uit een familie die een vermogen had vergaard in de houthandel, aan het einde van de negentiende eeuw een landhuis wilde laten bouwen, moest dat gebeuren in de modernste stijl. Deze stijl, die juist uit België, Duitsland en Frankrijk naar Nederland begon over te waaien was de Jugendstil, of Art Nouveau. De architecten die in deze trant bouwden, hadden genoeg van alle historiserende stijlen van de voorafgaande eeuw en ontwierpen gebouwen waarin bouwkunst en kunstnijverheid samenvloeiden tot één geheel, met vooral veel plantaardige motieven, die beelden van bloei en vernieuwing opriepen. Tromp-Meesters koos als architect voor zijn landhuis bij Steenwijk de beroemde A.L. van Gendt, die onder andere het Concertgebouw had gebouwd. Deze ontwierp een plastisch vormgegeven villa met twee bouwlagen en een zolder, volgens de principes van de Jugendstil. Variërende bouwvolumes en uitspringende geveldelen maken van het gebouw een levendig geheel. Ook in de decoraties gebruikte de architect zwierige lijnen. Het totaalontwerp van de villa omvatte niet alleen het exterieur, maar ook het interieur, dat Co Breman in Jugendstil beschilderde, en bovendien het omvangrijke landschapspark dat het huis omgaf. Dat park kreeg een eigen riviertje en Tromp-Meesters liet er volwassen bomen planten, zodat het er direct volgroeid uitzag. Een goed idee, want de opdrachtgever stierf niet lang na de oplevering. Sinds 1919 zetelt het gemeentebestuur in zijn villa.

Hofstede Oud-Bussem (1906)

Flevolaan 41, Naarden

K.P.C. de Bazel

In 1902 ontwierp architect K.P.C. de Bazel een modelboerderij voor het landgoed Oud-Bussem. Zijn beroemde collega H.P. Berlage was zeer te spreken over het gebouw, waaruit volgens hem "een zin voor monumentaliteit en een eigenschap van grootschheid" bleek. De Bazel had, net als de rationalistische architecten van zijn tijd, bij zijn ontwerp rekening gehouden met de functie van het bouwwerk en met de directe omgeving. De boerderij was opgezet om rauwe, onbewerkte melk te produceren. Die zou gezonder zijn dan gepasteuriseerde of gesteriliseerde melk. Het betekende wel dat er bij het houden en melken van de koeien veel aandacht moest uitgaan naar de hygiënische situatie; anders konden verontreiniging en allerlei ziekten gemakkelijk de kop opsteken. De Bazel ontwierp daarom een gebouw waarin de koeien onder strenge hygiënische omstandigheden leefden. Het bedrijf bestond uit een complex met boerderij en melkerij, een kantoor en een aantal woningen. De boerderij is opgetrokken in een vrij eenvoudige, ambachtelijke stijl. De Bazel liet zich daarbij inspireren door de traditionele boerderijen in het Gooi. Het is een U-vormig gebouw rond een hoftuin, afgedekt met een enorm rieten dak met dakkapelletjes en een torentje. In het midden bevindt zich een topgevel met een monumentale rondbogige toegang en bovenin een klein rond raam. Het zijn vooral de ramen met de vrolijke luiken die voor een decoratief accent in de gevel zorgen.

De Hooge Vuursche (1910)

Hilversumsestraatweg 14, Baarn

Ed. Cuypers

Terwijl veel architecten zich aan het begin van de twintigste eeuw afkeerden van de historiserende stijlen van de eeuw daarvoor, gingen sommige hun ideeën juist wel weer uit het verleden putten. Een van hen was Eduard Cuypers, een neef van de beroemde P.H.J. Cuypers, die in de negentiende eeuw verschillende historische stijlen, en in het bijzonder de gotiek, nieuw leven had ingeblazen. Eduard Cuypers gaf tussen 1903 en 1918 het tijdschrift *Het Huis Oud en Nieuw* uit, waarin zijn ideeën verwoord stonden. Het blad besteedde onder andere aandacht aan het Hollandse bouwen van de zeventiende eeuw en aan de Lodewijkstijlen van de achttiende eeuw. Cuypers bracht zijn ideeën in de praktijk met het ontwerp voor kasteel De Hooge Vuursche bij Baarn. Terwijl hij het interieur in verschillende Franse Lodewijkstijlen liet uitvoeren, zocht hij voor het uiterlijk van het gebouw naar een echte nationale bouwtrant, waarbij hij teruggreep op stijlen uit de Nederlandse geschiedenis. De ingrediënten van de voorgevel roepen herinneringen op aan de typisch Hollandse klokgevel en halsgevel, maar Cuypers heeft er wel een flamboyante draai aan gegeven. De gevels zwenken zwierig naar binnen en naar buiten. Die vloeiende sculpturale vormen zouden van grote invloed zijn op enkele jonge medewerkers van Cuypers' architectenbureau, Michel de Klerk, Piet Kramer en Jo van der Mey. Zij zouden de belangrijkste architecten van de Amsterdamse School worden.

Meerwijk (1918)

Park Meerwijk, Bergen

J.F. Staal

Na 1910 begon een aantal architecten in Amsterdam bakstenen gebouwen met expressieve, plastische vormen neer te zetten: de Amsterdamse School. Tegelfabrikant A.M.A. Heystee vroeg vijf van hen een stel villa's te bouwen in een park in Bergen. Dit Park Meerwijk werd het enige grote project met vrijstaande woonhuizen van de Amsterdamse School, die zich verder vooral op de stedelijke woningbouw richtte. De coördinatie van dit unieke totaalontwerp voor de landelijke omgeving kwam in handen van J.F. Staal. De architecten waren volledig vrij in de vorm die zij aan hun villa's wilden geven, en in de plaatsing ervan. De opdrachtgever vroeg slechts dat het interieur, met het oog op de verkoopbaarheid, "niet te veel verschillend van het tegenwoordig verlangde" zou zijn. Toen het park in 1918 klaar was, stonden er verschillende soorten huizen, waaronder zes vrijstaande villa's. De vrij bescheiden huizen liggen als organische beeldhouwwerken verspreid door het park. De meeste villa's hebben bakstenen gevels, vensters met houten kozijnen en een rieten dak. Staal ontwierp zelf, behalve drie aan elkaar grenzende huizen, twee vrijstaande villa's, De Ark en De Bark. Terwijl hij eerder vooral strakke, rationalistische gebouwen had ontworpen, maakte hij hier van zijn huizen ware sculpturen met decoratieve vormen. Villa De Bark heeft de plattegrond van een schip en golvende rieten daken. Binnen zijn de kamers vooral knus, met lage plafonds en kleine vensters.

’t Reigernest (1921)

Zwartelaan 1, Oostvoorne

P. Vorkink en J.P. Wormser

“De constructie schijnt geheel te bestaan voor den vorm, en tevens de vorm gevolg te zijn der constructie,” zo schreef architect J.F. Staal over de villa die P. Vorkink en J.P. Wormser ontworpen hadden voor een Rotterdamse fabrikant. Landhuizen boden de ontwerper een grotere vrijheid dan stedelijke bebouwing en de twee architecten voerden met deze villa in Oostvoorne de plastische principes van de Amsterdamse School tot het uiterste door. Het is bijna alsof het huis niet door mensen bedacht en gebouwd is, maar uit zichzelf, puur organisch, deze vorm heeft aangenomen. Een beetje is het ook wel zo gegaan: de architecten hebben het huis eerst in een model van klei laten ontstaan. Deze grote vrijheid bij de vormgeving zorgde voor onconventionele contouren, zowel in de plattegrond als in de muren. Het landhuis heeft een centrale kern van twee lagen, waarin zich de huiskamer en de eetkamer bevinden. Van hieruit ontvouwen zich twee vleugels met in de ene de slaapkamers en in de andere de keuken en de garage. Het gebouw is van baksteen, maar is deels ook betimmerd met houten planken. Voor de dakbedekking hebben de architecten naar boerderijen gekeken: het complex is in zijn geheel afgedekt met een lang, golvend strodak. Bij de villa hoort een tuinhuisje, en vroeger was er ook een duinpaviljoen, beide met een al even organische vorm als het landhuis.

Villa Henny (1919)

Amersfoortseweg 11, Huis ter Heide

R. van 't Hoff

Terwijl overal bouwwerken in de expressieve, golvende vormen van de Amsterdamse School verrezen, bouwde Robert van 't Hoff in 1919 in Huis ter Heide een strakke, rechthoekige villa met één verdieping voor A.B. Henny. Van 't Hoff was een bewonderaar van de Amerikaanse architect Frank Lloyd Wright. De villa bestaat, in navolging van het werk van Lloyd Wright, vooral uit horizontale lijnen, met rechthoekige blokken en een plat dak met brede overstekken. Als een van de eersten in Nederland paste Van 't Hoff hier een betonconstructie toe bij de bouw van een woonhuis. Dat gaf hem een grote vrijheid bij het aanbrengen van de dakoverstekken en van luifels. De gevels zijn witgepleisterd en hebben grijze plinten en banden. Van 't Hoff nam balkons, een overdekt terras voor het huis en bloembakken op in zijn compositie van de villa. Allemaal rechthoekig natuurlijk. De plattegrond van het huis is al even strak als de buitenkant: de indeling is bijna helemaal symmetrisch. Deze Villa Henny bracht Van 't Hoff grote roem. Het ontwerp sloot mooi aan bij de ideeën over een abstracte vormgeving zonder versieringen die de oprichters van het tijdschrift *De Stijl*, Theo van Doesburg en Piet Mondriaan, rond diezelfde tijd ontwikkelden. Hoewel Robert van 't Hoff verder weinig bouwde was zijn invloed op de functionalistische architectuur van de volgende decennia groot.

Sint-Hubertus (1920)

Apeldoornseweg 258 (Park de Hoge Veluwe), Otterloo

H.P. Berlage

In 1913 trad de beroemdste Nederlandse architect van de twintigste eeuw, H.P. Berlage, in vaste dienst bij de familie Kröller-Müller. De heer Kröller, een fervent jager, gaf hem meteen een voor die tijd nogal ongewone opdracht: het ontwerpen van een jachtslot. Berlage ontwierp een monumentaal bakstenen huis met een dakbedekking in leisteen, aan een speciaal aangelegde vijver. Hij liet zich daarbij inspireren door de legende van de heilige Hubertus, de schutspatroon van de jagers. Hubertus, die rond het jaar 700 leefde, zou aanvankelijk een nogal liederlijke figuur zijn geweest. De jacht was zijn meest geliefde tijdverdrijf. Tijdens een van zijn jachtpartijen trof hij in een woud een hert aan met in zijn gewei een lichtend kruis. Hubertus kwam meteen tot inzicht en bekeerde zich tot het christendom. Berlage zinspeelt met de plattegrond van het jachtslot op dit verhaal. Het huis heeft twee uitgestrekte vleugels die het gewei van het hert symboliseren. In het midden staat een hoge toren, die het bouwwerk domineert; een verwijzing naar het kruis in het gewei. De glas-in-loodramen in de hal brengen de legende van de heilige Hubertus nog eens in beeld. Berlages hand is ook te herkennen in het luxueuze interieur van het jachtslot, met karakteristieke materialen als geglazuurde en gekleurde baksteen, en hij ontwierp zelfs het meubilair.

Villa Visser (1956/1969)

Bergerdreef 2, Bergeyk

G.Th. Rietveld/A.E. van Eyck

Twee grote architecten van de vorige eeuw brachten in het Brabantse Bergeyk een bijzonder vrijstaand huis tot stand. Gerrit Rietveld bouwde er in 1956 een villa in eenvoudige geometrische vormen. Het huis van één bouwlaag en een souterrain bestond uit twee rechthoeken met overstekend dak. In de een bevonden zich de garage, keuken, eetkamer en studeerkamer. De ander was er schuin op geplaatst en bevatte de woonkamer, slaapkamers en badkamer. Langs de slaapkamers liep een smalle gang met glas over de hele hoogte. Ook in de rest van de woning gebruikte Rietveld veel glas. Maar daardoor waren er nauwelijks wanden waaraan de eigenaars hun schilderijen konden hangen, terwijl zij juist verwoede verzamelaars van moderne kunst waren. Tien jaar later vroegen zij Aldo van Eyck daarom om een uitbreiding die de kunstcollectie kon herbergen. Het werd een cirkel naast Rietvelds rechthoeken. Uit respect voor het werk van Rietveld raakt het nieuwe deel van het huis het oude nauwelijks aan. De gesloten bakstenen cilinder staat waar de woonkamer vroeger toegang tot de tuin gaf en draagt meteen bij aan een grotere beslotenheid van het vertrek. Aan de kant van de woning is de cilinder open. Een glazen tussenruimte verbindt hier de nieuwe ruimte met het oorspronkelijke huis. Als dynamisch accent tussen oud en nieuw staat een trapcilinder asymmetrisch tussen de woning en het onderkomen van de kunstwerken.

Villa Looyen (1948)

Zwarteweg 5, Aerdenhout

B. Bijvoet en G.H.M. Holt

In de jaren vijftig ging de moderne villa architecten een grote vrijheid bieden om met vormgeving te experimenteren. Aan het begin van die ontwikkeling staat de villa in Aerdenhout die Bernard Bijvoet en Gerard Holt in 1948 bouwden voor de familie Naessens. De heer en mevrouw Naessens hadden in de jaren dertig Parijs bezocht en waren daar onder de indruk geraakt van het Maison de Verre, een huis dat Bijvoet in 1927 samen met de Franse architect Chareau had ontworpen. De naam – glazen huis – ontleende het gebouw aan de glazen bouwstenen in de gevels. Na de oorlog vroegen de Naessens Bijvoet een huis voor hen te ontwerpen. Het moest komen te staan op een terrein dat zij bezaten in de duinen. Het huis bestaat in hoofdzaak uit twee dwars op elkaar geplaatste rechthoekige blokken, waarvan er een op palen van de grond geheven is. Gemetselde ruwe keien vormen de gevel. Maar bij de keuken hebben de architecten een pui van glazen blokjes ingevoegd, een verwijzing naar het Maison de Verre dat de Naessens zo bekoord had. Het glas keert terug in de binnentuin van het huis, die omgeven is door een loopbrug met glazen tegels in een stalen frame. Op het dak van de villa kwam een terras te liggen, dat de bewoners uitzicht bood op de zonsondergang boven de Noordzee.

Villa Uitenbroek (1956)

Prinses Beatrixplantsoen 24, Hillegersberg

H. Haan

Het oeuvre van architect Herman Haan bestaat voor een groot deel uit vrijstaande huizen. Haan behoorde tot een groep architecten die wel 'structuralisten' worden genoemd. Zij zochten naar de menselijke maat in de architectuur en stelden hun gebouwen samen als een structuur van kleine, aaneengeschakelde vormen.
Herman Haan ontwierp een woonhuis voor zichzelf, dat het eerste zou zijn in een hele reeks huizen, vaak in de buurt van Rotterdam, die allemaal gebaseerd waren op hetzelfde principe: twee of drie in elkaar grijpende volumes, die samen één vloeiende ruimte vormden. In 1954 ontwierp hij volgens deze gedachte een villa te Hillegersberg. De woning oogt als een ongekunstelde, geometrische compositie. Het huis is niet zo groot, maar de open structuur zorgt voor een gevoel van ruimte. Grote wanden van glas vervagen het onderscheid tussen binnen en buiten. De villa bestaat eigenlijk uit twee delen: een meer gesloten partij en het totaal open gedeelte dat de woonkamer bevat. Dat vertrek, een rechthoekig glazen volume dat deels omgeven wordt door een smalle patio, steekt op de eerste verdieping uit de rechthoek die de rest van het huis vormt. De verhoging van de woonkamer op palen geeft de bewoners een beter uitzicht over de omgeving. Onder de verhoging ligt een terras, met daarnaast een kleine rechthoekige vijver, die deel uitmaken van het totaalontwerp.

Glazen pui (1967)

Karel van Egmondstraat 139, Venlo

G.J. van der Grinten

Architect G.J. van der Grinten, sinds 1962 de eerste hoogleraar industriële vormgeving aan de Technische Hogeschool Delft, ontwierp midden jaren zestig een vrijstaand woonhuis voor zichzelf, in Venlo, waarin interieur en exterieur nauw samengaan. Het monumentaal ogende huis is tegen een heuvelrug aan gebouwd en vormt zo een geheel met zijn omgeving. Van der Grinten gaf zijn woning van binnen twee zones waarvan de vloerniveaus een halve verdieping verschillen. Daarmee volgt de indeling van het huis de helling van het terrein. De twee zones zijn zo bovendien van elkaar onderscheiden, maar hebben toch een open ruimtelijke relatie. Openheid en geslotenheid spelen beide een rol in het huis. Deels kruipt het weg in de geborgenheid van de heuvel. Drie gevels bestaan grotendeels uit metselwerk. Maar aan de voorkant heeft Van der Grinten zijn huis volledig geopend met een wand van glas, waarmee het niet alleen aansluit bij de omgeving, maar de omgeving ook het huis binnenkomt. Deze westgevel bestaat uit een enorme glaspui over de hele hoogte, die een vooral verticaal accent heeft gekregen door de opvallende houten kozijnen. Aan deze open zijde van het huis situeerde Van der Grinten de verblijfsruimten. De gebruiksruimtes kwamen aan de meer gesloten oostzijde te liggen, waar ook de entree is.

Atelierwoning (1990)

Lytse Wyngaerden 22, Langezwaag

G. Daan

Met het afbranden van een boerderij ontstond bij het Friese Langezwaag een ruime open plek voor een nieuwe woning. De eigenaars vroegen Gunnar Daan in 1985 een huis met atelier voor die plek te ontwerpen. Voor de architect, die zelf in Friesland woont, speelde de omgeving van de plaats waar het nieuwe huis zou komen te staan een grote rol bij het totstandkomen van zijn ontwerp. Voor de toekomstige bewoners was het bovendien van belang dat zij in hun huis spaarzaam met energie zouden kunnen omspringen. Daan ontwierp een atelierwoning aan het water, die deels opgaat in het landschap en er deels als een uitkijkpunt bovenuit torent. Het gebouw bestaat uit een laag, gesloten rechthoekig woondeel met centraal een hogere glazen 'toren' met daarin het atelier. In het hart van het huis bevindt zich een open haard. Daarop is een vloerverwarming aangesloten. Zo wordt het hele huis efficiënt en energiezuinig verwarmd. Het huis houdt de warmte bovendien goed vast, doordat de onderste verdieping half is ingegraven. Hier bevinden zich, in de buitenste schil van het huis, de slaapkamers en de keuken. In de centrale cirkel rond de open haard ligt een wintertuin aan het water. Die verbindt de woonlaag met het ronde glazen atelier dat boven het huis uitsteekt en uitziet over het vlakke landschap.

Glass House (1994)

Holterbergweg 1A, Holten

Office for Metropolitan Architecture

Het in 1975 opgerichte Office for Metropolitan Architecture (OMA) van Rem Koolhaas kreeg vooral bekendheid met zijn ontwerpen voor grootse en grootstedelijke bouwwerken in metropolen over de hele wereld. Maar het bureau bouwde ook een paar villa's. De tweede Nederlandse villa ontwierp OMA in 1992 voor de familie Geerlings. Het opzienbarende huis kwam bij Holten te staan, op een golvend terrein, omgeven door naaldbomen. De villa omvat eigenlijk een tweetal woningen. De familie Geerlings wilde namelijk een eigen woonruimte voor de ouders, die zij permanent zouden bewonen, en daarbij een logeerhuis voor de drie dochters, die inmiddels het huis uit waren. Rem Koolhaas ontwierp daarom twee aparte bouwvolumes. De woning voor de ouders werd een van de grond geheven glazen blok, dat de naam 'Glass House' kreeg. Het 'Glass House' heeft een centraal deel met patio en slaapruimte; daaromheen liggen de andere woonvertrekken. Het thema van het glazen patiohuis komt vaker terug in de ontwerpen van OMA. Onder het 'Glass House' is er parkeerruimte voor enkele auto's. Het 'motel' voor de kinderen ligt verzonken onder het terras achter het huis. Ook dit huis is gebaseerd op een bekend thema van OMA: het werken met stroken. Waar de volumes van de twee woningen samenkomen is de toegang tot het complex, via een hellingbaan, en de entree.

Möbiushuis (1998)

Het Gooi

UN Studio

In de jaren negentig experimenteerden veel architecten met nieuwe vormen van ruimtelijkheid. Een van de opvallendste projecten is het Möbiushuis dat UN Studio, het architectenbureau van Ben van Berkel en Caroline Bos, ontwierp voor een gezin in het Gooi. Het ontwerp van de enorme villa is gebaseerd op het thema van de Möbiusband, een driedimensionaal object bestaande uit een strook waarvan voor- en achterkant in elkaar overgaan. Zo ook is de ruimte in dit huis continu en wordt binnen buiten – en andersom. De gerekte vorm van de Möbiusband zorgt ervoor dat het landschap om de villa in al zijn variatie het huis binnenkomt. Het terrein meet twee hectare en is opgedeeld in vier gebieden met een heel verschillend landschappelijk karakter. Het leven in de uitgestrekte villa is daarom als een wandeling in een landelijk gebied. Binnen lopen de verschillende activiteiten waaraan de bewoners nu eens samen en dan weer alleen deelnemen – werk, familieleven, sociaal leven en individuele tijdsbesteding – in één structuur vloeiend in elkaar over. Ook de wanden en de gebruikte materialen weerspiegelen het thema van de Möbiusband. Waar de band zich van binnen naar buiten keert, volgt het materiaalgebruik deze wending. Glas en beton schuiven voor elkaar en verwisselen van plaats. De glazen scheidingswanden komen naar buiten terwijl de betonnen constructie in het interieur de vorm aanneemt van meubilair.

Dijkhuis (1995)

Louisahoeve 39, Hoofddorp
E. Wamelink

Erik Wamelink is een van de architecten die een nieuwe impuls hebben gegeven aan het ontwerp van het vrijstaande huis. Op een landelijke plek in de randstad bouwde hij, aan de rand van de geniedijk in Hoofddorp, een heel nieuw type dijkhuis. De lijnen van de lange, rechte dijken, sloten en wegen van het polderlandschap waren het uitgangspunt voor het ontwerp van het lange, smalle en hoge gebouw. De lichtgrijze gevels van het huis variëren van karakter. De noordgevel is streng en gesloten, met kleine vierkante ramen, en contrasteert met de zuidgevel, die juist heel open is en licht en warmte in het huis toelaat. Uitstekende betonnen schijven, dwars op de ramen, verhinderen inkijk. De tuin accentueert de rechte lijnen van het huis met een rij bomen en een ondiepe rechthoekige vijver, een 'watertapijt', evenwijdig aan het gebouw. Deze weerspiegelt het huis in meer dan één opzicht: hij heeft exact dezelfde breedte als het huis. Erik Wamelink maakt graag gebruik van verwijzingen naar belangrijke gebouwen van grote architecten uit het verleden, vooral uit de jaren twintig en dertig. Het watertapijt was bijvoorbeeld een idee van de Duitse architect Ludwig Mies van der Rohe, die het toepaste in zijn paviljoen in Barcelona. Wamelink sloot het huis af met een dakterras dat, op een hoogte van 5,40 meter, over de dijk heen uitzicht biedt op de Haarlemmermeerpolder.

Wall House (2001)

A.J. Lutulistraat 2, Groningen

J.Q. Hejduk

Aan de rand van Groningen, op de grens van stad en land, staat in de wijk Hoornse Meer het Wall House. Het kijkt uit over het water van het Paterswoldse Meer. Eigenlijk had het huis in Conneticut, aan de Amerikaanse oostkust, moeten staan. Voor die locatie ontwierp de Amerikaanse architect John Q. Hejduk dit Wall House nummer 2, ook Bye House genaamd, in 1973. Hejduk was in die tijd vooral bekend om zijn theorieën en opvattingen over architectuur; zijn vroege ontwerpen, een reeks strak geometrisch vormgegeven woonhuizen, waaronder verschillende Wall Houses, kwamen aanvankelijk niet verder dan het papier. Pas in 2001, een jaar na Hejduks dood, was het Wall House werkelijkheid geworden – in Groningen. Een paar aanpassingen waren nodig om het huis geschikt te maken voor deze nieuwe plek. Zo werden de afmetingen met een factor 1,2 vergroot. Centraal in dit onconventionele woonhuis staat een enorme muur, een betonnen schijf met een hoogte van veertien meter: de 'wall' uit de naam van het gebouw. Die wand fungeert als verbindingsgang tussen de verschillende volumes van de collectieve ruimte en drie privé-woonruimten die er als het ware aan hangen. Naast de 'wall' staat een cilindervorm met daarin de trap. Ook de toegang tot de woning bevindt zich in een apart volume, via een loopbrug met de rest van het huis verbonden.

Machthebbers hebben door de eeuwen heen hun status in bouwwerken zichtbaar gemaakt. De middeleeuwse kastelen van de edelen dienden niet alleen als woning – of als bescherming – maar hadden ook een symbolische waarde; hun omvang en hun bestendigheid getuigden van de invloed en rijkdom van de eigenaar. Wereldlijke machthebbers, maar ook kerkelijke hoogwaardigheidsbekleders lieten daarom imposante gebouwen neerzetten, en zelfs een machtsstrijd kon zijn uitdrukking vinden in architectuur.

In de loop van de Middeleeuwen groeide de macht van de steden. Die probeerden zich economisch en juridisch steeds verder los te maken van de landsheer. Dat streven naar grotere autonomie kreeg vorm in de bouw van stadhuizen, waar de stedelijke bestuurders zelf konden regeren en rechtspreken. De oudste raadhuizen waren vrij eenvoudig. Maar naarmate de steden groeiden en hun rijkdom en politieke betekenis toenam, werden ook de stadhuizen steeds imposanter. Het stadhuis concurreerde niet langer met de onderkomens van de adel; nu gingen de voornaamste steden, die eeuwenlang een grote portie van de macht binnen de Nederlandse Republiek in handen zouden houden, onderling wedijveren door middel van de pracht en praal van hun bouwwerken. Verschillende steden namen daarvoor hun eigen bouwmeester in dienst.

De bouwwerken van de stedelijke macht, en ook die van de regionale bestuursorganen, verrezen volgens de smaak van de tijd. Eerst was dat de hoogoprijzende gotische stijl, met gevels vol versieringen. Toen in de zestiende eeuw de Renaissance vanuit Italië het noorden bereikte, pasten de bouwmeesters hun stijl aan, waarbij ze de motieven uit de klassieke Oudheid aanvankelijk vooral gebruikten als geveldecoraties, de zogenoemde Hollandse Renaissance. In de loop van de zeventiende eeuw maakte deze stijl plaats voor de meer sobere, strakke en symmetrische classicistische bouwtrant, die ook structureel de bouwkunst uit de Oudheid volgde. Vooral dit classicisme bleef, in verschillende varianten, lang de meest geëigende stijl voor overheidsgebouwen. Toen met de komst van de Fransen aan het einde van de achttiende eeuw bestuur en rechtspraak losgekoppeld werden en er zelfstandige gerechtsgebouwen moesten komen, die moesten imponeren en respect moesten afdwingen voor de rechterlijke macht, was de statige classicistische stijl weer de voor de hand liggende keuze.

Want statig en indrukwekkend moesten de overheidsgebouwen zijn, herkenbaar als de plek waar de macht huisde. Dat gold ook voor de onderkomens van de centrale overheid, die het in de negentiende eeuw voor het zeggen kreeg in het nieuwe koninkrijk Nederland. Het was een opvatting die architecten tot ver in de twintigste eeuw zouden toepassen op hun ontwerpen van bestuurlijke gebouwen. Tot de Tweede Wereldoorlog kozen bestuursorganen op verschillende niveaus over het algemeen voor een gebouw in een traditionele stijl, dat in vorm en omvang duidelijk herkenbaar was als bestuursgebouw. Maar na de oorlog kregen architecten steeds vaker de kans een minder conventioneel overheidsgebouw te ontwerpen. Die bleven veelal groots en indrukwekkend. Maar soms werd de drempel tussen bestuur en burger juist verlaagd, met gebouwen die niet de aandacht trokken maar aansluiting zochten bij hun omgeving, die niet imponeerden maar uitnodigden om binnen te komen. En steeds meer kwamen architecten met hun ontwerpen tegemoet aan functionele in plaats van representatieve eisen. Dat heeft in de afgelopen eeuw een bonte schakering aan boeiende bestuursgebouwen opgeleverd.

3
Macht

Kasteel Valkenburg (vanaf de 12de eeuw)

Grendelplein 13, Valkenburg

Aan het begin van de twaalfde eeuw stond er een zware woontoren strategisch op de top van de Heunsberg, in het zuiden van Limburg. Door de ligging op de berg had alleen de zuidoostkant extra beveiliging nodig. De toegangsweg, de dwingel, was vanaf de muren goed te overzien. Het moeilijk inneembare kasteel – de enige Nederlandse hoogteburcht – was een teken van de macht van de eigenaar, Gosewijn I van Heinsberg. De Duitse keizer liet de toren in 1121 verwoesten, maar nog geen halve eeuw later stond er een nieuwe toren, nog zwaarder, met zestien hoeken en opgetrokken uit de plaatselijke mergelsteen. Die toren had een doorsnede van vijftien meter en de muren waren zo'n twee meter dik. Een eeuw later, omstreeks 1250, volgde een kleinere, tienhoekige toren. Langzamerhand groeide de burcht uit tot een echt kasteel, met meerdere gebouwen en verdedigingsmuren. Aan de voet van de burcht ontstond het stadje Valkenburg.

Eeuwenlang leverden edelen strijd om dit machtige kasteel, dat de omgeving domineerde. Nadat de laatste heer van Valkenburg in 1352 zonder erfgenaam was gestorven, kwam het kasteel in handen van de hertogen van Brabant, die het verder uitbreidden, met massieve torens en hoge muren met kantelen en schietsleuven. Willem III liet het kasteel in 1672 opblazen. De resten van de monumentale ridderzaal, van dertig bij twaalf meter, tonen nog hoe imposant het kasteel eens was.

Burcht van Leiden (12de eeuw)

Burgsteeg 14, Leiden

Daar waar de Oude en de Nieuwe Rijn elkaar troffen, verrees in de twaalfde eeuw de burcht van Leiden. De burcht was een motte, een versterking op een kunstmatige verhoging. Hij diende als toevluchtsoord in tijden van nood. Nog steviger werd de burcht door een stenen ringmuur met een diameter van ruim 35 meter. De zes meter hoge muur is een zogenaamde vulmuur. Een buitenmuur en een binnenmuur werden opgetrokken en de ruimte daartussen werd gevuld met brokken tufsteen en baksteen en cement. Binnen de muur heeft mogelijk een vierkante toren gestaan. De burcht was eigendom van de burggraaf die aardig wat macht had en daarmee ook nogal wat vijanden. Er werd regelmatig gevochten om de burcht. Een belegering door hertog Jan van Beieren in 1420 betekende het einde van de politieke macht van de burggraaf. In de zeventiende eeuw verkocht de eigenaar de burcht zelfs wegens geldgebrek voor 70.000 gulden aan de stad Leiden. Van een teken van de macht van de burggraaf veranderde de burcht in het symbool van de ouderdom en het belang van de stad. Architect Pieter Post verbeeldde de machtsovername. Hij ontwierp in 1660 een nieuwe poort, die toegang geeft tot de trap die naar de hoofdpoort van de burcht voert. Terwijl de wapens van de Leidse burggraven die hoofdpoort flankeren, zijn het de wapens van Leiden en van de Leidse burgemeesters die de nieuwe poort sieren.

Ridderzaal (1280)

Binnenhof, Den Haag
Gerard van Leyden (?)

Graaf Floris IV van Holland had een hoeve bij de Hofvijver, waar nu het centrum van Den Haag is. Zijn zoon Willem II, die korte tijd ook Roomskoning was, besloot op de plek van deze hoeve een imposant stenen paleis te laten bouwen. Het was waarschijnlijk de bouwmeester Gerard van Leyden die in 1248 begon te bouwen aan een grote zaal, sinds de negentiende eeuw ridderzaal genoemd, in gotische stijl. Willem II zou de voltooiing niet meer meemaken. Pas in 1280, tijdens het bewind van zijn zoon graaf Floris V, was de zaal klaar. Van buiten valt het gebouw op door de imposante hoogte en de topgevel, geflankeerd door twee 36 meter hoge ronde torens. Van binnen blijkt dat de ruimte helemaal open is, zonder pilaren. De constructie van het hoge dak – dat 38 meter lang is en bijna achttien meter breed – is een vrije bespanning. Dat was toen een unicum. De huidige houten kap is een reconstructie uit 1900. In de negentiende eeuw is ook de rest van de ridderzaal sterk gerestaureerd. Zo dateren het portaal en de twee torenspitsen van 1880. Hoewel er rondom de ridderzaal regeringsgebouwen verrezen, verloor de zaal zelf na de tijd van de Hollandse graven zijn oorspronkelijke functie. De zaal diende achtereenvolgens onder andere als stal, kazerne en zelfs loterijhal. Tegenwoordig heeft de zaal zijn representatieve functie terug: er vinden bijzondere bijeenkomsten plaats, zoals de opening van de Staten-Generaal.

Domtoren (1382)

Domplein 9, Utrecht

Jan van Henegouwen

In de Middeleeuwen had behalve de adel ook de Kerk veel macht in handen. De belangrijkste kerkelijke heerser in de Nederlanden was de bisschop van Utrecht. Hij had niet alleen geestelijke, maar ook wereldlijke macht. De bisschop heerste over een gebied dat het Sticht heette en dat de tegenwoordige provincies Utrecht, Overijssel, Drenthe en de stad Groningen omvatte. De Utrechtse bisschop was in een doorlopende machtsstrijd verwikkeld met de graaf van Holland. Om zijn macht duidelijk zichtbaar te maken met een imposant bouwwerk legde hij in 1321 de werkzaamheden aan het koor van de nieuwe gotische Dom stil en gaf hij voorrang aan de bouw van een grote toren ten westen van de kerk. Bouwmeester Jan van Henegouwen ontwierp een opeenstapeling van geometrische vormen, die door hun proporties een harmonieuze eenheid vormen. De vierkante onderbouw met een monumentale doorgang en twee rijen nissen, lijkt meer op een stadspoort dan de toegang tot een kerkplein. Het tweede deel is ook vierkant en heeft drie nissen, aan de bovenkant versierd met traceerwerk. Daarop staat een achthoekige, opengewerkte lantaarn. De toren diende als privé-kapel en bastion voor de bisschop, als uitkijktoren en als klokkentoren. Toen hij in 1382 klaar was, was dit symbool van bisschoppelijke macht met zijn ruim 106 meter de hoogste toren van Nederland. Nadat de Domtoren aan het begin van de twintigste eeuw werd verhoogd tot 112,5 meter was hij opnieuw de hoogste.

Stadhuis van Gouda (1459)

Markt, Gouda

In de loop van de Middeleeuwen werden de steden steeds rijker, en machtiger. De stadsbesturen bouwden stadhuizen, als administratieve centra, maar ook als symbolen van stedelijke macht. Gouda was zo'n stad die in de vijftiende eeuw een grote economische bloei kende, vooral door de handel en de bierbrouwerijen. Toen het oude stadhuis bij een grote stadsbrand in 1438 ernstig beschadigd raakte, besloten de stadsbestuurders een nieuw, vrijstaand stadhuis te laten bouwen. Zij riepen daarvoor de hulp in van een telg uit de Mechelse architectenfamilie Keldermans, die faam verworven had met verschillende laatgotische bouwwerken in vooral de Zuidelijke Nederlanden. In 1448 werd het fundament gelegd voor het stadhuis, een van de oudst bewaarde stadhuizen van Nederland. Het grote rechthoekige gebouw met het hoogopgaande dak staat nu midden op de Markt. Het is bekleed met natuursteen en de gevels zijn weelderig versierd. Boven de kruisvensters bevinden zich nissen met decoraties, bijvoorbeeld in de vorm van een driepas, een soort klavervorm. Vooral de voorgevel is imposant. Pinakels, kleine torenvormige decoraties, sieren de grote trapgevel. Op de hoeken prijken uitkragende hoektorentjes met spitse punt, zogeheten arkeltorentjes. Een grote vierkante toren bekroont de gevel. Met dit voor zijn tijd reusachtige gebouw toonde het stadsbestuur dat het welvarende Gouda een stad van betekenis was. In 1952 kreeg het stadhuis nog meer versiering: pas toen werden de beelden aan de gevel toegevoegd.

Stadhuis van Veere (1477)

Markt 5, Veere

Evert Spoorwater

Wolfert van Borssele, heer van Veere, aan de noordkant van Walcheren, trouwde in 1444 met de Schotse prinses Mary Stuart. Dit huwelijk bracht Veere als enige plaats in Nederland het stapelrecht van Schotse wol, en daarmee grote welvaart. In de tweede helft van de vijftiende eeuw kreeg Veere een stadhuis dat die welvaart zichtbaar maakte. De bouw begon in 1474 onder leiding van de Vlaming Evert Spoorwater. Na drie jaar stond er aan de Markt een gebouw dat vijf eeuwen lang onderdak zou bieden aan het stadsbestuur van Veere. Geholpen door de bekende Mechelse architect Andries Keldermans creëerde Spoorwater gevels met rijke, laatgotische versieringen: trapgevels, uitkragende hoektorentjes en dakkapellen met ook weer trapgeveltjes. Beelden van de heren van Veere en hun familie sierden de voorgevel. Omdat ze in slechte staat verkeerden, zijn ze tijdens een restauratie in de jaren dertig vervangen door nieuwe beelden van O.W. Wenckebach. De oude gevelbeelden staan nu in het museum. Meer dan een eeuw later verrees er naast het stadhuis nog een hoge toren in de stijl van de Renaissance. Dat in het gebouw ook de vierschaar, het gerechtshof, gevestigd was, is nog te zien aan de kaak naast het bordes, waar veroordeelden te kijk werden gezet. Het gemeentebestuur van Veere vergaderde hier in 1996 voor het laatst; tegenwoordig is Domburg de hoofdzetel van de gemeente Veere.

Markiezenhof (1540)

Steenbergsestraat 6-8, Bergen op Zoom

Anthonis Keldermans

De heer van Bergen op Zoom, Jan II van Glymes, besloot in 1485 zijn stadspaleis volledig te laten verbouwen. Het moest een mooie residentie worden voor de heer, en een groots bestuurlijk centrum voor de stad. De werkzaamheden, die onder leiding stonden van de Mechelse bouwmeester Anthonis Keldermans en zijn zoon Rombout, vonden over een periode van ongeveer vijftig jaar in vier fasen plaats. Nadat keizer Karel V Jans nazaat Anthonius van Glymes in 1533 tot markies had verheven, kreeg het gebouw de naam Markiezenhof. Het Markiezenhof verrees als een complex van zalen, kamers, galerijen en traptorens rondom drie binnenplaatsen en twee tuinen. De grote zaal, de hofzaal, werd het eerst gebouwd. Die moest de macht en de rijkdom van de eigenaar uitdragen – van buiten en van binnen. De centrale zaal ligt dwars achter de voorgevel. De sokkel van deze indrukwekkende gevel is van witte natuursteen. Daarboven wisselen lagen natuursteen, zogeheten speklagen, om de vijf of zes lagen de baksteen af, waardoor een ritmisch effect is ontstaan. In de zaal ontvingen de heren hun belangrijke gasten. Zelfs Karel V is er op bezoek geweest. Daarom was de zaal ook van binnen imposant. De blikvanger is de reusachtige open haard, versierd met voorstellingen uit het leven van de heilige Christoffel.

Kasteel van Breda (1538)

(Koninklijke Militaire Academie), Kasteelplein 10, Breda

o.a. Thomasso Vincidor da Bologna

In de zestiende eeuw namen enkele adellijke families in de Nederlanden een Italiaanse bouwmeester in dienst om hun huizen aan te passen aan de stijl die op dat moment in de mode raakte, de Renaissance. Graaf Hendrik III van Nassau, heer van Breda, was tijdens een reis naar Spanje in het gevolg van keizer Karel V onder de indruk geraakt van deze bouwstijl. In 1536 liet hij het veertiende-eeuwse slot van zijn voorouders verbouwen volgens de smaak van die tijd. Daarvoor nam hij de uit Bologna afkomstige schilder en bouwmeester Thomasso Vincidor in de arm. Die baseerde zijn ontwerp op de principes uit de klassieke bouwkunst, zoals zijn landgenoten ze in die tijd toepasten. Het kasteel van Breda werd daarmee het enige gebouw in Nederland dat de opzet van een Italiaans palazzo uit de Renaissance volgt. Het is een rechthoekig bouwwerk, waarvan de vertrekken gegroepeerd zijn rondom een binnenplaats. Een galerij met eenvoudige Dorische zuilen en rondbogen omgeeft de binnenplaats aan drie kanten. In de zwikken, de driehoekige vlakken tussen de bogen, bevinden zich terracotta medaillons met portretten van grote mannen uit de Oudheid. Daarboven is een verdieping die versierd is met halfzuilen die bekroond zijn met een Ionisch kapiteel. Het kenmerk van zo'n kapiteel zijn de ronde krullen aan beide kanten. Tegenover de hoofdingang kwam een overdekte staatsietrap. In 1828 werd het kasteel van Breda verbouwd om onderdak te bieden aan de Koninklijke Militaire Academie.

Raadhuis van Den Haag (1565)

Groenmarkt, Den Haag

Toen bleek dat de heer van Brederode een rol gespeeld had bij de moord op de minnares van de graaf van Holland, in 1392, moest hij afstand doen van zijn Haagse stadspaleis. Het gemeentebestuur van Den Haag nam er zijn intrek. In de jaren zestig van de zestiende eeuw liet het op dezelfde plek een nieuw raadhuis bouwen. Den Haag was toen eigenlijk nog een dorp, maar het nieuwe raadhuis toonde stedelijke ambities. Als voorbeeld diende het stadhuis van Antwerpen, dat toen in aanbouw was volgens een ontwerp van Cornelis Joos. Joos paste de principes van de Italiaanse Renaissance aan aan de noordelijke manier van bouwen. Het Haagse raadhuis werd wel een stuk bescheidener en kwam ook niet aan een groot plein te staan, maar net als zijn voorganger gewoon aan de straat. Alleen de voorkant kreeg een grootse gevel in natuursteen. De decoratie is minder uitvoerig dan die van het Antwerpse voorbeeld, maar ook hier versierde de bouwmeester de gevel met vormen uit de Oudheid, zoals de krulmotieven, voluten geheten, aan weerszijden van de monumentale ingang, de driehoekige frontons boven de ramen op de eerste verdieping en de pilasters op de tweede verdieping. De gevel heeft net als het stadhuis van Antwerpen een galerij met een balustrade waar de muur overgaat in het dak en in het midden een losstaande, klassiek versierde topgevel.

Raadhuis van Franeker (1594)

Raadhuisplein 1, Franeker

Pieter Augustinusz Ens en Claes Jelles

Franeker was in de zestiende eeuw uitgegroeid tot een welvarende plaats. Het aanzien – en het inwonertal – nam verder toe toen de stad in 1585 een eigen universiteit kreeg. Tot de opheffing in 1811 droeg die universiteit flink bij aan de bloei van Franeker. Niet lang na de stichting van de universiteit liet het stadsbestuur een gloednieuw raadhuis bouwen, dat het pas verworven prestige van de stad zichtbaar moest maken. Bouwmeester Pieter Augustinusz Ens en steenhouwer Claes Jelles ontwierpen het nieuwe Franeker stadhuis in de stijl die op dat moment in de mode was, een Friese variant op de Renaissancestijl, ook wel maniërisme genoemd. Ook hier verwerkten de bouwmeesters de motieven uit de klassieke Oudheid, die met de Italiaanse Renaissance weer populair waren geworden, op hun eigen manier. Ze volgen de bouwkunst van de Romeinen niet in de structuur van hun gebouwen, maar gebruikten onderdelen ervan als versiering aan hun gevels. Het stadhuis van Franeker is een hoekpand, dat bestaat uit twee bouwdelen die haaks op elkaar staan, in een L-vorm. Beide delen hebben een traptoren. Daarachter rijst de imposante toren van het stadhuis op. Lagen natuursteen, zogeheten speklagen, geven de gevels een levendig voorkomen. Zo'n decoratief patroon van speklagen pasten de bouwers van de noordelijke Renaissance vaak toe. Het stadhuis van Franeker straalt tegenwoordig, na een grondige restauratie, weer de oude luister uit.

Kanselarij van Leeuwarden (1571)

Turfmarkt 13, Leeuwarden

In 1515 stelde Karel V het Hof van Friesland in. Dat Hof ging zich met het bestuur en de rechtspraak in het gewest bezighouden. Officieel gaf de stadhouder leiding aan het nieuwe bestuursorgaan, maar omdat die in de praktijk maar weinig aanwezig was, lag het dagelijks bestuur van Friesland eigenlijk in handen van het Hof. In 1571 kreeg het Hof van Friesland een nieuw onderkomen, dat paste bij zijn machtige positie. Deze Kanselarij met zijn indrukwekkende trapgevel kreeg een grotendeels gotisch uiterlijk. De gevels zijn gedecoreerd met pinakels – spitse torenvormige versiersels – en met speklagen. De ramen hebben laatgotische korfbogen, bogen in de vorm van een halve ovaal. Maar de bouwers hadden duidelijk ook kennisgemaakt met de bouwtrant van de Renaissance en verwerkten enige motieven uit deze nieuwe stijl in het gebouw. De gevelbeelden die verschillende deugden voorstellen zijn daar een voorbeeld van. Erg lang kon het Hof niet van zijn imposante nieuwe zetel genieten. Tijdens de Opstand, in 1578, stelden de nieuwe machthebbers een heel nieuw Hof in, dat bovendien vrijwel alle bestuurlijke bevoegdheden verloor. Het bleef alleen als rechtcollege fungeren, zij het wel als het belangrijkste van het gewest. Daar kwam pas een einde aan toen Napoleon in 1811 de rechterlijke macht reorganiseerde. De Kanselarij diende daarna een tijd lang als gevangenis. Tegenwoordig maakt het gebouw deel uit van het Fries Museum.

Corps de Garde (1634)

Oude Boteringestraat 74, Groningen

Johan Isbrants

De stadswachters van Groningen kregen in 1634 een nieuw onderkomen, het Corps de Garde, in de volksmond al gauw verbasterd tot Kortegaard. Het pand kwam tegen de oude stadsmuur te staan, zodat de wachters van daaruit de stadspoort goed in de gaten konden houden. Het ontwerp was van de hand van de Groningse stadsbouwmeester Johan Isbrants. De timmerman Berent Geerts bouwde het pand voor 5.780 gulden. In die tijd begon de maniëristische manier van bouwen, waarbij losse motieven uit de Oudheid vorm gaven aan de gevel, in Holland alweer uit de mode te raken. Maar in het noorden en oosten van Nederland beleefde de stijl nog een korte periode van bloei. Isbrants ontwierp dan ook een gebouw dat aan twee straatzijden galerijen heeft met Toscaanse zuilen, die een eenvoudige, gladde vorm hadden. Het Corps de Garde is daarom wel 'de krijgsmacht op kolommen' genoemd. Aan de Oude Boteringestraat gaf hij het pand een topgevel. Die moest in de achttiende eeuw plaatsmaken voor een gevel met kroonlijst, naar de smaak van die tijd. Er waren twee bouwlagen: de dienstdoende soldaten verbleven boven, de officieren en overige manschappen beneden. De militairen moesten de etage trouwens delen met de academische dans- en schermmeester. In het gebouw is nu een hotel gevestigd. In sommige kamers zijn nog uitsparingen voor de kanonnen te zien.

Stadhuis van Leiden (1597)

Breestraat 94, Leiden
Lieven de Key

Leiden was vooral dankzij de textielnijverheid in de vijftiende en zestiende eeuw tot grote bloei gekomen. Het stadsbestuur besloot dat het oude veertiende-eeuwse stadhuis een nieuwe gevel moest krijgen, die deze welvaart zou weerspiegelen. De Haarlemse stadsmetselaar Lieven de Key leverde tegen het einde van de zestiende eeuw het ontwerp voor die gevel, die gewoon voor het oude gotische gebouw kwam te staan. Voor de bekleding en de versieringen aan de gevel liet hij zandsteen uit Duitsland halen. De Key baseerde zijn ontwerp op de vormentaal van de Renaissance, maar verwerkte de klassieke motieven op zijn eigen manier. Zuilen met daarop een kroonlijst flankeren de ingang. Aan weerszijden van de ramen zijn pilasters aangebracht, waarop een driehoekig fronton rust. De rijk versierde topgevel wordt ook weer bekroond door een klein fronton. Een grote bordestrap leidt naar de hoofdingang. Links van de trap bevindt zich de roepstoel, een stoepje met vijf treden naar het bordes. Vroeger vonden hier afkondigingen van belangrijke stedelijke aangelegenheden plaats. Met een lengte van 86 meter was de gevel van het Leidse stadhuis de langste Renaissancegevel van Nederland. Op 12 februari 1929 brandde het stadhuis bijna volledig af. Een paar jaar later werd de gevel gerestaureerd. Achter de oude vormen van Lieven de Key verrees vervolgens een heel nieuw stadhuis naar het ontwerp van een andere Haarlemse architect, C. J. Blaauw.

Stadhuis van Delft (1619)

Markt 87, Delft

Hendrick de Keyser

Delft behoorde sinds de Middeleeuwen tot de belangrijkste Nederlandse steden. De aardewerkindustrie en de VOC zorgden in de zeventiende eeuw opnieuw voor grote rijkdom. In 1618 brandde het oude stadhuis van Delft af. Alleen de zware toren, het Nieuwe Steen, bleef overeind. De beroemde bouwmeester Hendrick de Keyser, stadssteenhouwer van Amsterdam, ontwierp een fraai, nieuw stadhuis: een evenwichtig, vrijwel symmetrisch opgezet gebouw rondom de oude toren. De voorgevel is rijk versierd. De Keyser speelde hier op eigen wijze met motieven die in de Renaissance populair waren. De klassieke vormen waarvan de Renaissance bouwmeesters gebruik maakten – de ideale verhoudingen en decoraties – stonden beschreven en afgebeeld in zogenoemde ordeboeken. Hendrick de Keyser baseerde zijn ontwerp voor het Delftse stadhuis echter niet op de richtlijnen van één ordeboek, maar haalde zijn inspiratie uit drie verschillende. Hij gebruikte de klassiek vormgegeven versieringen door elkaar en niet volgens een vast schema, een manier van werken die Hollandse Renaissance, of maniërisme, heet. Het gaf het gebouw een levendige aanblik. De ingang en het kleine balkon zijn voorzien van zuilen, en klassieke pilasters sieren de gevel. Blikvanger is een centraal, verhoogd geveldeel met een beeld in een nis, een groot fronton in de vorm van een gebroken segment en daarboven nog een opbouwtje met een kleiner, rond fronton. Boven het balkon prijkt het wapen van de in Delft begraven Willem van Oranje.

Statencollege (1632)

Rode Steen 1, Hoorn

Tijdens de opstand tegen het Spaanse gezag raakten de steden ten noorden van het IJ na 1573 afgesneden van de rest van Holland. Hun vertegenwoordigers konden daardoor geen zitting nemen in de Staten van Holland. De zeven steden van West-Friesland en het Hollands Noorderkwartier richtten toen hun eigen gewestelijke regering op, de Staten of Gecommitteerde Raden van West-Friesland en het Noorderkwartier genoemd. De Gecommitteerde Raden betrokken in 1632 een pand aan de Rode Steen. Dit was van oudsher het bestuurlijke centrum van de stad; vroeger zetelde op deze plek de proost van West-Friesland, de vertegenwoordiger van de bisschop van Utrecht, maar deze was verdreven na de reformatie. Er verrees een groots complex, met majestueuze zalen en chique kamers, dat nog altijd bekend staat als het Statencollege. Het indrukwekkendst aan het pand is de uitbundig versierde pronkgevel. In het bovenste gedeelte van de trapgevel is het wapen van Oranje te zien, en daaronder het wapen van West-Friesland. Op de trappen van de gevel staan, vastgehouden door leeuwen, de wapens van de zeven steden van West-Friesland en het Noorderkwartier. De gevel was oorspronkelijk opgetrokken uit blauwe natuursteen, waardoor hij een nog kleuriger effect had; bij een restauratie in 1908 werd echter grauwe hardsteen gebruikt. Nadat het bestuurlijke systeem aan het einde van de achttiende eeuw veranderd was, ging het gebouw als rechtbank dienen. Tegenwoordig herbergt het pand het Westfries Museum.

Schielandshuis (1667)

Korte Hoogstraat 31, Rotterdam

Jacob Lois

Het hoogheemraadschap van Schieland had oorspronkelijk tot taak toezicht te houden op de dijken, de sluizen en de landscheidingen. Maar in de loop van de tijd nam het gezag van de hoogheemraden over de dorpen, ambachten en polders toe. Niet lang na het midden van de zeventiende eeuw vond de voorzitter, of dijkgraaf, Daniël van Hogendorp dat het hoogheemraadschap een onderkomen verdiende dat die macht weerspiegelde. Het moest zich kunnen meten met dat van het Rotterdamse stadsbestuur, maar ook het aanzien van de stad Rotterdam als bestuurscentrum vergroten. Architect Jacob Lois ontwierp een luxueus pand voor het polderbestuur, met een vergaderzaal en ontvangstruimten. Om het dure gebouw te bekostigen verhoogde het hoogheemraadschap de polderbijdrage van de ingelanden en leende het geld, onder andere van de beroemde admiraal Aert van Nes. Het nieuwe gebouw verrees tussen 1662 en 1665 aan de noordkant van de Schiedamsedijk vlakbij de Schiedamse Poort in een classicistische stijl, geïnspireerd op de bouwkunst van de klassieke Oudheid. Het is een blokvormig bouwwerk met een groot bordes en bekroond door een fronton. De gevel is versierd met klassieke motieven zoals guirlandes, zuilen en pilasters. Het Schielandshuis heeft als een van de weinige oude Rotterdamse gebouwen het bombardement van 1940 overleefd. Na een grootschalige restauratie herbergt het sinds 1986 het Historisch Museum Rotterdam.

Mauritshuis (1644)

Korte Vijverberg 8/Plein 29, Den Haag

Jacob van Campen en Pieter Post

Graaf Johan Maurits, landheer van het graafschap Nassau Siegen en de gewezen gouverneur van de West-Indische Compagnie in Brazilië, liet rond 1640 een woonpaleis bouwen aan de Haagse Hofvijver. Daarvoor nam hij de twee belangrijkste architecten van zijn tijd in de arm, Jacob van Campen en Pieter Post. Het tweetal ontwierp een deftig huis in een strakke classicistische stijl, geïnspireerd door de bouwkunst van de Oudheid en de Renaissance. Ze baseerden zich vooral op de idealen van de Italiaanse architect Palladio, die een monumentaal evenwicht van alle delen van een gebouw voorstond. Het Mauritshuis, zoals het gebouw naar de bouwheer heet, verrees met precies de juiste, harmonieuze proporties op een zuiver symmetrisch, bijna vierkant grondplan. Binnen creëerden de architecten een zorgvuldige compositie van verschillende vertrekken. Aan de buitenkant besteedden ze veel aandacht aan een evenwichtig voorkomen van de gevel. Daarvoor gebruikten ze afwisselend natuursteen en baksteen. De middenpartij springt wat naar voren, een zogenoemd middenrisaliet, en heeft als bekroning een driehoekig fronton met beeldhouwwerk. Verder brachten Van Campen en Post spaarzaam decoraties aan: slechts enkele guirlandes en vrij sobere Ionische pilasters, dat wil zeggen afgesloten met een krullende vorm, sieren het gevelvlak. Na 1685 diende het Mauritshuis lange tijd als hotel van staat. Veel belangrijke gasten van de bestuurders van de Republiek logeerden hier. Tegenwoordig is het statige Mauritshuis een museum.

Stadhuis van Amsterdam (1655)

(Koninklijk Paleis), Dam, Amsterdam

Jacob van Campen

De Vrede van Münster, in 1648, stemde het Amsterdamse stadsbestuur zo positief dat het een ambitieus plan voor een nieuw stadhuis aannam. Het nieuwe gebouw moest de rijkdom en het aanzien van de stad ondubbelzinnig tonen. Het stadhuis aan de Dam, een ontwerp van de befaamde architect Jacob van Campen, werd het grootste bestuursgebouw van het toenmalige Europa. Het kwam te rusten op 13.659 palen. Van Campen liet zich inspireren door de monumentale regeringsgebouwen van het oude Rome en bouwde in de classicistische stijl, die in die tijd ook voor adellijke paleizen populair was. Voor het prestigieuze bouwwerk liet het Amsterdamse stadsbestuur dure natuursteen importeren vanuit Duitsland, de zogenaamde Bentheimer zandsteen. Boven de zware sokkel van het stadhuis rijzen klassieke pilasters op. De voorgevel heeft hoekpaviljoens en een vooruitspringend middendeel, bekroond door een fronton met beeldhouwwerk met symbolische voorstellingen van de macht van de stad. Bovenop het stadhuis prijkt een koepeltoren. Het stadhuis kreeg geen monumentale entree. Op straatniveau markeren zeven onversierde bogen, zonder bordes, de ingang. Een letterlijke lage drempel, die aangaf dat het stadhuis toegankelijk was voor iedereen. Het gebouw zag eruit als een paleis, maar het was een paleis voor de burgers: de belangrijkste ruimte was de weelderig gedecoreerde burgerzaal. Dat bleef zo tot 1808. Toen veranderde het grootse bouwwerk onder koning Lodewijk Napoleon in een koninklijk paleis.

Stadhuis van Maastricht (1685)

Markt 78, Maastricht

Pieter Post

Het stadsbestuur van Maastricht stak in de zeventiende eeuw ingewikkeld in elkaar. De stad viel deels onder het gezag van de bisschop van Luik en deels onder dat van de hertog van Brabant. Bouwmeester Pieter Post kreeg in 1659 de opdracht een stadhuis te ontwerpen dat het complexe stadsbestuur, dat over verschillende panden verspreid was, samenbracht onder één dak. Post had samengewerkt met Jacob van Campen, de architect van het Amsterdamse stadhuis, en bouwde net als hij in een classicistische stijl. Voor het ontwerp van het Maastrichtse stadhuis had hij goed naar dat van Amsterdam gekeken. Als uitgangspunt nam hij het vierkant. Het stadhuis zelf werd een vierkant, van honderd bij honderd voet, en het kwam midden op de vrijwel vierkante Markt te staan. Het grote vierkante gebouw verdeelde Post weer in kleinere vierkanten. Op de lijnen van die vierkanten bouwde hij de muren, zodat er overal harmonieuze verhoudingen ontstonden. De vier gevels zijn precies gelijk. Ze zijn gedecoreerd met klassieke pilasters. Alleen aan de westzijde kwam een bordes met een dubbele trap. De toren die na 25 jaar bouwen als laatste verrees, verhoudt zich tot het stadhuis, zoals het stadhuis zich verhoudt tot het plein. Binnen is het gebouw rondom de centrale hal, het Plein, in tweeën gedeeld: één kant voor de bestuurders van de bisschop en één voor die van de hertog.

Stadhuis van Enkhuizen (1688)

Breedstraat 53, Enkhuizen

Steven Vennekool

De grote bloei van Enkhuizen, die vooral op de haringvangst gebaseerd was geweest, was in de tweede helft van de zeventiende eeuw voorbij. Toch wilde het stadsbestuur een nieuw stadhuis in de trant van dat van het machtige Amsterdam. Het oude stadhuis was inmiddels een gevaarlijke bouwval geworden. Architect Steven Vennekool ontwierp in 1686 een voornaam, sober gebouw met een vierkante plattegrond. Hij bouwde in de zogeheten 'strenge stijl' die tegen het einde van de zeventiende eeuw in de mode was. Dat was een vorm van classicisme, met strakke symmetrische vormen en weinig versieringen. De decoraties aan de gevels waren tot een minimum beperkt en de klassieke pilasters, die juist kenmerkend waren voor het eerdere classicisme, bleven helemaal achterwege. Vennekool hield de gevel van het stadhuis van Enkhuizen dan ook vrij kaal, met maar weinig versiering en rechthoekige ramen. Alleen in de vooruitspringende middenpartij, het middenrisaliet, bracht hij decoraties aan. Twee vensters op de eerste verdieping kregen ronde bogen en een balkon – daar was de burgemeesterskamer – en op de bovenste verdieping doorbrak een rond venster de strengheid van de gevel. Op het dak bouwde Vennekool een achtkantige houten toren, geïnspireerd door de toren van het Amsterdamse stadhuis. Maar anders dan Amsterdam was Enkhuizen zo arm dat de stad voor het salaris van de bouwmeester geld moest lenen van haar beroemdste inwoner, zeeheld Michiel de Ruyter.

Paleis het Loo (1692)

Koninklijk Park 1, Apeldoorn

Jacob Roman

In 1684 gaf stadhouder Willem III architect Jacob Roman de opdracht een buitenverblijf bij Apeldoorn te bouwen. Deze buitenplaats, het Loo geheten, kreeg een vrij eenvoudig rechthoekig bakstenen hoofdgebouw dat aan weerszijden door gebogen zuilengalerijen met twee zijvleugels was verbonden. Vijf jaar na de bouw was de situatie van de stadhouder drastisch veranderd. Willem III was nu ook koning van Engeland. Het was belangrijk dat de koning-stadhouder met veel uiterlijk vertoon en een imposante hofhouding zijn macht toonde, in het bijzonder tegenover zijn aartsvijand, de Franse koning Lodewijk XIV. En zoals Lodewijk zijn Versailles had, zo wilde Willem III ook het Loo laten verbouwen tot een indrukwekkend paleis, waarbij het exterieur, het interieur én de tuinen als één luisterrijk geheel waren vormgegeven. Jacob Roman overzag de grootse verbouwing, waarbij onder andere de zuilengalerijen tussen het hoofdgebouw en de vleugels plaatsmaakten voor rechthoekige paviljoens met genoeg ruimte voor het grote gevolg van de vorst. Heel modern waren de grote schuiframen, in plaats van de kruiskozijnen. Voor het interieur nam Willem III een Fransman in de arm, de gevluchte hugenoot Daniël Marot, die zelf meegewerkt had aan Versailles. Deze ontwierp een interieur van overdadige rijkdom, waaraan veel bekende kunstenaars meewerkten. Marot introduceerde op het Loo de plafonddecoratie in stucwerk, waarmee het plafond onderdeel ging uitmaken van de opsmuk van het hele vertrek, zoals de sierlijke schilderingen.

Gouverneurshuis (1769)

Verwersstraat 41, Den Bosch

Pieter de Swart

De bestuurder die de regering vertegenwoordigde in de provincie – vergelijkbaar met de huidige commissaris van de koningin – heette tot 1850 gouverneur. In het midden van de achttiende eeuw werd de machtige hertog Lodewijk Ernst van Brunswijk-Wolfenbüttel, die grote invloed had op de jonge stadhouder Willem V, gouverneur in Noord-Brabant. Zijn residentie werd het voormalige jezuïetenklooster aan de Verwersstraat in Den Bosch, dat verbouwd werd tot een statig paleis. De opdracht daartoe ging in 1765 naar Pieter de Swart, die hofarchitect was geweest onder Willem IV. Hij had op kosten van de stadhouder in Parijs gestudeerd. In Frankrijk begon in die tijd weer een vorm van classicisme in de mode te komen, in plaats van de meer zwierige stijlen die onder de koningen Lodewijk XIV en Lodewijk XV populair waren. De Swart bouwde het gouverneurshuis in Den Bosch in die klassiek ogende stijl. Het werd een pand van evenwichtige proporties, met enkele elegante accenten. De middenpartij springt wat uit en wordt bekroond door een fronton, geflankeerd door beelden. De meest opvallende decoraties zijn verder de geblokte pilasters en wat sierlijk beeldhouwwerk. Doordat De Swart gebruik maakte van de oude fundering van het klooster ligt de monumentale toegang vrij hoog. Tot 1985 bleef het gebouw de residentie van de Brabantse commissaris van de koningin. Sinds 1987 herbergt het oude gouverneurshuis het Noord-Brabants Museum.

Raadhuis van Weesp (1776)

Nieuwstraat 41, Weesp

Jacob Otten Husly

De eerste grote opdracht die architect Jacob Otten Husly kreeg, kwam van het gemeentebestuur van Weesp. De plaats was rijk geworden door de bierbrouwerijen en de jeneverstokerijen. Een nieuw raadhuis moest die welvaart zichtbaar maken. Het bouwwerk dat Otten Husly in 1772 ontwierp, was gebaseerd op de stijl die op dat moment in Frankrijk in de mode was. Daar was de belangstelling voor de bouwkunst van de klassieke Oudheid weer toegenomen. Gebouwen kregen elegante, maar strakke en symmetrische decoraties in de vorm van klassieke motieven als pilasters, frontons en festoenen. Het nieuwe classicisme heette naar de Franse koning Lodewijk XVI-stijl. In die trant gaf Otten Husly het stadhuis van Weesp een vrij sobere symmetrische gevel. De middenpartij versierde hij met pilasters van de eenvoudige Dorische orde en de met een krullend kapiteel bekroonde Ionische orde. De architect had daarvoor het zogeheten ordenboek van de Italiaanse Renaissancebouwmeester Andrea Palladio bestudeerd, waarin deze het gebruik van de klassieke bouwvormen beschreef. Een groot, klassiek ogend driehoekig fronton sluit het centrale deel van de gevel af. Daarboven prijkt een sierlijke kleine klokkentoren. Achter deze symmetrische voorgevel gaat een minder strak interieur schuil. De gevel staat een beetje schuin ten opzichte van de rest van het gebouw. De stadsbestuurders lieten hem zo plaatsen dat bezoekers bij het betreden van Weesp recht op de imposante gevel van het stadhuis zouden kijken.

Raadhuis van Westzaan (1783)

Kerkbuurt 35, Westzaan

J.S. Creutz

Het rechtsgebied Banne Westzaan omvatte alle dorpen aan de westelijke oever van de Zaan. Vooral de industrie bracht hier grote welvaart. Van deze dorpen was Westzaan, bestaande uit een lang lint van huizen langs een weg, het oudste. Het was ook het bestuurlijke centrum. In het midden van de as van de doorgaande weg verrees vanaf 1781 een nieuw raadhuis, dat ook als gerechtsgebouw ging dienen. Het ontwerp was van de hand van de stadsbouwmeester van Amsterdam, J.S. Creutz. Hij creëerde een gebouw in de classicistische Lodewijk XVI-stijl van die tijd. Vooral de statige entree valt op. Die heeft een portiek met Ionische zuilen, bekroond met een groot driehoekig fronton. In het fronton is het wapen van de Banne Westzaan te zien, met daaromheen voorstellingen van de deugden die onmisbaar waren voor een bestuurder: wijsheid, voorzichtigheid en onpartijdigheid, en goed bestuur en 'het beschermen van de bezittingen van de wezen'. Daarboven rijst een torentje op met een koepel en een klok. Een vergulde koperen zon siert de koepel, als teken dat het recht dat daaronder gesproken werd het volle daglicht moest kunnen doorstaan. De hoeken van het gebouw zijn afgerond; ook dat was in die tijd erg modieus. Nadat de Banne in 1816 was opgeheven, werd het gebouw het raadhuis van de nieuwgevormde gemeente Westzaan. Tegenwoordig heeft het imposante gebouw nog slechts een administratieve functie.

Paleis van Justitie van Zwolle (1841)

Blijmarkt 5, Zwolle

E.L. de Coninck

Met de komst van de Fransen aan het einde van de achttiende eeuw werden bestuur en rechtspraak van elkaar gescheiden. Dat betekende dat er aparte gebouwen moesten komen voor het stedelijke bestuur en de rechtspraak. De nieuwe gebouwen verrezen in de stijl die de Fransen meebrachten, de empirestijl die genoemd was naar het keizerrijk van Napoleon. Dat was een symmetrische, classicistische stijl met blokvormige bouwwerken. Rond 1820 werd vooral de vorm van de klassieke Griekse tempel, die als sober en puur werd beschouwd, van invloed op de bouwkunst van nieuwe openbare gebouwen. Een op zo'n tempel gebaseerde gevel had een voornaam karakter en was daarom uitermate geschikt voor stadhuizen en gerechtsgebouwen, die de burger moesten tonen dat er binnen over gewichtige aangelegenheden werd beslist. In 1838 viel het besluit dat er een 'Paleis van Justitie' moest komen aan de Zwolse Blijmarkt. Het ontwerp kwam van architect E.L. de Coninck. De gouverneur legde op 7 mei 1840 de eerste steen. Het is een langwerpig symmetrisch gebouw met een strakke gevel. De middenpartij is geïnspireerd op een Griekse tempel en heeft een open portiek met Corinthische zuilen. Dat zijn zuilen bekroond met kapitelen met een bladvormige versiering. Daarboven prijkt een driehoekig fronton. Het Paleis van Justitie werd op 9 december 1841 in gebruik genomen. Tot 1977 zijn er rechtszaken behandeld.

Paleis van Justitie van Den Bosch (1998)

Leeghwaterlaan 8, Den Bosch

C. Vandenhove

Het grootste gerechtsgebouw van Nederland staat in Den Bosch. Het gewaagde ontwerp voor dit Paleis van Justitie, heel anders dan wat traditioneel voor dit soort gebouwen gebruikelijk was, komt van de Luikse architect Charles Vandenhove. Zoals van een Paleis van Justitie verwacht mocht worden, moest het een plechtig en indrukwekkend bouwwerk zijn. Met zijn sobere gevels en aankleding wekt het reusachtige complex een statige indruk. De grote halfronde kap sluit aan bij de omgeving, bij het nabijgelegen station. Het Paleis van Justitie heeft het grootste zinken dak van Nederland, met zo'n 8500 vierkante meter. Vandenhove maakte daaronder een vierkant lint van ruimten rondom een binnenplaats. "Een op zichzelf gekeerde vierhoek, een soort klooster," noemde de architect het zelf. Aan de binnenplaats liggen drie langgerekte bouwdelen die zijn opgetrokken in oranjebruin metselwerk en voorzien van een uniforme reeks ramen. Maar aan de kant met de toegang heeft Vandenhove een grote glazen gevel geplaatst met een metalen zonwering. Transparantie en geslotenheid staan zij aan zij. Ook op andere plekken in het gebouw zorgen de, meestal eenvoudige, materialen voor contrasten. Bijvoorbeeld tussen vloeren van massief eikenhout en betonnen kolommen. In de achttien rechtszalen loopt het eikenhout van de vloer door in een hoge lambrisering. Een wandtapijt vult het hele vlak tussen lambrisering en plafond.

Raadhuis van Waalwijk (1931)

Raadhuisplein 2, Waalwijk

A.J. Kropholler

Een traditionele bouwstijl bleef ook in de twintigste eeuw lang favoriet om openbare gebouwen van een statig karakter te voorzien. Architect A.J. Kropholler bouwde een hele reeks raadhuizen, waarbij hij zich liet inspireren door materialen en vormen uit het verleden. Het raadhuis dat hij eind jaren twintig ontwierp voor Waalwijk is gebaseerd op de Nederlandse gotische stadhuizen, zoals dat van Gouda. Het is een streng rechthoekig bakstenen blok met lage bijgebouwen. Kropholler overdreef de vormen van de oude stadhuizen en gaf het hoge bouwdeel een enorme trapgevel aan de voor- en de achterkant. De gevel wekt een plechtige, maar ook gesloten en sobere indruk. De ingang moest een duidelijke overgang zijn tussen de wereld buiten en die binnen het stadhuis. Kropholler ontwierp daarom een majestueus bordes, met monumentaal beeldhouwwerk in natuursteen. Op andere plaatsen liet hij natuursteen de bakstenen afwisselen waar dat in overeenstemming was met de constructie van het gebouw, zoals de zware blokken boven de ramen. De plaatsing van de ramen, nogal vrij rondom de ingangspartij, doorbreekt de symmetrie een beetje, zodat die niet al te streng aandoet. In de gevel prijken verder een klok en het wapen van de gemeente Waalwijk. Krophollers hand is trouwens in de hele omgeving terug te vinden. Hij ontwierp ook het Raadhuisplein en de bebouwing – winkels, een politiebureau, een brandweerkazerne, een marktgebouw en muziekkiosk – allemaal in dezelfde stijl.

Raadhuis van Enschede (1933)

Langestraat 24, Enschede

G. Friedhoff

In 1929 won G. Friedhoff de ontwerpwedstrijd voor een nieuw raadhuis voor Enschede. Hij was uitgegaan van de middeleeuwse plattegrond van de stad. Na een stadsbrand in de negentiende eeuw was Enschede weer volgens dit grondplan opgebouwd. De gebouwen waren nieuw, maar de opzet van de stad bleef traditioneel van karakter. Friedhoffs ontwerp voor het stadhuis paste daarbinnen. Het was een nieuw gebouw, maar gebaseerd op vormen uit het verleden. Het stadhuis bestaat uit twee grote blokken die diagonaal ten opzichte van elkaar staan en op een hoekpunt samenkomen. Voor ieder blok ligt een plein. Het ene blok herbergt onder andere de raadzaal en heeft vooral een representatieve functie. In het andere blok bracht Friedhoff de administratieve diensten onder. Op het snijpunt van de twee blokken kwam een wat uitdijende toren met een spitse bekroning. Inspiratie daarvoor vond Friedhoff in het stadhuis van Stockholm van R. Östberg. Dat gold ook voor de massieve, gesloten gevels van het stadhuis. Friedhoff wilde een monumentaal gebouw creëren en daarvoor waren bijzondere materialen nodig. De gevels zijn opgetrokken in geelgrijze baksteen op een basis van graniet. De ramen zijn smal en hoog. Ook hiervoor gebruikte Friedhoff mooie materialen: een stalen constructie, gevat in teakhout en omlijst met natuursteen. Materialen die niet in het zicht lagen mochten minder kostbaar zijn. Voor het geraamte onder het stadhuis gebruikte Friedhoff beton.

Raadhuis van Hilversum (1930)

Dudokpark 1/Willem Hullweg, Hilversum

W.M. Dudok

Tussen 1923 en 1954 was Willem Marinus Dudok gemeentearchitect van Hilversum. In de snel groeiende plaats viel veel te bouwen. Dudok ontwierp onder andere scholen, badhuizen en hele woonwijken. Eigenlijk zag hij de gemeente in zijn geheel als een bouwwerk, dat een boeiende vorm moest krijgen. Een van de belangrijkste ornamenten van de stad was voor Dudok een groot en monumentaal raadhuis. Jarenlang werkte hij aan een ontwerp daarvoor. Het werd een kubistisch expressief gebouw, een compositie van blokken die, asymmetrisch ten opzichte van elkaar verspringend, rondom twee binnenplaatsen gegroepeerd liggen. Het accent legde Dudok op de horizontale vormen, bijvoorbeeld met de overstekken van de platte daken. De representatieve kant van het raadhuis, waar de burgemeester en wethouders en de raadzaal ondergebracht waren – waar het gezag zetelde dus –, bekroonde Dudok met een toren, van oudsher een teken van macht. Hier kreeg het gebouw ook hoge ramen, luifels en balkons. De kantoorafdeling hield Dudok veel eenvoudiger. Versiering bracht hij helemaal nergens aan, maar de onderdelen van het gebouw zelf werken decoratief. Bijvoorbeeld de ramen in verschillende vormen, of het soort baksteen waarin het raadhuis is opgetrokken. Dudok liet die smalle gele bakstenen, die verwezen naar de korenvelden uit de omgeving, speciaal maken. Zo bepaalde hij ieder detail van het raadhuis, ook het interieur en zelfs de gebruiksvoorwerpen, zoals de voorzittershamer van de burgemeester.

Raadhuis van Heerlen (1948)

Raadhuisplein 20, Heerlen

F.P.J. Peutz

Door de Tweede Wereldoorlog liep de bouw van het raadhuis van Heerlen, die in 1939 was begonnen, grote vertraging op. Pas in 1948 vond de officiële opening plaats. Architect F.P.J. Peutz, die veel in Heerlen bouwde, had het ontwerp geleverd. Hij zocht voor zijn bouwwerk naar een schoonheid die niet aan tijd gebonden was en legde in zijn ontwerp een relatie tussen verleden, heden en toekomst. Zo paste hij traditionele en nieuwe bouwmaterialen naast elkaar toe, natuursteen naast staal en beton. Ook toonde hij de relatie tussen het gebouw en het verleden van de stad. Het raadhuis verrees op de plek waar eens de Romeinse legerplaats had gelegen waaruit Heerlen was ontstaan. Peutz ontwierp daarom een plattegrond die gebaseerd was op die van een Romeins forum. De rechthoekige hoofdgevel is sober, maar monumentaal: een gesloten vlak in lichte mergelsteen, de plaatselijke natuursteen waar Limburgse bouwers al eeuwenlang gebruik van maakten. De mergelblokken variëren in omvang en tint, waardoor de gevel iets minder onverbiddelijk wordt. De ramen zijn als vierkante gaten, zonder enige omlijsting. Boven de toegang prijkt een robuust balkon, als bij een classicistisch bouwwerk. Ter hoogte van de burgerzaal staan aan de linkerzijgevel twee losse zuilen, met daarop een klassiek ogend opbouwtje met twee kleinere zuilen; nog een knipoog naar het Romeinse verleden.

Provinciehuis van Gelderland (1955)

Markt 11, Arnhem

J.J.M. Vegter en H. Brouwer

Het oude Gelderse provinciehuis was in 1944 tijdens de slag om Arnhem verwoest. Na de oorlog moest er een nieuw gebouw voor het provinciebestuur komen, even majestueus als het oude. Terwijl architecten zich tijdens de wederopbouw vooral bezighielden met de functionaliteit van hun bouwwerken, ontwierpen J.J.M. Vegter en H. Brouwer een representatief provinciehuis dat als een ouderwets bestuursgebouw uitbundig gedecoreerd was. Ze gebruikten daarbij zowel traditionele als moderne elementen. Het gebouw moest een echte eenheid worden, zonder scheiding tussen het representatieve en het administratieve gedeelte. Als bij een Italiaans palazzo liggen de verschillende bouwdelen rondom een binnenhof. Twee grote kantoorgebouwen staan tegenover elkaar. Aan de kant van het marktplein staat, asymmetrisch geplaatst, een poort met twee zuilen. Aan de andere kant is een omloop, die uitkraagt als een soort reusachtige erker. De architecten hadden veel aandacht voor het interieur. Vanaf het begin betrok Vegter kunstenaars bij het ontwerp, zodat architectuur en beeldende kunsten hand in hand gingen. De kunstwerken hebben – heel traditioneel, maar ongewoon voor die tijd – meestal een symbolische betekenis; ze verwijzen naar de representatieve en democratische kanten van het provinciebestuur. In de benedenhal staat bijvoorbeeld een fontein met een beeld van Fri Heil, dat Odysseus toont, vastgeketend aan de mast van zijn schip om de lokroep van de Sirenen te kunnen weerstaan. Zo moesten ook de provinciebestuurders weerstand bieden aan beïnvloeding van buiten.

Provinciehuis van Noord-Brabant (1971)

Brabantlaan 1, Den Bosch

H.A. Maaskant

Op 1 januari 1971 werd het nieuwe provinciehuis van Noord-Brabant in gebruik genomen. De bouw had zo'n vijf jaar in beslag genomen. Het was ook een reusachtig gebouw geworden. Architect H.A. Maaskant had zich tot doel gesteld een bestuursgebouw te ontwerpen dat niet alleen op het moment van de bouw modern oogde, maar dat 'voor de eeuwigheid' was. Het moest een monumentaal bouwwerk zijn, dat de macht van het provinciebestuur goed weerspiegelde. Alleen de omgeving is al theatraal, met een enorm hellend plein en een grote vijver waaruit het complex lijkt op te rijzen. De kantoren situeerde Maaskant in een robuuste hoogbouw van 104 meter, die hij opbouwde uit betonnen platen op de hoeken en forse dwarsplaten, die voor een horizontaal accent zorgen. Het representatieve deel van het provinciehuis kwam in een langgerekte laagbouw. Boven de statenzaal, de grote vergaderzaal, gaf Maaskant het dak opvallende, oprijzende sculpturale vormen, waarmee hij de plek waar het provinciebestuur de beslissingen neemt markeerde. En als een echte kunstenaar plaatste Maaskant zijn handtekening op het gebouw, in het beton naast de ingang. Er kwam veel kritiek op het dure – in totaal 57 miljoen gulden kostende – en monumentale gebouw. Critici spraken van grootheidswaan. Omdat hij het niveau van de kritiek beneden alle peil vond, reageerde Maaskant met het instellen van een geldprijs ter bevordering van de architectuurkritiek.

Rijkskantorengebouw (1962)

(nu Ministerie van Landbouw), Bezuidenhoutseweg 73, Den Haag

G. Friedhoff

De Rijksgebouwendienst zorgt voor de huisvesting van rijksdiensten, zelfstandige bestuursorganen en internationale organisaties. Tot ver in de jaren vijftig was de voornaamste taak van de rijksbouwmeester daarbinnen het ontwerpen van gebouwen voor de rijksoverheid. Vlak na de oorlog, in 1946, was de traditionalist Gijsbert Friedhoff rijksbouwmeester geworden. Hij ontwierp een heel stel overheidsgebouwen, waaronder een aantal ministeries. Vanaf 1952 werkte hij aan het ontwerp van een monumentaal bouwwerk aan de Bezuidenhoutseweg in Den Haag, waarin verschillende administratieve regeringsinstanties een plaats moesten krijgen. Het werd een multifunctioneel kantoorcomplex, het Rijkskantorengebouw. Tegenwoordig huist hier het ministerie van landbouw. Het complex bestaat uit vier grote kantoorgebouwen, die door lagere delen met elkaar in verbinding staan. Vooral de hoofdvleugel heeft een representatieve functie, met een centrale entree en natuurstenen banden als decoratief element. De traditionalistische Friedhoff had hiervoor goed naar monumentale gebouwen uit de zestiende en de zeventiende eeuw gekeken. Vanaf 1951 moest bij de bouw van een overheidsgebouw een percentage van de kosten besteed worden aan beeldende kunst. Friedhoff paste deze regel in zijn Rijkskantorengebouw als een van de eersten toe. Het gebouw heeft bijvoorbeeld een plafondschildering van de hand van M.C. Esscher. Onder Friedhoffs opvolgers kreeg de rijksbouwmeester vooral een adviserende en controlerende rol; hij houdt het architectuurbeleid en de stedenbouwkundige ontwikkelingen in de gaten. Zo kunnen tegenwoordig verschillende architecten rijksoverheidsgebouwen in uiteenlopende stijlen ontwerpen.

Gouvernementsgebouw (1985)

Hoge Weerd 10, Maastricht

B.G.J.J. Snelder

Het Limburgse gouvernementsgebouw, de zetel van het provinciebestuur en de provincieambtenaren, is gebouwd aan de Maas, en gedeeltelijk zelfs in de Maas. Daar is een symbolische reden voor. Zoals de rivier door de hele provincie stroomt en het gezicht ervan bepaalt, zo is het provinciebestuur er ook voor heel Limburg. Het complex bestaat uit zeventien in hoogte variërende rechthoekige kantoorgebouwen in baksteen, die architect Snelder kruisgewijs groepeerde rondom vier kernen met liften en trappen. Schuine kappen dekken de bouwdelen af. Het hele gebouw is vrij laag gehouden; de hoogste delen hebben vier verdiepingen. De enige ronde vorm binnen dit complex van rechthoeken is de statenzaal, waar de leden van de Provinciale Staten van Limburg ongeveer eens per maand vergaderen. Deze grote vergaderzaal bestaat uit een cirkel; eromheen lopen halve ringen met gangen en voorzieningen. De cirkelvorm benadrukt het belang van dit deel van het gebouw, waar de beslissingen over provinciale aangelegenheden worden genomen. De cirkel is bovendien de vorm van een forum, en verwijst daarmee naar het belang van de democratie. Het representatieve deel van het gouvernementsgebouw ligt op een kunstmatig eiland in de Maas. Niet alleen de band met de provincie, ook die met de stad Maastricht bracht Snelder in het complex tot uitdrukking. Als eerbetoon aan de oude stad liet hij in de daken de raampartijen het silhouet van Maastricht terugkomen.

Raadhuis van Hengelo (1963)

Burgemeester Jansenplein 1, Hengelo

J.F. Berghoef en J.F. Hondius

Tijdens de wederopbouw gingen veel opdrachten naar architecten van de Delftse School, die werkten in een traditionalistische trant. J.F. Berghoef volgde in 1953 Granpré Molière, de grote voorvechter van het traditionalisme, op als hoogleraar bouwkunde aan de Technische Hogeschool van Delft. Aan het eind van de jaren vijftig maakte hij samen met J.F. Hondius een ontwerp voor het nieuwe raadhuis van Hengelo. Voor het monumentale gebouw grepen zij terug op vormen uit het verleden; niet alleen het Nederlandse verleden, maar ook dat van Scandinavië. Veel Nederlandse architecten bewonderden vooral de Zweedse bouwwerken, die in een ononderbroken traditie waren gebouwd. Berghoef keek voor zijn ontwerp voor het Hengelose stadhuis bijvoorbeeld naar het stadhuis van Stockholm, met zijn massieve muren en kleine ramen. De toren, traditioneel symbool van macht, baseerde hij echter op een ander belangrijk bestuursgebouw uit de geschiedenis, het Palazzo Vecchio te Florence. Traditionele elementen als trappen, bordessen en zuilen dragen verder bij aan het monumentale karakter van het raadhuis, dat zo op een ouderwetse manier de macht van het gemeentebestuur aan de omgeving toonde. De architecten streefden in hun ontwerp naar een eenheid van het representatieve deel en het werkgedeelte. Zij groepeerden de administratieve en de representatieve ruimten op de eerste etage, rondom een met een stalen dak afgesloten centrale hal met hoge zijvensters, die – ook weer heel indrukwekkend – over drie etages oprijst.

Raadhuis van Terneuzen (1972/1996)

Oostelijk Bolwerk 4, Terneuzen

Van den Broek en Bakema/K. van Velsen

Aan de dijk langs de Westerschelde, tussen het oude dorp en de nieuwere wijken, staat het raadhuis van Terneuzen. Het werd aan het begin van de jaren zeventig gebouwd naar een ontwerp van Van den Broek en Bakema. Het raadhuis heeft een centraal bouwdeel, waarin zich de liften, toiletten en dienstruimten bevinden, met aan vier zijden uitkragende vloeren. De verdiepingen verspringen ten opzichte van elkaar in hoogte, wat een soort spiraaleffect rondom de kern oplevert. Boven de entree springt een blok met de raadzaal uit. Burgers moeten voornamelijk op de begane grond zijn; daar zijn de publieksfuncties gesitueerd, en er vinden ook culturele activiteiten plaats. Maar de grote burgerzaal ligt op de vijfde verdieping, waar een balkon een prachtig uitzicht over Terneuzen biedt. Op de andere verdiepingen zijn de kantoren en de vertrekken voor burgemeester en wethouders. Van den Broek en Bakema maakten gebruik van robuuste materialen, zoals beton en hardhout, en het gebouw straalt met zijn onverwachte vormen kracht en energie uit. Op de derde verdieping lieten de architecten een deel van de constructie open, om ruimte te houden voor eventuele uitbreidingen. Het ziet eruit als een soort enorme pergola. De uitbreiding kwam in de jaren negentig echter als een kubusvormig stadskantoor van de hand van Koen van Velsen, dat via een in de dijk geschoven bouwdeel ondergronds met het raadhuis is verbonden.

Raadhuis van Ter Aar (1970/1992)

Aardamseweg 4, Ter Aar

J. van Stigt

Het Zuid-Hollandse plaatsje Ter Aar kreeg in 1970 een modern raadhuis midden in het oude centrum. Het raadhuis kwam op een terp te staan, parallel aan het oude dorpskerkje. Architect J. van Stigt ontwierp een vrij bescheiden ogend gebouw, maar ging daarbij wel uit van een heel traditionele opzet voor een raadhuis. Hij koos voor een centraal aangelegd bouwwerk, dat bestaat uit vier vrijstaande vierkante delen rondom een vierkante open kern, die heel conventioneel de naam burgerzaal kreeg. Het niveau van de vloer van deze centrale hal ligt tussen de begane grond en de verdieping. De overstekende daken die de vierkante bouwdelen afsluiten, hebben de vorm van een kruis. Ze laten de hoeken open, zodat daar het daglicht kan binnenstromen. De belangrijkste entree, die toegang geeft tot de grote hal, ligt aan de doorgaande route en nodigt de passant als het ware uit binnen te treden. De architect liet het bouwwerk niet alleen opgaan in het dorp, hij zocht met het gebruik van organische materialen ook aansluiting bij het polderlandschap: lichtgrijze kalkzandsteenblokken, redwood kappen en glazen hoektorens. Begin jaren negentig voegde Van Stigt een uitbreiding toe aan zijn eigen gebouw, die het tweemaal zo groot maakte. Deze uitbreiding ligt wat lager, op het polderniveau naast de terp met het raadhuis.

Stadhuis van Den Haag (1995)

Spui 70, Den Haag

R.A. Meier

Eind jaren tachtig was Den Haag toe aan een nieuw stadhuis. De opdracht ging naar de Amerikaanse architect Richard Meier, die bekend stond om zijn spierwitte gebouwen. Wit staat volgens de architect voor helderheid, zuiverheid en perfectie. Hij laat het aan de gebruikers om kleur aan zijn gebouwen te geven. Het Haagse stadhuis werd een centraal gelegen en open gebouw, duidelijk toegankelijk voor alle burgers. Het witte complex heeft twee kantoorvleugels van elf verdiepingen die de wanden vormen van een enorm overdekt Atrium, dat bij de voltooiing het grootste overdekte plein van Europa was. Hier bracht Meier de publieke functies onder, zoals de receptie en de afdeling burgerzaken. Vanuit het Atrium is ook de trouwzaal te bereiken. Op de hoek van de Kalvermarkt en het Spui heeft het gebouw een opvallende ronding, die duidelijk maakt dat dit bouwdeel een andere functie heeft dan de rest. Hier is de bibliotheek gevestigd. In een zelfstandig bouwdeel met de naam Forum is ruimte voor commerciële kantoren. Aan de zijde van de Turfmarkt heeft Meier de gevel onderbroken met een 'urban window', een venster op de stad. Het stadhuis is zo niet alleen gemakkelijk toegankelijk vanuit de stad, maar biedt ook van binnen uitzicht op die stad. De inwoners van Den Haag hebben het stralend witte stadhuis inmiddels de bijnaam 'ijspaleis' gegeven.

Ministerie van Onderwijs en Wetenschappen (1985)

Europaweg 4, Zoetermeer

Ph.M. Rosdorff

Structuralisme was de naam voor de stroming van architecten die hun gebouwen samenstelden uit verschillende in elkaar overvloeiende bouwdelen, die bovendien harmonieus aansloten op de wereld buiten. De Haagse architect Rosdorff ontwierp in de jaren zeventig volgens dit principe een onderkomen voor het ministerie van onderwijs, dat met een vloeroppervlak van 75.000 vierkante meter plaats bood aan 2.500 ambtenaren. Het is een ingewikkeld complex van negen L-vormige blokken met op de hoeken en op de uiteinden achthoekige torens. Die vormen een schakel tussen de verschillende bouwdelen. Met datzelfde doel legde de architect een aantal luchtbruggen aan. Om toch een echte eenheid van al die losse bouwdelen te maken bekleedde Rosdorff de gemetselde gevels met aluminium, waarvan de kleur afhankelijk van het weer uiteen kan lopen van donkergrijs tot zilver. Verder bestaat bijna de helft van het complex uit glas. Het gebouw is daarmee heel transparant van buitenaf, en laat bovendien de omgeving binnen. De architect wilde niet dat het gebouwencomplex als een enorm obstakel in de omliggende woonwijk zou staan. Het ministerie moest zo goed mogelijk opgaan in de gebouwde omgeving en de overgang tussen de woningbouw en het kantorencomplex moest soepel zijn. Daarom lopen de wegen en de paden van de wijk gewoon door over het terrein van het ministerie. Ook stemde de architect de hoogte van verschillende bouwdelen af op de woningbouw eromheen.

Ministerie van VROM (1992)

Rijnstraat 8, Den Haag

J. Hoogstad

Het nieuwe gebouw van het ministerie van Volkshuisvesting, Ruimtelijke Ordening en Milieubeheer (VROM) moest milieuvriendelijk en energiezuinig zijn. Het werd ook een technologisch vernieuwend bouwwerk. Het ministerie ging onderdeel uitmaken van de zogenaamde Turfmarktroute tussen de Haagse binnenstad en het Centraal Station. Architect Jan Hoogstad heeft dat heel letterlijk genomen: voetgangers en fietsers gaan dwars door het gebouw heen. Ook de tram rijdt, zelfs boven straatniveau, door het zestien verdiepingen tellende ministeriecomplex. De ambtenaren die hier kwamen te werken, mochten aangeven wat ze belangrijk vonden aan een werkplek. Ze hadden behoefte aan veel licht, groen en ramen die ze zelf open konden zetten. Hoogstad ontwierp vijf platte kantoortorens naast elkaar, voor de vijf afdelingen van het ministerie, waardoor centraal een dwarsverbinding loopt, die hij 'het middenrif' noemde. Dat middenrif hangt aan een constructie bovenin het gebouw, als een gigantische hangbrug. Tussen de schijven van de kantoortorens creëerde hij over de hele hoogte grote glazen serres van 22 meter breed. Daardoor lijkt het complex van buiten één reusachtig rechthoekig gebouw. Op enkele verdiepingen lopen hangbruggen door de serres, waarin verder bijvoorbeeld tuinen en zitjes te vinden zijn. De serres vormen een buffer tegen warmte en kou, en tegen het lawaai van het verkeer. Als het warm is, schuift het glazen dak open. De ambtenaren kunnen dan hun ramen, die uitkijken op de serres, openen.

Wilhelminahof (1997)

Wilhelminaplein, Rotterdam

C.G. Dam en Kraaijvanger Urbis

Op de Kop van Zuid, in het voormalige Rotterdamse havengebied, verrijst een heus 'Manhattan aan de Maas'. In de omgeving van de Wilhelminapier, waar vroeger de schepen naar Amerika vertrokken, komen vooral veel grote kantoorgebouwen te staan. Een van de eerste, en opmerkelijkste, bouwwerken was het Wilhelminahof. Met een vloeroppervlak van ongeveer 120.000 vierkante meter is het ook het grootste. Achter een forse gevel in rode baksteen aan de kant van de Maas liggen verschillende blokken met kantoorruimte, en ervoor staan nog een kantoortoren en wat lagere gebouwen. De Rijksgebouwendienst huurt het grootste deel van het complex en heeft hier afdelingen van de Belastingdienst en de douane ondergebracht, naast de kantoren en rechtszalen van de Rotterdamse rechtbank. Cees Dam ontwierp het onderkomen van de Belastingdienst. Het bureau Kraaijvanger Urbis tekende voor het ontwerp van het justitiële deel. Het imposante bouwwerk ligt op een knooppunt van belangrijke verkeersaders. Pal voor het complex ligt de Erasmusbrug. Eronder is het metrostation Kop van Zuid aangelegd. De verschillende bouwvolumes van het Wilhelminahof liggen aan weerszijden van het tracé van de metro. In de robuuste bakstenen gevel is boven de metrobuis een enorme opening van 42 meter hoogte uitgespaard. Deze indrukwekkende opening in het reusachtige vlak dient meteen als poort naar het metrostation.

Kantoor VROM (1997)

Kennemerplein 6, Haarlem

R. Uytenhaak

Een nieuw kantoor voor de diensten van het ministerie van Volkshuisvesting, Ruimtelijke Ordening en Milieubeheer kwam in de jaren negentig vlakbij het Haarlemse station te staan. Veel Haarlemmers gebruiken het gebouw ook als de toegang tot het station. Op deze vermenging van functies sprong architect Rudy Uytenhaak in met zijn ontwerp voor het kantoorgebouw. Hij koos voor een groot bouwdeel aan de oostzijde van het station. De oostelijke tunnel van het station heeft een monumentale hal en Uytenhaak ontwierp een passage die daarop aansloot. Doordat het zwaartepunt van het lage, diepe kantoor aan de oostkant kwam te liggen, ontstond voor de westelijke stationstoegang een plein. Het diepe kantoor heeft grote vloeren, die goed aansloten bij de ideeën die VROM had over een dynamisch kantoor waar communicatie voorop staat. Uytenhaak heeft het daglicht optimaal gebruikt om de diepe ruimten te verlichten. De architect ontwierp een diagonaal raster van lichthoven waardoor het licht het pand goed kon binnendringen. Die lichthoven volgen hun eigen patroon, los van het onderliggende gebouw. Sommige snijden daarom de muren, zoals bij de ingang. Geschubde geveldelen steken aan de zonnige zuidkant horizontaal uit, als een soort zonneklep. Zij houden warmte buiten, maar zorgen er ook voor dat het licht naar binnen wordt gereflecteerd. Aan de noordkant steken juist verticale elementen uit die spelen met het licht dat langs de gevel strijkt.

Politiebureau (1997)

Bosscheweg 60, Boxtel

W. Arets

Wiel Arets is de ontwerper van verscheidene politiebureaus in Nederland. Zijn gebouwen zijn te herkennen aan het sobere kleurgebruik – vooral wit, grijs en zwart – en materialen als glazen bouwstenen en prefab betonelementen. Het ontwerp voor het politiebureau aan de rand van Boxtel, naast een bedrijventerrein en een woonwijk, maakte hij tegelijk met dat van Cuijk. De gebouwen hebben een vergelijkbaar karakter, maar Arets situeerde de verschillende bouwdelen in beide gevallen net even anders. Uitgangspunt was de wens van de politie om meer openheid te creëren, zowel binnen het politiecorps zelf als naar buiten toe, naar het publiek. Die nieuwe openheid moest in de gebouwen zichtbaar zijn. Naast een gevoel van toegankelijkheid moest natuurlijk ook veiligheid een rol spelen in een politiebureau. Het complex bestaat uit vier bouwdelen: drie volumes van twee lagen en één blok van drie lagen. De gevels bestaan vooral uit stroken reglit, een lichtdoorlatend maar ondoorzichtig soort glas, dat een isolerende werking heeft. Deze glazen huid heft de strakke grens tussen beslotenheid en openbaarheid op, zonder alles wat zich binnen afspeelt prijs te geven. Op een paar plekken heeft Arets deze wanden doorbroken en transparante, horizontale vlakken gecreëerd. Alleen daar is het mogelijk echt naar binnen te kijken. Ook binnen lopen de ruimten voor het publiek en de werkruimten van de politiemensen vloeiend in elkaar over.

Brandweerkazerne (1999)

Tramsingel 71, Breda
Neutelings Riedijk

In 1996 gaf de gemeente Breda architectenbureau Neutelings Riedijk de opdracht een moderne vervanger voor de oude brandweerkazerne te ontwerpen. De nieuwe kazerne kwam aan de westkant van het stadscentrum te staan, aan een kruispunt. Neutelings Riedijk stond bekend om gebouwen die samengesteld waren uit eenvoudige geometrische vormen. Om het beste ontwerp te vinden, maakten de architecten soms wel honderd maquettes. Na het vaststellen van de beste vorm ontwierpen ze de huid van het gebouw, die vaak markant uitpakte. De kazerne in Breda kreeg een totaal oppervlak van zesduizend vierkante meter. De kantoren liggen in een strook in het midden van het gebouw. Deze strook loopt op en bij het kruispunt steekt de bovenste verdieping vier meter uit. Naast de kantoorstrook is aan de ene kant de remise, die plaats biedt aan 26 brandweerwagens, en aan de andere kant een driehoekig bouwdeel dat naar achteren toe oploopt, met daarin onder andere een lesruimte en de kantine. Het gebouw heeft een stalen constructie van slanke kokervormige kolommen en liggers in de gevels, met platen die de hele gebouwbreedte overspannen. De architecten wilden de gevel zo dun mogelijk houden. De stalen kolommen zijn daarom niet zoals gebruikelijk bekleed met dikke brandwerende materialen, maar worden met water gekoeld.

Nijverheid en handel waren oorspronkelijk een plaatselijke aangelegenheid, een kwestie van het produceren en ruilen of verkopen van eerste levensbehoeften. Maar in de Middeleeuwen ontwikkelden de steden zich tot echte handelscentra. De handel draaide niet langer alleen om wat de lokale bevolking nodig had, maar breidde zich verder uit over de regio en vervolgens over de wereld. De toename van de handel en de groei van de steden gingen hand in hand. Het bestuur van een stad, dat vaak uit kooplieden bestond, hield daarom toezicht op het verloop van het handelsverkeer en trof voorzieningen om de handel te vergemakkelijken. Voor zulke voorzieningen waren speciale gebouwen nodig, vaak met een heel eigen vorm. Zoals een waag, waar koopwaar onder stadstoezicht gewogen werd, of een beursgebouw, waar kooplieden beschut konden samenkomen om hun zaken af te handelen. Die beursgebouwen werden zo intensief gebruikt en waren zo regelmatig aan vernieuwing en uitbreiding toe, dat er geen echt oude exemplaren meer van over zijn.

Ook de productie van allerlei goederen nam toe. Aanvankelijk produceerden de Nederlanders vooral voor plaatselijk gebruik. Graan bijvoorbeeld, dat mensen lieten malen in de lokale molen. Maar met het ontstaan van de steden kwamen er andere vormen van industrie, die goederen produceerden die ook voor de export bestemd waren. Bier – eeuwenlang dé drank voor de gewone mensen – en textiel waren de belangrijkste producten. Maar ook de houtzagerijen gingen een grote rol spelen, en de scheepsbouw, die nauw verbonden was met de toename in de internationale scheepvaart. De belangrijkste bron van energie in de nijverheid was, tot de uitvinding van de stoommachine, de molen, aangedreven door wind of door water. Molens in allerlei vormen werden karakteristiek voor het Nederlandse landschap. En in de steden waren de vele pakhuizen, waar al die producten lagen opgeslagen, gezichtsbepalend.

Hele nieuwe bouwwerken voor zowel de handel als de industrie kwamen er in de negentiende eeuw. Het was de eeuw waarin welgestelde mensen een nieuw tijdverdrijf vonden: winkelen, in luxe zaken, chique warenhuizen en stijlvol ingerichte passages. Diezelfde welgestelden wilden ook steeds vaker de wereld zien en gingen op reis, op de grote moderne stoomschepen bijvoorbeeld, en verbleven dan in weelderig ingerichte hotels. Tegelijkertijd vond een groeiend legioen aan arbeiders werk in de grote fabriekshallen die verrezen om plaats te bieden aan de nieuwe stoommachines. En aan het einde van de negentiende eeuw was er nog een vernieuwing, het grote, deftige kantoorpand waarin zich meerdere bedrijven konden vestigen.

Het bedrijfspand, en het kantoorgebouw in het bijzonder, werd een prestigeobject. Ondernemingen profileerden zich door een fraai onderkomen, dat het imago van het bedrijf onderstreepte. Zo'n gebouw kon vooral groot en indrukwekkend zijn, of juist heel functioneel van vorm, met veel aandacht voor goede arbeidsomstandigheden, zoals de architectenbeweging van het Nieuwe Bouwen in de twintigste eeuw voorstond. Vooral na de Tweede Wereldoorlog raakte de kantorenbouw in een stroomversnelling. Veel kantorencomplexen trokken huurders door een hypermoderne uitstraling van spiegelend glas en grootse entrees. Daarnaast bestaat de trend dat een bedrijfspand niet alleen mooi of imposant moet zijn, maar vooral ook opvallend van vorm. Dat heeft bouwwerken opgeleverd met bijnamen als 'boemerang' en 'poenschoen'.

4
Werk

Molen van Zeddam (voor 1451)

Vinkwijk 33, Zeddam

De molens die het graan maalden waren in de Middeleeuwen belangrijke bouwwerken. Tot de vijftiende eeuw bestonden ze uit een houten opbouw op een stenen voet. Maar bij deze houten molens was het brandgevaar groot en vooral in tijden van oorlog gingen veel van de waardevolle molens verloren. De heer van Bergh, Willem van der Leck, besloot daarom tegen het midden van de vijftiende eeuw stevige molens te laten bouwen in de vorm van stenen torens. Eén van die torenmolens staat nog steeds buiten het Gelderse plaatsje Zeddam. Het is de oudste nog bestaande molen in Europa die met behulp van de wind koren maalde. Deze molen maalde het graan van de boeren uit de wijde omtrek. Het is een eenvoudig en functioneel bouwwerk van baksteen, zonder versieringen, maar statig door zijn omvang. De muur is beneden wel twee meter dik. De torenmolen staat op een vrij hoge heuvel, die deels kunstmatig is opgeworpen, wat hem nog imposanter maakt. In Nederland zijn er nog maar vier van zulke torenmolens over en van die vier verkeert de Zeddamse molen in de beste staat. De torenmolen behoort net als vroeger tot de eigendommen van kasteel Huis Bergh en staat vrij, buiten de bebouwde kom, zodat de wieken nog steeds wind vangen. Het kruiwerk, dat te bedienen is vanaf de kapzolder, is gerestaureerd en de maalinrichting werkt nog.

Stadskorenpakhuis (1566)

Koestraat 72, Schoonhoven

In het jaar 1564 was de oogst slecht en het graan schaars. Veel inwoners van de Krimpenerwaard leden honger. De vroedschap van het stadje Schoonhoven, dat in die tijd zo'n drieduizend inwoners had, besloot zich daarom zelf in de graanhandel te mengen en koren te gaan inkopen en opslaan voor slechtere tijden. Daarvoor moest een nieuw pakhuis gebouwd worden, een zogeheten Stadskorenpakhuis. Het gebouw kreeg twee verdiepingen met opslagruimte voor het koren, terwijl de begane grond dienstdeed als school. Het pakhuis is een vrij eenvoudig, functioneel bakstenen gebouw. Maar door een klein aantal versieringen getuigt het ook van de trots van het Schoonhovense stadsbestuur, dat zo'n voorziening voor zijn stedelingen trof. Het Stadskorenpakhuis heeft een trapgevel met een afwerking in natuursteen. De ramen met luiken hebben laatgotische korfbogen, bogen in de vorm van een halve ovaal. Ze zijn omlijst door blokken natuursteen van variërende grootte. Bovenin de gevel is een rond raam, met zo'n zelfde natuurstenen omlijsting. Centraal in de gevel is het stadswapen van Schoonhoven aangebracht in een rijk bewerkt blok natuursteen, met daarboven een rond fronton met een schelpmotief dat toont dat de bouwers ook bekend waren met de moderne Renaissancestijl. Onder het wapen is een inscriptie met de reden voor de bouw van het pakhuis te lezen: wegens een schaarste aan koren "ben ick gebout tot stadscoorn/ behout ter gemeente profyt".

Waag van Deventer (1528)

Brink 56, Deventer

Deventer was sinds de achtste eeuw de belangrijkste handelsplaats van de Nederlanden. In de stad staat de oudste waag van het land. In een waag werd vroeger handelswaar gewogen. Daarmee kon een stad toezicht houden op een eerlijk verloop van de handel. Dat was belangrijk voor de betrouwbaarheid van de stad als handelscentrum. De waag bracht de stad ook inkomsten in de vorm van waaggeld, een soort accijns op het wegen. De waag van Deventer werd in 1528 opgebouwd uit de stenen van twee forten van de hertog van Gelre, die in handen van de stad waren gekomen. Het werd een vrijstaand gebouw met gevels die rijk gedecoreerd waren in een laatgotische stijl. Twee forse torens flankeerden de gevel. In latere tijden is er veel aan de waag verbouwd. De meest opvallende verandering kwam in 1643. Toen werd het indrukwekkende bordes met de grote trappen gebouwd in de maniëristische stijl van die tijd, waarbij de bouwmeester ter versiering klassieke motieven toepaste. Zo hebben de balustrades Toscaanse zuilen; dat zijn eenvoudige, gladde zuilen. Op de hoeken staan leeuwen die wapenschilden vasthouden. De waag van Deventer bleef tot 1862 in gebruik. Het waaggebouw was inmiddels niet meer zo stevig als het eruit zag, met bollende muren en kromgetrokken deurposten. Recent is de oude waag ingrijpend gerestaureerd en helemaal nieuw ingericht voor het Historisch Museum Deventer.

Waag van Gouda (1668)

Markt, Gouda

Pieter Post

De beroemde Goudse kaas werd niet in Gouda zelf gemaakt, maar in de omgeving van de stad, in de Krimpenerwaard. De kaas kreeg zijn naam omdat hij in Gouda werd verhandeld. Het stadsbestuur hield daarbij streng toezicht op de kwaliteit van de kaas. In de waag op de Markt werden de kazen gewogen. De kaaswaag verrees in 1668 naar een ontwerp van de bekende architect Pieter Post. Die had al een aantal prestigieuze, monumentale bouwwerken op zijn naam staan. Hij bouwde in de strakke classicistische stijl die in die tijd erg populair was. De waag is een blokvormig gebouw met een verdieping en een zolder, opgetrokken in natuursteen. Post gaf het bouwwerk een strakke symmetrie en plaatste klassieke pilasters aan weerszijden van de ingang, bekroond met een rondboog. Dat dit een stedelijk gebouw was bleek uit de afgebeelde wapens. In de gevel staan de wapens van burgemeesters van Gouda. Een klassiek ogend driehoekig fronton met beeldhouwwerk en het stadswapen sluit de gevel af. Centraal in de voorgevel, boven de ingang van de waag, liet Post een reliëf van de hand van beeldhouwer Bartolomeus Eggers aanbrengen, waarop het wegen van de kaas staat afgebeeld. De Goudse kaaswaag bleef tot ver in de twintigste eeuw in gebruik. In het gebouw is nu een kaasmuseum. Tijdens de zomermaanden is de waag het decor voor een toeristische kaasmarkt.

Vleeshal (1604)

Grote Markt 18, Haarlem

Lieven de Key

Al in de veertiende eeuw had het Haarlemse stadsbestuur een vleeshal laten bouwen "om quat ende ongave vleysch" zoveel mogelijk buiten de stad te houden. Het was de enige plek in Haarlem waar in vlees gehandeld mocht worden. Aan het begin van de zeventiende eeuw was de bevolking van de stad drastisch toegenomen en was er een grotere vleeshal nodig. Het stadsbestuur wilde een rijk gedecoreerd gebouw, opgetrokken in de mooiste materialen. Op 1 november 1604 opende die vleeshal, naar een ontwerp van stadsbouwmeester Lieven de Key, de deuren. Het was een hoog oprijzend gebouw met een spits zadeldak en trapgevels. De vleeshal bestond voornamelijk uit baksteen, maar De Key had er ook veel kostbare natuursteen in verwerkt. De gevels versierde hij met allerlei op de klassieke Oudheid geïnspireerde vormen, die tijdens de Renaissance populair waren, zoals obelisken, siervazen, cartouches en consoles. Verder was er beeldhouwwerk dat verwees naar de functie van het gebouw: ossenkoppen en schapenkoppen. Binnen deelde een rij zuilen de hal in tweeën. Aan weerszijden daarvan stonden stenen banken waarop de vleeshouwers hun vlees toonden. Er waren veel regels om de handel ordelijk en hygiënisch te laten verlopen. Zo moesten vleeshouwersvrouwen achter hun eigen toonbank blijven, zodat ze geen klanten bij andere slagers konden weglokken, en konden de vleeshouwers voor de verkoop van bedorven vlees op het schavot belanden.

Lakenhal (1640)

Oude Singel 32, Leiden

Arent van 's-Gravesande

De textielindustrie had Leiden grote bloei gebracht. In 1640 had de stad een nieuw gildengebouw, waar de bestuurders van de lakennijverheid vergaderden en waar zogeheten staalmeesters proeven – stalen dus – van het laken inspecteerden voordat het verhandeld mocht worden. De Leidse stadsarchitect Arent van 's-Gravesande leverde het ontwerp voor deze Lakenhal. Hij had goed gekeken naar het huis dat Constantijn Huygens enkele jaren daarvoor in Den Haag had laten bouwen. Net als dat inmiddels verdwenen gebouw is de Lakenhal een classicistisch bouwwerk met een hoog middendeel en twee vleugels, en een ommuurd voorplein met een monumentale poort. Daarnaast kreeg het gebouw twee vleugels aan de achterkant. Lakenhandelaren brachten hun balen stof naar het voorplein, waar de staalmeesters het keurden. De vleugels rondom het voorplein hadden een open galerij, waar de inspecteurs ook als het slecht weer was de stof bij daglicht konden controleren. In de grote gildenzaal binnen kregen goedgekeurde balen een loden zegel. Van 's-Gravesande gaf de Lakenhal een klassiek gezicht, met een middenpartij met kolossale pilasters en een groot driehoekig fronton met het stadswapen. De decoraties aan de gevels verwijzen naar de lakennijverheid. Vijf reliëfs op de tweede verdieping verbeelden de verschillende stadia van de lakennijverheid, zoals het kaarden, spinnen, verven en weven. Boven de toegangspoort staat een volmolen, die dienst deed bij het vollen – het laten krimpen en vervilten – van de stof.

Oost-Indisch Huis (1606)

Oude Hoogstraat 24, Amsterdam

Hendrick de Keyser (?)

De in 1602 opgerichte Verenigde Oost-Indische Compagnie groeide snel uit tot de grootste handelsonderneming ter wereld. Het bedrijf had het monopolie op alle Nederlandse handel en scheepvaart op Azië. De belangrijkste afdeling, of Kamer, van de VOC bevond zich in Amsterdam. Vanaf 1603 huisde de Amsterdamse Kamer in een pand op de hoek van de Kloveniersburgwal en de Oude Hoogstraat. In 1606 kwam daarnaast een nieuw gebouw te staan. Het ontwerp was waarschijnlijk van de hand van stadssteenhouwer Hendrick de Keyser. Een poort met Toscaanse halfzuilen en een doorgang met gemetselde gewelven voerde naar een binnenplaats waar zeelieden zich konden melden voor aanmonstering bij een van de VOC-schepen. Aan die binnenplaats rees een indrukwekkende gevel op, versierd met vormen uit de klassieke Oudheid. Decoratieve blokken en banden in zandsteen wisselden de bakstenen af, bijvoorbeeld rondom de ramen. Ook de ingang, die aan een groot bordes lag, had een natuurstenen omlijsting. Op het gebouw prijkte een topgevel met aan weerszijden s-vormige krullen, zogeheten rolornamenten. Achter deze gevel hadden de bewindhebbers van de Amsterdamse Kamer van de VOC hun vergaderzaal, maar ook de Heren XVII, die het centrale bestuur van de compagnie vormden, kwamen hier bijeen. In totaal werkten er vijftig man administratief personeel in het gebouw. In 1633 ontwierp Hendricks zoon Pieter de Keyser een uitbreiding voor het pand. De VOC zetelde hier tot de opheffing in 1798.

’s Lands Zeemagazijn (1655)

(Scheepvaartmuseum), Kattenburgerplein 1, Amsterdam

Daniël Stalpaert

Een van de belangrijke taken van de Admiraliteit, de voorloper van de marine, was het beschermen van de koopvaardijvloot. In 1655 kreeg de Admiraliteit een reusachtig pakhuis op een nieuw terrein op het eiland Kattenburg, aan de oostkant van Amsterdam. Stadsbouwmeester Daniël Stalpaert was verantwoordelijk voor de bouw van dit gebouw, ’s Lands Zeemagazijn genoemd. In het magazijn lagen de spullen opgeslagen die nodig waren voor de uitrusting, de bevoorrading en het onderhoud van de vloot. Daniël Stalpaert bouwde vlakbij ook het nog grotere magazijn van de Verenigde Oost-Indische Compagnie, maar dat is inmiddels verdwenen. ’s Lands Zeemagazijn is daarmee het grootste nog bestaande pakhuis uit de zeventiende eeuw. Het is met zijn rijen luiken duidelijk herkenbaar als opslagplaats. Maar het magazijn is ook een monumentaal, representatief gebouw. Het bestaat uit een vierkant van vier vleugels rondom een binnenplaats. De gevels zijn sober; alleen de voorgevel en de achtergevel hadden oorspronkelijk een vooruitspringende middenpartij met een fronton met daarin beeldhouwwerk uit het atelier van de bekende beeldhouwer Artus Quellinus. Deze decoraties verbeelden de Hollandse zeemacht en de rijkdom die de zee bracht. Zo neemt de Amsterdamse stedenmaagd handelswaar in ontvangst die de watergoden aandragen. De huidige achterzijde was vroeger de voorkant van het magazijn. Hier liep een stoep tot in het water, direct naar de aanmerende schepen. Tegenwoordig huist het Nederlands Scheepvaartmuseum in het magazijn.

Accijnstoren (1622)

Bierkade 26, Alkmaar

Het stadsbestuur van Alkmaar hief, net als dat van andere Nederlandse steden, belasting op veel van de goederen die de stad binnenkwamen of verlieten. Het was een belangrijke bron van inkomsten voor de stad. Er bestonden accijnzen op bier en wijn, koren, vlees, hout, turf en laken. De stad was vrij gesloten, wat de controle op de in- en uitvoer vergemakkelijkte. In 1622 kwam aan de Bierkade een kantoorgebouw te staan voor het innen van de accijns, door de Alkmaarders de Accijnstoren genoemd. Daar moest iedereen die handelswaar de stad wilde inbrengen belasting betalen. De Accijnstoren heeft een bijna vierkante plattegrond. Het gebouw is opgetrokken in baksteen, afgewisseld met decoratieve natuurstenen banden. Boven een omgang verrijst een houten toren met een luidklok. Deze toren heeft een peervormige bekroning met een vergulde bol. De vorm van de windwijzer verwijst naar het belangrijkste transportmiddel dat handelswaar de stad binnenbracht; het is een binnenschip. De toren staat deels op een brug, die vroeger een draaibrug was. In de negentiende eeuw werd de gemeentelijke belasting op goederen afgeschaft. De Accijnstoren ging toen dienen als politiepost en havenkantoor. Toen de toename van het autoverkeer in 1924 leidde tot een verbreding van de Bierkade, liet het stadsbestuur het accijnshuis inpakken en een paar meter verplaatsen. Tegenwoordig doet de Accijnstoren in de zomermaanden nog steeds dienst als kantoor van de havenmeester.

Bierbrouwerij De Boom (1647)

Houttil 1, Alkmaar

In het midden van de zeventiende eeuw telde Alkmaar zo'n twintig bierbrouwerijen. Die produceerden onder andere het Princessebier, speciaal voor de opvarenden van de VOC-schepen. Ook aan land dronken veel mensen bier, omdat schoon water maar weinig voorhanden was. Voor de bierproductie vervoerden boten tonnen met zuiver water uit de duinen naar de Alkmaarse bierbrouwerijen. Een van de grootste brouwerijen was gevestigd op de hoek van de bedrijvige Houttil. Al in de eerste helft van de zestiende eeuw stond daar een bierbrouwerij, maar in 1647 werd er een nieuw bedrijfspand gebouwd voor brouwerij De Boom. Het was een groot en hoog bouwwerk, met een regelmatig patroon van ramen en laaddeuren. Het massieve gebouw moest vooral functioneel zijn. De decoratie bleef daarom beperkt tot een gevelsteen die naar de bierbrouwerij verwees. Brouwerij De Boom bleef tot 1750 in gebruik. Sinds 1986 is in het oude pand het biermuseum gevestigd, dat de bezoeker informeert over de geschiedenis van het bier en over de bierproductie. Alkmaarse straatnamen als Bierkade en Brouwersstraat herinneren nog aan de bierhistorie van de stad, maar tegenwoordig staat er geen brouwerij meer in Alkmaar.

De Heesterboom (1804)

Haagweg 57, Leiden

Op een terrein langs de Leidse Rijn was vroeger een molenwerf met drie houtzaagmolens. Daarvan is alleen molen De Heesterboom, uit 1804, nog over.

Het is een zogeheten achtkante stellingmolen. Op een lage bakstenen voet en een vierkante houten onderbouw staat een achtkantige romp die met riet is bekleed. Ook de kap is van riet. De molen is een bovenkruier. Dat betekent dat alleen de kap kan draaien om de wieken naar de wind te zetten. Om de molen te bedienen moest de molenaar op een plankier halverwege de romp klimmen, de stelling die dit type molen zijn naam geeft. Molen De Heesterboom is versierd met de voorstelling van een boom en een inscriptie met het bouwjaar. Rondom de eigenlijke molen staan op een bakstenen voet grote houten schuren met zadeldaken van dakpannen. In deze onderbouw bevonden zich de zagen die werden aangedreven door de energie die de molen opwekte. De korte zijden hebben grote deuren. Aan de ene kant gingen de boomstammen de zaagschuur binnen, en aan de andere kant kwamen ze er als planken weer uit. Vandaar konden ze dan gemakkelijk over het water worden afgevoerd. In de twintigste eeuw is De Heesterboom een tijdje buiten gebruik geweest, maar een restauratie in 1960 maakte hem weer bedrijfsvaardig. De Heesterboom is nu weer in gebruik als houtzaagmolen.

De Kruitmolen (1804)

Plenkertstraat 88-90, Valkenburg aan de Geul

Aan het begin van de negentiende eeuw stond aan de Geul bij Valkenburg een buskruitfabriek. Voor de energievoorziening werd er een watermolen gebouwd met twee gebouwen, tegenover elkaar gelegen aan weerszijden van het water. De as en de spaken van het rad waren van ijzer, de schoepen van hout. De kruitmolen is een middenslagmolen wat betekent dat het water ongeveer ter hoogte van de as tegen het rad stroomt en langs de schuin staande schoepen naar het laagste niveau wordt geleid. De aangedreven machines stonden in drie aan elkaar gebouwde witte gebouwen. Zware molenstenen persten houtskool, een van de grondstoffen voor het buskruit, tot koeken die vervolgens vermengd werden met stoffen als salpeter en zwavel. De andere fabrieksgebouwen en magazijnen, waar het kruit zijn korrelvorm kreeg en verpakt en opgeslagen werd, stonden uit veiligheidsoverwegingen verspreid over het terrein; er was immers altijd ontploffingsgevaar. In 1822 en 1825 waren er grote explosies. In 1851 kwam er een einde aan de productie van buskruit. In 1876 vestigde een papierfabriek zich op het terrein, tien jaar later opgevolgd door een brouwerij die in 1921 de naam Bierbrouwerij De Leeuw kreeg. Deze brouwerij maakt nog steeds gebruik van de watermolen. Het rad wekt energie op voor de koelprocessoren en de hulpwerktuigen van de brouwerij. Zo worden bijvoorbeeld de lagerkelders gekoeld.

De Salamander (vanaf 1794)

De Wiek 19, Leidschendam

Het riviertje de Vliet vormde een belangrijke verbinding tussen de Oude Rijn bij Leiden en de Maas. In 1573 kwam er een dam in de Vliet, waar al gauw grote bedrijvigheid ontstond. In de eerste helft van de zeventiende eeuw stond er een houtzaagmolen, De Salamander geheten, die planken leverde voor de bouwactiviteiten in de buurt. In 1794 kwam er een nieuwe molen met dezelfde naam te staan. Het is een achtkantige bovenkruier, wat inhoudt dat alleen de kap van de molen kan draaien om de wieken naar de wind te zetten. De molen hoorde, met een tweede molen, bij een houthandel die Windlust heette. Aan het einde van de negentiende eeuw liet de eigenaar De Salamander moderniseren. Om ook bij windstilte te kunnen zagen plaatste hij een stoommachine in de molen. In 1938 kreeg deze stoommachine een grotere opvolger. De Salamander bleef tot 1953 in bedrijf, maar raakte daarna in verval. In de jaren tachtig werd de molen uit elkaar gehaald. De onderdelen werden opgeslagen. In 1989 verrees De Salamander op een nieuw stuk grond. In 1995 was de molen volledig hersteld. Op 25 oktober van dat jaar zaagde De Salamander voor het eerst in ruim veertig jaar weer op windkracht een boomstam. De molen zaagt nu hout voor parketvloeren, meubels, scheepsrestauratie en wagenbouw. Voor windstille momenten heeft hij een elektromotor.

Werf 't Kromhout (1867/1887)

Hoogte Kadijk 147, Amsterdam

Op 11 mei 1757 kocht Neeltje Hendrikse een stuk grond aan de Amsterdamse Hoogte Kadijk voor haar man, scheepstimmerman Doede Jansen Kromhout. Die begon er een werf, die naar hem 't Kromhout heette. Dat was een toepasselijke naam, want een kromhout is een gebogen stuk hout dat bij de bouw van een schip gebruikt werd als spant. Ruim honderd jaar later kocht ondernemer Daniël Goedkoop de inmiddels vervallen werf voor zijn zoon, ook Daniël Goedkoop geheten. Hij liet de oude werkplaats met de houten overkapping helemaal opknappen en op de zeventiende verjaardag van de jonge Daniël, op 6 mei 1867, was de werf weer in bedrijf. De vernieuwde werf 't Kromhout bouwde vooral kleine zeeschepen en binnenvaartuigen. Daniël Goedkoop junior ging met zijn tijd mee. In 1874 kocht hij een stoommachine die het materieel op de werf ging aandrijven. In 1887 schafte Goedkoop op een veiling twee ijzeren kappen aan die van een tentoonstellingsgebouw waren geweest. Deze hypermoderne overkapping had een breedte van twintig meter en een lengte van vijftig meter. Onder de twee kappen kwam een nieuwe veertig meter lange sleephelling te liggen, die functioneerde op stoomkracht. Goedkoop had hem zelf ontworpen. En een jaar later was 't Kromhout de eerste Amsterdamse scheepswerf met elektrische verlichting, gegenereerd door een dynamo die aangedreven werd door de stoommachine. Tegenwoordig is de werf een museum.

Winkel van Sinkel (1839)

Oude Gracht 158, Utrecht

P. Adams

De Duitse immigrant Anton Sinkel opende in 1839 een winkel aan de Oude Gracht in Utrecht. Het warenhuis was toen iets heel nieuws. De *Utrechtsche Courant* wijdde, in navolging van de Amsterdamse kranten, een artikel aan dit bijzondere nieuwe winkeltype. Architect van deze Winkel van Sinkel was Pieter Adams. Hij putte zijn inspiratie uit de vorm van neoclassicisme die op dat moment populair was, het neo-Grec, en maakte gebruik van elementen uit de klassieke Griekse tempelbouw. Maar Adams gaf een vrije, wat flamboyante interpretatie aan de stijl. Het blokvormige gebouw oogt daarom minder zwaar en sober dan andere bouwwerken uit deze periode. Het pand is wel zoals gebruikelijk witgepleisterd. Groeven in de stuclaag suggereren natuurstenen blokken. Een grote kroonlijst bekroont het gebouw. Aan de zijkanten springen de geveldelen uit. Boven de deuren prijken klassieke driehoekige frontons. De verdiepingen versierde Adams met onder andere zuilen, pilasters, balustraden en beelden. De blikvanger van het gebouw is de open portiek in het midden, met vier zuilen in de vorm van grote vrouwenfiguren, zogeheten kariatiden. Zulke dragende beelden van vrouwen kwamen in Griekse tempels veel voor. Maar deze zijn wel heel modern. Ze zijn gemaakt van het toen nieuwe materiaal gietijzer, gegoten in Engeland. Bij de plaatsing belandde een van de kariatiden in de gracht. Na een reddingsactie kon ze toch haar plaats in de gevel innemen.

De Gruyter (1917)

Beeklaan 303, Den Haag

W.G. Welsing

In de eerste helft van de twintigste eeuw was De Gruyter de belangrijkste kruidenier van Nederland. Al vroeg in de negentiende eeuw had de grutter de eerste winkels geopend in Den Bosch en inmiddels had het imperium zich over heel Nederland verspreid. De Gruyter introduceerde het zelfbedieningssysteem, een belangrijke vernieuwing. De winkels waren vrij luxe ingericht. Ze zagen er allemaal ongeveer hetzelfde uit. Binnen stonden marmeren toonbanken met nikkelen kassa's, grote rode koffiemaalmachines en rijen houten bakken voor de losse grutterswaren. Kleurige tegeltableaus met afbeeldingen van de jaargetijden en de herkomst van exotische koopwaar sierden de wanden. Ook aan de buitenkant waren de gebouwen onmiddellijk herkenbaar als een winkel van De Gruyter. De Arnhemse architect W.G. Welsing ontwierp overal in het land winkels voor de kruideniersketen. Hij liet zich inspireren door de kleurige en zwierige Art Nouveau, die aan het begin van de twintigste eeuw kort modieus was. In 1917 werd onder zijn toezicht een huis aan de Haagse Beeklaan verbouwd tot een De Gruyter-winkel. Het gebouw kreeg de gebruikelijk markante gevel met een omlijsting van speciale blauw-groene tegels rondom de pui. Dit pand is een van de weinige mooi bewaarde winkels van De Gruyter, die zo lang het Nederlandse straatbeeld bepaalden. De laatste winkel van De Gruyter sloot in 1976 de deuren.

Passage (1885)

Buitenhof-Spuistraat, Den Haag
J.C. van Wijk en H. Wesstra

Helemaal nieuw in het laatste kwart van de negentiende eeuw was de winkelpassage, een met glas overkoepelde galerij met chique winkels, waar ook de welgestelden inkopen konden doen. Zo'n passage gaf een stad echt allure. Den Haag kreeg in 1885 een passage tussen de Spuistraat en het Buitenhof. De passage heeft twee vleugels, met een lichte knik in het midden. Binnen waren smalle winkeltjes met daarboven een opslagplaats en de woning van de winkelier. Het interieur van de passage was rijk gedecoreerd met uitspringende kroonlijsten en pilasters, en daartussen nog talloze versieringen. Ook van buiten had de passage allerlei op klassieke vormen gebaseerde ornamenten, zoals zuilen, bogen, friezen en frontons. De gevel aan het Buitenhof was het uitvoerigst gedecoreerd. Aan weerszijden van de ingang stonden gladde Toscaanse zuilen, terwijl de omlijste ramen op de verdiepingen geflankeerd werden door reusachtige Ionische zuilen, bekroond met een kapiteel met ronde krullen. Verder sierden gietijzeren beelden die de Landbouw en de Nijverheid voorstelden de gevel. Bovenin was een kroonlijst en daarboven verrees nog een klassiek ogend bouwwerkje met een op pilasters steunend fronton. In deze aedicula stond de ooievaar uit het Haagse stadswapen afgebeeld. Eind jaren twintig kreeg de passage nog een derde arm. Van de vier passages die Nederland aan het eind van de negentiende eeuw bezat, is de Haagse de enige die nog in gebruik is.

Hoofdpostkantoor (1899)

Nieuwezijds Voorburgwal 182, Amsterdam

C.H. Peters en H.J.M. Ruijsenaars

Rijksbouwmeester C.H. Peters, een leerling van de beroemde architect P.J.H. Cuypers, ontwierp in de late negentiende eeuw postkantoren in heel Nederland. Hij maakte van het postkantoor niet alleen een functioneel gebouw, maar ook een indrukwekkend bouwwerk, uitnodigend naar het publiek. Hij liet zich daarvoor inspireren door de Hollandse stijl van de zestiende eeuw en combineerde elementen van de neogotiek en de neorenaissance. Deze stijl wordt wel wat minachtend postkantorengotiek genoemd. Het bekendste werk van Peters is het hoofdpostkantoor van Amsterdam aan de Nieuwezijds Voorburgwal, dat in 1899 de deuren opende. Binnen is er een centrale hal met op de twee verdiepingen galerijen en daarboven een lichtkap. Van buiten is het een imposant bouwwerk met een vrijwel symmetrische voorgevel met een vooruitspringende middenpartij – met daarin de ingang – die geflankeerd wordt door torens met opengewerkte spitsen. Peters trok het gebouw op in baksteen, maar wisselde die af met decoratieve natuurstenen blokken, banden en vensteromlijstingen. Links doorbreekt een toren de strakke symmetrie en aan de achterkant verrijst nog een achthoekige toren boven een brede uitbouw voor de postwagens. Langs de dakranden bracht Peters een reeks dakkapellen aan, die allemaal een eigen trapgeveltje hebben. De torens en de dakkapellen geven het bouwwerk, samen met de driehoekige geveltoppen, een levendig silhouet. De peervormige bekroningen van de torens bezorgden het postkantoor al gauw de bijnaam 'Perenburg'. Nu is hier een winkelcentrum.

Wollenstoffenfabriek (1893/2002)

Molenstraat 9, Geldrop

Restauratie H.J. Henket

De negentiende eeuw was de tijd van de industrie en daarmee van het ontstaan van het fabrieksgebouw. Die gebouwen waren meestal puur functioneel van opzet, bestemd om arbeiders en materieel te beschermen tegen weer en wind. Het waren veelal grote, langwerpige open hallen met genoeg plaats voor de grote machines. In Brabant was vooral veel textielindustrie. In Geldrop stond in de negentiende eeuw wolspinnerij Van den Heuvel. Het oude gebouw van de spinnerij brandde in 1893 af. Al gauw stonden er twee nieuwe, grote fabriekspanden van de N.V. Wollenstoffenfabriek A. van den Heuvel & Zoon. Het bedrijf lag aan de rivier de Dommel. Het rivierwater diende om de wollen stoffen in te spoelen en het dreef de machines aan. De meest opvallende ruimte van het fabriekscomplex was de enorme hal waar de weefgetouwen stonden. In 1978 sloot de Wollenstoffenfabriek de deuren. Daarna raakte het oude fabriekscomplex in verval. Maar de fabriek, die inmiddels een rijksmonument is, heeft recent een opknapbeurt gekregen. Architect H.J. Henket leidde de grootscheepse restauratie en verzorgde ook een nieuwe aanbouw. Het industriële karakter en de openheid van de fabrieksruimtes liet hij zoveel mogelijk intact. Een glazen gang verbindt de oudbouw met de nieuwbouw. Het complex doet dienst als sociaal-cultureel centrum. Sinds 2000 is in de oude spinnerijhal van de Wollenstoffenfabriek heel toepasselijk het Weverijmuseum gevestigd.

Graansilo (1898)

(Korthals Altes), Westerdoksdijk 52, Amsterdam

J.F. Klinkhamer en A.L. van Gendt

J.F. Klinkhamer besteedde als een van de eerste architecten aandacht aan hoe een fabrieksgebouw eruit zag. In de jaren negentig van de negentiende eeuw ontwierp hij samen met de bekende architect A.L. van Gendt de graansilo Korthals Altes, die op een speciaal aangelegde dam bij de Amsterdamse Westerdoksdijk kwam te staan. Het was een groot bakstenen pakhuis met een verhoogde middenpartij en aan weerszijden vrijwel blinde opslagvleugels. In elke vleugel waren zestig stortschachten. In het hoge middendeel, waar zich de stoommachines en de rest van de technische uitrusting bevonden, hingen transportbanden. Die voerden het uit de schepen geloste graan naar de zolders, waar weer andere transportbanden het in de schachten stortten. Via schuiven beneden kon het graan op een lopende band in de kelder terechtkomen, waarna schepen of treinen het verder vervoerden. De silo had ruimte voor zo'n 16.730 ton graan. Klinkhamer versierde dit reusachtige functionele bouwwerk met vormen die hij ontleende aan de gotiek. Zo kreeg de silo kantelen, torentjes en decoratieve bogen in de muren. In 1952 kwam een tweede, in beton uitgevoerde silo naast het neogotische gebouw te staan. De silo's bleven tot 1987 in gebruik. Architectenbureau Van Stigt ontwierp toen 52 appartementen en bedrijfsruimten in het pand. In 2002 verrees verderop op de Silodam een appartementencomplex van de architecten van MVDRV, waarvan de vorm verwijst naar stapels containers in een dok.

Korenbeurs (1865)

Akerhof 1, Groningen

J.G. van Beusekom

In 1863 begonnen in Groningen de bouwwerkzaamheden aan een nieuw onderkomen voor de Korenbeurs, op de plek waar al twee kleinere voorgangers hadden gestaan. Het werd het soort handelsgebouw dat al in verscheidene grote Europese steden stond: een monumentaal ogend bouwwerk in neoclassicistische stijl. De Korenbeurs bestaat uit twee delen, een voorgebouw en daarachter de eigenlijke beurshal. Het voorgebouw is een robuust rechthoekig bouwblok met een voorgevel aan de Vismarkt. Daar heeft het symmetrische gebouw een centrale, open portiek met grote pilasters en zuilen van de Corinthische orde; dat wil zeggen dat ze als bekroning een kapiteel met een plantvormige versiering hebben. Zij ondersteunen een architraaf met daarop een klassiek driehoekig fronton. Ook op de hoeken van het gebouw prijken pilasters. Een zware kroonlijst sluit de gevel af. Beelden verwijzen naar de functie van het gebouw. Het zijn Mercurius, god van de handel, Neptunus, god van de zee, en Ceres, godin van de landbouw. Achter dit voorgebouw ligt de langwerpige beurshal die als een oude Romeinse basilica een halfronde eindgevel heeft. De bouwmeester had hiervoor misschien wel gekeken naar de apsis van de A-Kerk, die direct achter de beurs staat. Aan de buitenkant raken de halfronde uitbouwen van de twee gebouwen elkaar bijna. De monumentale Korenbeurs herbergt tegenwoordig een vestiging van Albert Heijn.

Beurs van Berlage (1903)

Damrak 277, Amsterdam

H.P. Berlage

Een moderne Koopmansbeurs bouwde H.P. Berlage tussen 1898 en 1903 aan het Amsterdamse Damrak. Het gebouw kreeg drie grote zalen, bestemd voor de handel in graan, effecten en goederen. Het zijn de massa van het bouwblok en de vormen van de gevelwanden die de Beurs zijn gezicht geven. De vlakke bakstenen gevels hebben allemaal een eigen karakter. De gevel aan het Beursplein is monumentaal, met drie poorten en een robuuste toren geïnspireerd op kerkgebouwen, maar ook op Italiaanse middeleeuwse raadhuizen. De contouren van de lange platte gevel aan het Damrak verwijzen naar het nabijgelegen langgerekte Centraal Station. De ramen geven de gevel zijn ritme. De noordgevel aan het water, tegenover het station, is juist opengewerkt. Het geeft de treinreiziger alvast een indruk van de stad, met suggesties van poortgebouwen, een stadsmuur, geveltoppen en torens. Samen zorgen de gevels voor een levendig silhouet. Berlage toonde overal eerlijk de gebruikte materialen en de constructie van het gebouw. Buiten paste hij natuursteen, soms in de vorm van een beeldhouwwerk, maar spaarzaam toe. Binnen liet hij de ijzeren kappen van de beurszalen gewoon in het zicht. De dichter Albert Verwey trad op als adviseur bij het decoratieprogramma. Voorstellingen verwijzen onder andere naar de handel, de landbouw en de industrie. Aan de beurshandel in goederen is intussen een einde gekomen. De Beurs van Berlage biedt nu plaats aan culturele activiteiten.

Witte Huis (1898)

Wijnhaven 3/Gelderse Kade 1, Rotterdam

W. Molenbroek

In opdracht van twee Rotterdamse zakenlieden ontwierp architect Willem Molenbroek aan het eind van de negentiende eeuw een "grootsch kantorengebouw in Amerikaanschen geest". Het was iets heel nieuws, een gebouw waarin verschillende bedrijven kantoorruimte konden huren. Het bouwwerk kreeg ook een moderne vorm: met zijn elf bouwlagen was het de eerste wolkenkrabber van Nederland. Maar terwijl de Amerikaanse wolkenkrabbers een staalskelet hadden, werd de Nederlandse versie ouderwets gebouwd met gemetselde draagmuren en een ijzeren kapconstructie. Boven een natuurstenen pui van twee verdiepingen kreeg de gevel een bekleding van witte geglazuurde steen. Vandaar de naam het Witte Huis. Tussen twee verdiepingen kwamen decoratieve banden en geometrische motieven van kleurige tegels. Daarin was de architect beïnvloed door de Art Nouveau van die tijd. Een tegeltableau sierde ook een van de geveltoppen. In de andere twee gevels prijkte een klok, die wees op het zakelijke karakter van het gebouw. Beelden die de Vooruitgang, Nijverheid, Handel, Zeevaart, Landbouw en Arbeid voorstelden, maakten de gevel helemaal af. Ook binnen bood het gebouw allerlei moderne voorzieningen. Naast luxe kantoorruimten en vergaderzalen had het Witte Huis centrale verwarming en twee elektrische liften. Per lift was ook een dakterras bereikbaar, waar iedereen die maar wilde van het uitzicht over Rotterdam kon genieten. Het Rotterdamse stadsbestuur was echter niet onder de indruk en besloot geen toestemming meer te geven voor zulke hoge gebouwen.

Eerste Hollandsche Levensverzekering Bank (1905)

Hoek Keizersgracht-Leliegracht, Amsterdam

G.A. van Arkel en H.H. Baanders

De Jugendstil of Art Nouveau die omstreeks 1900 zijn intrede deed in Nederland vond vooral in de commerciële sector waardering. De zwierige decoraties in plantaardige of geometrische vormen droegen bij aan een aantrekkelijk eigentijds maar toch betrouwbaar imago. Dat was het beeld dat met name verzekeringsmaatschappijen graag uitstraalden. Architect G. van Arkel ontwierp het Amsterdamse kantoor van de Eerste Hollandsche Levensverzekering Bank in een sobere versie van de nieuwe stijl. Het gebouw op een kruispunt van twee grachten was 37 meter hoog en daarmee een van de eerste door particulieren gebouwde kantoortorens in Nederland. Van Arkel ontwierp asymmetrische hardstenen gevels met uiteenlopende contouren. Op de hoek van de twee grachten bouwde de architect een torenpartij, bestaande uit twee koepelvormige delen met een uitkragende toren met spits. Een decoratief ijzeren hek verbindt de twee koepels. Daarop staan de goudkleurige initialen van het bedrijf, de letters EHLB. De gevel aan de Leliegracht heeft verder een speels vormgegeven erker, die naar boven toe overgaat in een opengewerkt torentje. Onder de erker siert een kleurig mozaïek de gevel op. Een zelfde mozaïek bevindt zich ook in de gevel aan de Keizersgracht. Een beschermengel, als symbool voor de (levens)-verzekering, neemt een vrouw en kinderen onder zijn hoede. Eind jaren zestig is het gebouw in vergelijkbare stijl aan weerszijden uitgebreid.

American Hotel (1902)

Leidsekade 97, Amsterdam

W. Kromhout

Directeur August Volmer van het American Hotel aan het Amsterdamse Leidseplein was erg geïnteresseerd in architectuur. In 1900 gaf hij de jonge architect Willem Kromhout de opdracht het bestaande hotel compleet te verbouwen en uit te breiden. Het nieuwe American, dat ging bestaan uit een hotel en een café-restaurant, moest grandeur, moderniteit en comfort verenigen. Kromhout wilde bouwen in een hele nieuwe stijl en liet zijn fantasie de vrije loop. Hij putte uit de vormentaal van uiteenlopende traditionele stijlen, maar creëerde een totaal ongebruikelijk bouwwerk.

Op een regelmatige, geometrische plattegrond verrijzen gevels in warme gele baksteen gecombineerd met graniet, zandsteen en kleurrijke tegeltableaus. Kromhout gaf de drie vrijstaande gevels van het hotel allemaal een eigen gezicht. Met vensters en bogen in allerlei verschillende vormen, loggia's en balkonnetjes wekken zij een erg levendige indruk. De lange voorgevel aan het Leidseplein is nog het rustigst. Beneden overheersen daar de horizontale lijnen, door brede bogen met vensters, en daarboven een arcade met lagere bogen. Op de bovenste verdiepingen, boven een balustrade, zorgen erkertjes en dakkapelletjes met topgevels juist voor een verticaal accent. Links heeft de gevel een afgeronde hoek met daarboven een monumentale klokkentoren. De top met de klok staat schuin, zodat die vanaf het Leidseplein goed zichtbaar is. Van binnen is de aankleding al even weelderig. Het café heeft bijvoorbeeld gebrandschilderde ramen en wandschilderingen.

Holland Amerika Lijn (1920)

Hoofdkantoor, Koninginnehoofd 1, Rotterdam

J. Müller, C.M. Drooglever Fortuijn en C.B. van der Tak

Op de Rotterdamse Wilhelminapier zetelde tussen 1891 en 1982 de Holland Amerika Lijn. De schepen van het bedrijf, dat in 1873 was opgericht onder de naam Nederlandsch-Amerikaansche Stoomvaart Maatschappij, vervoerden vracht en passagiers – landverhuizers, maar ook vakantiegangers – met als belangrijkste bestemming New York. Naast de pakhuizen en de loodsen verrees op het uiteinde van de pier vanaf 1901 het hoofdkantoor van de rederij, naar een ontwerp van de architecten J. Müller en C.M. Drooglever Fortuyn. In verschillende fasen groeide het aanvankelijk eenvoudige kantoor uit tot het imposante gebouw dat paste bij de status van de rederij en dat er nu nog staat. Van het oorspronkelijke gebouw is alleen de gevel aan de noordkant over. Maar bij de drie uitbreidingen zijn de architecten, later in samenwerking met C.B. van der Tak, zoveel mogelijk in dezelfde stijl te werk gegaan. Toen het bouwwerk in 1920 eindelijk helemaal voltooid was, stond er een massief gebouw met twee fiere torens en decoraties in de uiterst moderne Jugendstil: geometrische motieven, veelal geïnspireerd op de natuur. In de gevel herinneren vier reliëfs met elk twee figuren nu nog aan de vroegere functie van het gebouw: zij vertegenwoordigen de verschillende werelddelen waarop de Holland Amerika Lijn voer. De rederij maakt tegenwoordig deel uit van een Amerikaans bedrijf. In het oude hoofdkantoor is nu een hotel met restaurant gevestigd.

Scheepvaarthuis (1916)

Prins Hendrikkade 108-114, Amsterdam

J.M. van der Mey

Zes Amsterdamse rederijen namen in 1916 een groot gezamenlijk kantoorgebouw in gebruik, het Scheepvaarthuis. Het stond op de plek waar in 1595 de eerste vloot naar Oost-Indië was vertrokken. De gebroeders Van Gendt hadden de constructie van het gebouw – een betonskelet – ontworpen en de jonge architect J.M. van der Mey had het esthetische ontwerp geleverd, in samenwerking met een groot aantal architecten en kunstenaars. In het moderne kantoorgebouw verwerkte hij allerlei verwijzingen naar de rijke Nederlandse scheepvaarttraditie, in de decoraties, maar ook in de vorm van het gebouw. Op de hoek van de Prins Hendrikkade en de Binnenkant komen de gevels samen in een punt met een torenopbouw als bekroning. De contouren doen hier denken aan de boeg van een schip. De loden dakrand heeft bovendien de vorm van scheepstouwen, golven en vissenkopjes. Het betonskelet zorgde ervoor dat de gevels geen dragende functie hadden. Daardoor had de architect de vrije hand bij de vormgeving. Hij schiep een afwisseling van met baksteen beklede zware en lichte kolommen, die voor een sterk verticaal accent zorgen. Van buiten en van binnen was het gebouw weelderig gedecoreerd, in kostbare materialen. Naast verschillende soorten baksteen gebruikte Van der Mey bijvoorbeeld graniet en marmer, exotisch hardhout, siersmeedwerk en glas-in-loodramen. Het Scheepvaarthuis geldt als het eerste voorbeeld van de stijl van de Amsterdamse School.

De Volharding (1928)

Grote Markt 22, Den Haag

J.W.E. Buijs en J.B. Lürsen

Architect Jan Buijs was erg actief binnen de sociaal-democratische beweging. Daarom vroeg het bestuur van Coöperatie De Volharding hem in 1927 een hoofdkantoor te ontwerpen, dat aan de Grote Markt in Den Haag moest verrijzen. De Volharding was een arbeiderscoöperatie die op basis van medezeggenschap en winstdeling producten en diensten fabriceerde en verkocht. Arbeiders die lid waren, kregen toegang tot allerlei voorzieningen, waaronder een ziekenfonds. Buijs ontwierp een modern bouwwerk van rechthoekige vormen op basis van een skelet van gewapend beton. De gevels maakte hij helemaal van glas: ramen in horizontale stroken met daartussen twee meter hoge borstweringen van melkglas. Die dienden meteen als lichtbakken; met zinken letters konden er reclameboodschappen op bevestigd worden. Al dat glas liet overdag het licht binnen, maar 's avonds stroomde het kunstlicht van binnen naar buiten en fungeerde het gebouw als een enorme verlichte reclamezuil. Ook de hoek met het trappenhuis en de lift voerde Buijs uit in glazen bouwstenen en tegels. Het was daarmee een van de eerste voorbeelden van de glas- of lichtarchitectuur. Een opvallend rechthoekige opbouw op het dak, met daarop de naam van De Volharding, voltooide de kubistische compositie. Het gebouw diende niet alleen als hoofdkantoor voor de coöperatie. Er waren ook winkels, kantoren van het ziekenfonds en zelfs een tandheelkundige kliniek in ondergebracht. Buijs bestempelde zijn schepping als een "tempel van den nieuwen mensch".

Nederlandsche Handel-Maatschappij (1926)

Vijzelstraat 32, Amsterdam

K.P.C. de Bazel

De Nederlandsche Handel-Maatschappij was in de negentiende eeuw opgericht om de handel en industrie van Nederland te bevorderen en speelde vooral een grote rol in de handel op Nederlands-Indië. In 1920 gaf de maatschappij architect K.P.C. de Bazel de opdracht een nieuw hoofdkantoor te ontwerpen. Het kwam te staan aan de Amsterdamse Vijzelstraat. Een betonskelet, ontworpen door A.D.N. van Gendt, vormde de basis voor het gigantische bouwwerk, dat de hele ruimte tussen de Herengracht en de Keizersgracht in beslag ging nemen. De Bazel groepeerde tien bouwlagen, met een totale hoogte van 31 meter, rondom twee lichthoven. De bovenste twee verdiepingen springen telkens iets terug. Dat maskeert de hoogte van de reusachtige indringer in de oude binnenstad een beetje. De honderd meter brede gevel heeft vijf voor-uitspringende partijen, die ook in de inspringende topverdiepingen terugkomen. De muren wekken een levendige indruk door de afwisseling van baksteen en natuursteen. De Bazel ontwierp ook het interieur van het kantoorgebouw. Hij verzorgde de inrichting van de werkkamers, maar had ook de hand in de veelkleurige vloermozaïeken, de luchtroosteromlijstingen, keramische wijzerplaten en telefooncellen. Zelfs het bestek en servies van de Nederlandsche Handel-Maatschappij werden naar een ontwerp van De Bazel gefabriceerd. Na het einde van de Nederlandsche Handel-Maatschappij in de jaren zestig, bleef het gebouw nog lang als bank fungeren. Nu wordt 'De Bazel' het nieuwe onderkomen van het Gemeentearchief Amsterdam.

De Nederlandsche Bank (1968/1984)

Westeinde 1, Amsterdam

M.F. Duintjer/J. Abma

Aan het Amsterdamse Frederiksplein, waar tot 1929 het grote glazen Paleis voor Volksvlijt stond, kwam in de jaren zestig het nieuwe onderkomen van De Nederlandsche Bank. Het ontwerp voor een gigantisch bouwwerk van architect M.F. Duintjer had een prijsvraag gewonnen. Het meest in het oog springende onderdeel van zijn plan was een 85 meter hoge toren, die weinig met de oude stad te maken had, maar typisch was voor het modernisme van de jaren zestig. Het gebouw heeft een bruinige tint gekregen. Het heeft een betonnen skelet. Opvallend aan de gevel zijn de horizontale raamstroken, die doorlopen om de hoeken van de rechthoekige toren. De gevel van de toren wijkt op iedere verdieping twee centimeter verder terug. Zo ontstond van beneden af gezien een perspectivische vertekening, waardoor de toren nog hoger lijkt. Een omringende laagbouw verbindt de toren met de grond. Dit bouwdeel bestaat uit een schuilkelder en kluizen, een parkeergarage van twee lagen en een kantoorgedeelte rondom twee binnenhoven. Het in 1968 voltooide bankgebouw veroorzaakte onder andere door zijn grote schaal en zijn ligging een storm van protest. Groepjes Amsterdammers toonden hun afschuw door zeven keer om het bouwwerk heen te lopen, in een poging het als het bijbelse Jericho te laten bezwijken. In 1984 is nog een iets lagere, matgrijze cilindervormige toren van architect J. Abma aan de oude toren gekoppeld.

Van Nellefabriek (1931)

Van Nelleweg 1, Rotterdam

L.C. van der Vlugt en J.A. Brinkman

"Over 25 jaar moet het er nog modern uitzien," luidde de wens van Van Nelle directeur C.H. van der Leeuw, toen hij de architecten Brinkman en Van der Vlugt in 1925 opdracht gaf een nieuwe fabriek te ontwerpen voor de verwerking van koffie, thee en tabak. Opdrachtgever en architecten waren het erover eens dat de vorm van het bouwwerk nauw verbonden moest zijn met de functie, en dat de werkomstandigheden goed moesten zijn, onder andere door veel licht en frisse lucht in de fabriek – dit allemaal volgens de principes van het Nieuwe Bouwen. Het complex ging bestaan uit productieruimten, expeditieafdelingen en kantoren. Die kregen allemaal een eigen vorm, en waren onderling verbonden. Het kantoorgedeelte, met daarin de directiekamers, boog met de weg mee en leidde naar de fabriek. Een glazen loopbrug liep van het kantoor naar het productiedeel. Vandaar voerden transportbanden, die dwars door de gevel gingen, naar de opslagruimte aan de overkant van de straat. Het hele complex was transparant. De architecten gebruikten veel glas, binnen en buiten. Een skelet van paddestoelvormige betonkolommen zorgde ervoor dat de gevel geen dragende functie had en daarom dun en doorzichtig kon blijven. Machines en werkzaamheden waren zo van buiten zichtbaar, en binnen konden de werknemers elkaar zien. Vanaf een ronde glazen uitbouw op de negende verdieping had directeur Van der Leeuw uitzicht over zijn fabriek.

Weverij De Ploeg (1956)

Riethovensedijk 20, Bergeyk

G.Th. Rietveld

Gerrit Rietveld werd vooral bekend door zijn werk als meubelontwerper en als architect van woonhuizen. In de jaren vijftig werkte hij aan een ongewoon project in Bergeyk. In opdracht van Weverij De Ploeg ontwierp hij een fabriekscomplex. In de jaren vijftig, de periode van de wederopbouw na de Tweede Wereldoorlog, werden er veel nieuwe fabrieken gebouwd. De architecten van zulke projecten waren meestal gebonden aan een veelheid van functionele eisen. Desondanks wist Rietveld een bouwwerk van bijzondere vorm te creëren, in harmonie met zijn omgeving. Hij baseerde de plattegrond en de gevels op een raster van één bij één meter. Het gebouw maakt een lichte en transparante indruk. De langsgevels zijn bijna helemaal van glas. Het opvallendst aan het gebouw is het dak. Dat bestaat uit een reeks van gebogen schalen die van oost naar west geplaatst zijn. Ze vormen een zogenaamd zaagtanddak. Rietveld plaatste de beëindiging van de schaaldaken in de westgevel schuin, waarmee een gevel ontstond die aan coulissen herinnert. De gevel heeft glasstroken op het noorden, waardoor het daglicht de werkruimten binnenstroomt. De weverij is een flexibel complex. Binnen zijn de wanden verplaatsbaar, een principe dat Rietveld ook bij zijn beroemde huis voor de weduwe Schröder had toegepast. De fabriek kan eenvoudig in de langsrichting uitgebreid worden. De hoofdingang accentueerde Rietveld met een losse constructie in staal.

Rijksverzekeringsbank (1938)

Apollolaan 15, Amsterdam

D. Roosenburg

In de crisisjaren voor de Tweede Wereldoorlog ontwierp architect Dirk Roosenburg de Rijksverzekeringsbank, later Sociale Verzekeringsbank geheten, aan de Amsterdamse Apollolaan. Die plek had Berlage in zijn plan voor Amsterdam-Zuid gereserveerd voor een monumentaal gebouw. Diagonaal op de kruising van de Apollolaan en de Stadionweg bouwde Roosenburg een smalle, afgeronde kantoortoren van zeven verdiepingen. Van binnen heeft de toren verplaatsbare wanden, zodat de indeling van de kantoren te veranderen is. De hoogbouw heeft een staalskelet op een betonnen basis en is bekleed met witte keramiekplaten. De toren heeft een lage, cirkelvormige onderbouw van negen meter hoog, die voornamelijk bestaat uit glas in stalen kozijnen. Hier huisde het archief van de Rijksverzekeringsbank. De ronde vorm sloot aan bij de ronddraaiende kaartenbakken van het archiefsysteem. Het kleinere gebouw vormt een overgang tussen de toren en de lagere bebouwing in de omgeving. De Rijksverzekeringsbank rust aan de voorkant op poten, die de monumentale, overdekte toegang markeren. In twee nissen bij de ingang staan grote beelden, van de beeldhouwers Hildo Krop en Frits van Hall. Zij verwijzen naar de functie van de Rijksverzekeringsbank. Een man houdt een vrouwenfiguurtje in zijn hand, die de sociale wetgeving symboliseert. Dit beeld stelt de 'beschermer en handhaver van de sociale wetgeving' voor. In de tweede nis staat een vrouwenfiguur, de 'beschermster van de Sociale Zorg en Gerechtigheid'.

De Holland van 1859 (1939)

Burgemeester De Raadtsingel 197, Dordrecht

S. van Ravesteyn

Architect Sybold van Ravesteyn begon zijn loopbaan als civiel ingenieur bij de spoorwegen. Hoewel hij aanvankelijk het strakke functionalisme aanhing, ging hij in de jaren dertig meer versieringen aanbrengen in zijn gebouwen. Steeds vaker hanteerde hij gebogen lijnen en ronde vormen in plaats van de toen gebruikelijke rechte lijnen en rechthoeken. In 1935 schreef hij in het *NS Maandblad*: "De moderne architectuur is niet vierkant, zij leeft." Een jaar later bracht Van Ravesteyn een bezoek aan Rome, waar hij onder de indruk raakte van de monumentale barokke gebouwen met hun beweeglijke hollende en bollende contouren. Toen hij niet veel later de opdracht kreeg een kantoorgebouw te ontwerpen voor de verzekeringsmaatschappij De Holland van 1859, maakte hij gebruik van een eigen, moderne variant op de barokke stijl. De hoofdvorm van het gebouw is rechthoekig, maar Van Ravesteyn versierde het royaal met cirkels van allerlei formaten. Het bouwwerk heeft een voetstuk met cirkelvormige uitsparingen en op de verticale vlakken tussen de ramen zijn in reliëf kringen aangebracht. Op het dak staat een ovale ruimte met daarin de vergaderzaal. Aan de achterkant van het gebouw is nog een halfronde conciërgewoning. Ook binnen overheersen de ronde vormen. Zo bevindt zich achter de entree een ronde glazen hal waaraan een grote open werkruimte en een aantal dichte kantoren grenzen. Een monumentale trap voert naar de ovale vergaderruimte boven.

Beurs en WTC (1940/1986)

Beursplein 37, Rotterdam

J.F. Staal/Rob van Erk (Groosman Partners)

In Rotterdam staat een dynamisch gebouwencomplex dat zich in de afgelopen eeuw verscheidene keren vernieuwd heeft. De basis vormt de in 1940 voltooide Koopmansbeurs naar een ontwerp waarmee architect J.F. Staal al in 1928 een prijsvraag won. De beurs moest het economische hart van Rotterdam gaan vormen, gelegen aan de Coolsingel waar met het stadhuis ook het bestuurlijke hart was. De architect maakte gebruik van een combinatie van staal en glas. Gewelfde stalen liggers overspannen de hele beurszaal van negentig bij zestig meter. Ze zijn bedekt met betonplaten met daarin ronde glastegels. Bij de entree staat een markante klokkentoren. Daar is ook de op kolommen opgeheven vergaderzaal van de Kamer van Koophandel, met een glazen erker die uitzicht biedt op de Coolsingel. Bovenop de beurs kwam in de jaren tachtig een nieuw financieel centrum te staan, de twintig verdiepingen hoge ovale toren van het World Trade Centre, ontworpen door Rob van Erk. De toren rust op een door acht kolommen gedragen betonnen tafel. Hierdoor is het ruimteverlies in de beurszaal minimaal. De ellips van de toren sluit aan bij de welving van het dak van de oude beurs. Ook het groenige glas en de aluminium gevelplaten passen bij het eerdere gebouw. Het Beurs-WTC complex is recent nog eens verbouwd door architectenbureau Mecanoo. Het bevat nu onder andere een modern Business Center en drie horecagelegenheden.

Groothandelsgebouw (1951)

Stationsplein 45, Rotterdam

H.A. Maaskant en W. van Tijen

Na de Tweede Wereldoorlog wilde een groep groothandelaren gezamenlijk een gebouw laten neerzetten in het centrum van Rotterdam, waarin zij heel efficiënt verschillende voorzieningen zouden kunnen delen. Architecten Huig Maaskant en Wim van Tijen, die nauw betrokken waren bij de wederopbouw van de Rotterdamse binnenstad, kregen de opdracht zo'n gebouw te ontwerpen. Zij creëerden een bouwwerk van negen verdiepingen met bedrijfsruimten rond drie binnenhoven. De gevel van beton en glas oogde homogeen. Alleen de toonzalen aan de straatkant en collectieve voorzieningen zoals de entrees, met trappenhuizen en liften, en de centrale expeditie op de begane grond kregen een accent in de gevel. Betonnen steunberen hielden het gebouw overeind en gaven een ritmische geleding aan de gevel. Bovenaan maakten ze een knik; de bovenverdieping week hier wat terug. Het gebouw oogde als een eenheid, maar binnen konden verschillende bedrijven hun eigen ruimten inrichten. Belangrijk uitgangspunt van het ontwerp was de grote rol die het transport speelde in de groothandel. Aan de binnenkant kwam daarom een complex van drie straten – met hellingbanen en zelfs een brug – waarmee vrachtwagens de magazijnen aan de drie binnenhoven konden bereiken, en ook de eerste verdieping en de kelder. In het gebouw zelf waren de gangen breed en konden goederenliften de binnengebrachte handelswaren verder vervoeren. Bij de oplevering in 1951 was dit Groothandelsgebouw het grootste bouwwerk van Europa.

De Bijenkorf (1926)

Wagenstraat 32, Den Haag

P.L. Kramer

In 1923 schreef De Bijenkorf een prijsvraag uit voor een ontwerp voor een nieuwe Haagse vestiging. Winnaar was Piet Kramer, een vooraanstaande architect van de Amsterdamse School. Hij gebruikte een constructie van gewapend beton. Daardoor hadden de gevels geen dragende functie en kon hij ze de vorm geven die hij wilde. Het gebouw heeft een basis die bestaat uit grote etalages met luifels. Daarboven ontwierp Kramer rond de dragende betonnen pijlers golvende muurdelen in baksteen met daartussen verticale stroken van in brons gevat glas. Het groen uitgeslagen brons vormde een kleurrijk contrast met de oranje bakstenen. De hoekpartij aan de Wagenstraat maakte Kramer rond. Hoewel dit deel niet hoger is dan de rest van het warenhuis, lijkt het daardoor toch op een toren. Dat paste goed bij het karakter van het gebouw, dat volgens een tijdgenoot een waar sprookjespaleis was. Om het weelderige effect te versterken had Kramer veel decoraties laten aanbrengen, door meer dan twintig beeldende kunstenaars. Binnen was het een paradijs voor het winkelende publiek. Vier verdiepingen liepen als galerijen rond een open zeshoekige lichthal; die is in de jaren vijftig opgevuld om ruimte te winnen. Daaromheen waren de verschillende afdelingen luxe ingericht, veelal met door Kramer ontworpen meubels en versieringen. Het trappenhuis had gebrandschilderde glas-in-loodramen. Dat interieur is in de jaren zestig verdwenen, maar de overdadige buitenkant is er nog steeds.

De Lijnbaan (1953)

Rotterdam

Van den Broek en Bakema

"Een geheel nieuw type winkelstraat" waar "het brede, lage en zonnige het uitgangspunt zal zijn." Dat was een van de naoorlogse plannen voor de verwoeste Rotterdamse binnenstad. In 1951 kregen de architecten Van den Broek en Bakema de opdracht 65 winkels volgens deze gedachte te bouwen. Zij ontwierpen zes blokken met eenvoudige winkelpanden met een diepte van vijftien of twintig meter en een wisselende breedte. De indeling was flexibel. De winkels waren laag, met maar twee verdiepingen, en de straat was breed. Hierin verschilde de Lijnbaan van de ouderwetse smalle winkelstraten met hoge gebouwen. Van den Broek en Bakema plaatsten de kantoren achter de winkels, in plaats van erboven. De winkels hadden luifels, die soms via een pergola met de luifel van de tegenoverliggende zaak verbonden waren. Zo konden klanten droog van winkel naar winkel wandelen. De hele straat was zo knus mogelijk ingericht voor de winkelende mensen, met bomen en bloembakken, bankjes en kiosken, en een speciale bestrating. En bij het winkelen werden zij niet gestoord door auto's of vrachtwagens. De bevoorrading van de winkels verliep via expeditiestraten die aan de achterkant van de winkels lagen. Daarachter verrezen een paar jaar later hoge woonflats. De Lijnbaan was het eerste verkeersvrije winkelcentrum. Het Rotterdamse voorbeeld heeft over de hele wereld navolging gevonden.

Tetterode (1950)

Da Costakade 158, Amsterdam

Merkelbach en Elling

De Lettergieterij Amsterdam, voorheen firma N. Tetterode, vestigde zich in 1901 aan de Amsterdamse Bilderdijkstraat. In de loop van de daarop volgende decennia breidde het bedrijf zich uit over de aangrenzende panden. In 1940 was het tijd voor een heel nieuw deel, naast het bestaande bedrijfscomplex. Architecten Merkelbach en Elling maakten het ontwerp. Omdat de Tweede Wereldoorlog uitbrak, duurde het tien jaar voordat het gebouw ook daadwerkelijk voltooid was. De nieuwbouw bestond uit een pand aan de Da Costakade, achter de Bilderdijkstraat, en een opvulling tussen de twee straten. Op de begane grond kwamen onder andere een bankwerkerij en de expeditieafdeling. Op de verdiepingen bevonden zich kantoren en op de bovenste etage, die wat insprong, was een kantine met een dakterras. De architecten wilden de gevel van het nieuwe gebouw laten aansluiten bij de negentiende-eeuwse gevel van het gebouw ernaast, dat ook deel uitmaakte van de lettergieterij – maar dan wel op een twintigste-eeuwse manier. De gevel van de uitbreiding bestaat vooral uit glas en staal. De architecten creëerden horizontale stroken van ramen en gesloten borstweringen, maar brachten ook veel verticale lijnen aan in de gevel. Het is daarmee een harmonieus geheel geworden, een moderne variant op de negentiende-eeuwse gevelindeling, die goed past in de bestaande grachtenwand. Het bedrijf ging in 1980 failliet. Tegenwoordig herbergt het grote Tetterodecomplex woningen, ateliers en werkruimtes.

Hoogovens (1951)

Wenckenbachstraat 1, Velsen-Noord

W.M. Dudok

Na de Tweede Wereldoorlog wilde Hoogovens in IJmuiden een nieuw hoofdkantoor laten bouwen. Het bedrijf organiseerde daarom een prijsvraag voor architecten. Het winnende ontwerp kwam van W.M. Dudok, die voor de oorlog stadsarchitect van Hilversum was geweest. Toen had hij gebouwd in een geometrische maar expressieve vormentaal. Dudoks ontwerp voor Hoogovens was echter veel strakker dan zijn oude werk. Hij bouwde een complex van kantoorruimten ter weerszijden van een middengang, met van buiten vlakke gevels. Het staalskelet – passend voor Hoogovens – en niet de buitenwand had hier de dragende functie. De gevels zijn betegeld en voorzien van vlak geplaatste ramen die snelle verontreiniging voorkomen. Ze zijn statig, maar sober. Dudok wilde dat alle aandacht zou uitgaan naar een enorme, rechthoekige toegangspoort van slanke stalen kolommen en glas. Deze monumentale transparante poort bevat drie glazen gangen. De opvallende vorm van het dak van de voorbouw – een spant in glas – is functioneel: hij zorgt voor een gelijkmatige verlichting van de tekenzaal. De eerste fase van de bouw vond in 1951 plaats. Aan het eind van de jaren vijftig en het begin van de jaren zestig volgden uitbreidingen. Ook in latere jaren zijn er veel andere bouwdelen aangebouwd. Door de corrosie van de stalen ramen raakten de betegelde gevels aangetast. Eind jaren negentig is het gebouw van Dudok daarom gerestaureerd.

Johnson-Wax (1966)

N201 Aalsmeer-Hilversum, Mijdrecht

Maaskant, Van Dommelen, Kroos, Senf

De Amerikaanse firma Johnson Wax koos Mijdrecht, dat gunstig lag ten opzichte van Schiphol, als plek voor een Europese vestiging. De eigenaar van de wasfabriek, een liefhebber van moderne architectuur, vroeg Huig Maaskant een fabriek, opslagruimte en kantoor te ontwerpen. Maaskant had na de Tweede Wereldoorlog veel bedrijfspanden gebouwd, vaak monumentaal van opzet. In Mijdrecht kreeg hij de vrije hand om vooral van het representatieve gedeelte, met de kantoren van de directie, iets bijzonders te maken. Maaskant bedacht een bouwwerk waarbij het puur om de vorm ging. Hij ontwierp een betonnen gebouw met veel glas in de vorm van een reusachtige gebeeldhouwde boemerang. Dat sculpturale bouwwerk stond op vijf betonnen poten in een speciaal aangelegde vijver, waar het boven het water leek te zweven. Een grootrechthoekig bedrijfsgedeelte, met ruimten voor productie en opslag rondom een asymmetrisch geplaatste patio, dient als decorwand achter dit schouwspel. Hier zijn de gevels juist gesloten. Direct daglicht is namelijk niet gewenst bij het produceren van was. Ramen zijn er alleen aan een van de lange zijden, daar waar een kantorenafdeling aan de bedrijfsruimte en de patio grenst. Ter hoogte van de patio springt een gesloten bouwdeel naar voren om het rechthoekige bedrijfsblok te verbinden met het markante directiegebouw. Het bouwwerk was zo'n opvallend verschijnsel dat werknemers met enige regelmaat verraste automobilisten het water in zagen rijden.

Barth Lijstenfabriek (1979)

Industrieweg 16, Boxtel

H.A.J. Henket

Barth Lijstenfabriek wilde eind jaren zeventig een nieuw pand laten bouwen in Boxtel. Het moest architectonisch interessant zijn, maar ook een goede en efficiënte werkomgeving bieden, en niet te kostbaar zijn in het onderhoud. Bovendien wilde de opdrachtgever dat de gevel flexibel was: de opzet moest gemakkelijk aangepast kunnen worden – liefst binnen een dag – als de behoefte aan licht en uitzicht, of beslotenheid, veranderde. Architect H.A.J. Henket ontwierp in samenspraak met de toekomstige gebruikers een licht en transparant gebouw dat goed paste bij het arbeidsproces binnen het bedrijf, dat wissellijsten fabriceerde. De fabriek kwam op de begane grond en kantoorruimte en een expositieruimte kwamen op de verdieping. Henket koos voor een staalconstructie die bestond uit een skelet en een aparte gevel. Het skelet bouwde hij op rondom een kern van vier kokers. Daarin bevindt zich ook de afvoer van het regenwater. Het stalen skelet komt nergens met de buitenlucht in aanraking; zo vermeed de architect aantasting en daarmee duur onderhoud. De gevel kreeg een constructie met klemmen. Daarin liet Henket panelen van dubbel glas vastzetten, afgewisseld met sandwichpanelen. Die konden los worden gehaald en in een andere samenstelling weer vast worden geklemd. Het gebouw paste daarmee goed bij het product van het bedrijf, de wissellijst. Bijna tien jaar later is het flexibele bouwwerk vergroot tot tweemaal de oorspronkelijke omvang, onder andere met al bestaande geveldelen.

Centraal Beheer (1972)

Prins Willem Alexanderlaan 651, Apeldoorn

H. Hertzberger

Begin jaren zeventig bouwde architect Herman Hertzberger in Apeldoorn een nieuw kantoor voor verzekeringsmaatschappij Centraal Beheer. Hij koos voor een aaneenschakeling van gelijkvormige kleine bouwdelen, die hij samenvoegde tot een samenhangende structuur – een manier van werken die structuralisme genoemd wordt. Het gebouw van Centraal Beheer ging bestaan uit een complex van grote en kleine kubussen van verschillende hoogten. Als basis nam Hertzberger een vierkant van negen bij negen meter. In de vier hoeken van zo'n vierkant konden op iedere verdieping kantoren worden ingericht, of bijvoorbeeld een receptie of koffieruimte. Daartussen bleef steeds een kruisvormige vide over. Die open ruimte besloeg alle verdiepingen en liet van boven het daglicht binnen. Kleine vierkantjes verbonden de grote kantoorvierkanten met elkaar. Hertzberger hield het gebouw zoveel mogelijk open, volgens het in de jaren zeventig populaire idee van de kantoortuin. Alleen de vergaderruimten sloot hij af, maar wel met wanden van glazen bouwstenen. Die openheid en de samenstelling uit veel gelijksoortige blokjes kwam voort uit een democratisch ideaal, een afwijzing van hiërarchie. Iedereen mocht dan ook zijn eigen werkplek inrichten en verfraaien, zoals hij dat zelf wilde. Daarom had Hertzberger de toegepaste materialen – ruw beton bijvoorbeeld – maar minimaal laten afwerken. De vierkante in hoogte verspringende kantoorgebouwen met hun dakterrassen bezorgden het complex al gauw de bijnaam De Apenrots.

NMB (1986)

(Hoofdkantoor ING-Bank), Hoogoorddreef 888, Amsterdam

A. Alberts en M. van Huut

De directie van de NMB, de tegenwoordige ING-Bank, en de architecten Alberts en Van Huut waren het erover eens dat het nieuwe hoofdkantoor van de bank een organisch gebouw moest worden. Niet rationeel en rechtlijnig opgezet, want dat zou een verkilling bij de gebruikers teweegbrengen, maar met een veelheid aan vormen, kleuren en materialen die juist zouden bijdragen aan een rijk gevoelsleven. De contouren van het gebouw groeiden tijdens het ontwerpproces op basis van een eerste schematische opzet van rechthoeken tot een organisch geheel. Het complex kreeg een plattegrond in de vorm van een S, met vijf door een binnenstraat verbonden clusters van kantoortorens met schuine wanden, elk met een andere oriëntatie. Daardoor was de lichtinval in iedere toren weer anders, wat zorgde voor een bewuste beleving van de natuur buiten; de seizoenen, het weer, de tijd. De achterover hellende gevels hebben ook een praktisch nut. De schuine hoeken weerkaatsen het verkeerslawaai, zodat dat niet blijft hangen. En gecombineerd met de dikke muren – beton bekleed met baksteen – en de kleine ramen zorgt de helling voor een efficiënte energiehuishouding. 's Zomers blijft het koel en 's winters wordt het minder koud. Binnen staan kolommen scheef, zijn er overal onregelmatige vormen en is de kleur in ieder cluster weer anders. De architecten lieten op alle mogelijke plaatsen weelderige beplanting aanbrengen, zodat de natuur ook letterlijk het gebouw binnendringt.

Suikerunie (1977)

Zuilenstraat 100, Breda

W.G. Quist

De Coöperatieve Suikerunie Nederland (Cosun) gaf de bekende architect Wim Quist midden jaren zeventig opdracht een nieuw hoofdkantoor te ontwerpen. Het kwam te staan aan een grote uitvalsweg van Breda. Quist maakte graag variaties op de vorm van een doos en ook voor de Suikerunie ontwierp hij een gebouw met een eenvoudige geometrische vorm, maar met bijzondere plastische effecten. Het uitgangspunt voor de plattegrond van het kantoor was een vierkant. Drie van de naar buiten gekeerde gevels zijn massieve wanden van baksteen. Ze wekken een gesloten indruk. De ramen zijn als grote vierkante gaten in de muur gesneden. Aan één kant van het vierkant heeft Quist een kwart opengelaten, alsof hij een taartpunt uit het bouwwerk sneed. Daar is een naar binnen wijzende hoek ontstaan waarin zich de entree bevindt. Dit bouwdeel is juist heel transparant, met gevels van glas die diagonaal naar het middelpunt lopen. Voor deze glazen puien plaatste de architect hoge verticale zonweringen van aluminium, grote lamellen, die om hun as kunnen draaien. Quist vergeleek deze bewegende roosters zelf met het binnenste van een zeeanemoon. Tegenwoordig maakt het bouwwerk deel uit van het zogeheten Cosunpark. De Suikerunie heeft het hoofdkantoor verkocht om het gebouw daarna voor een groot deel terug te huren. Eromheen is een soort landschapspark aangelegd met daarin meer kantoren en parkeerplaatsen.

ESTEC (1989)

Keplerlaan 1, Noordwijk

A.E. en H. van Eyck

In Noordwijk staat het ruimtevaartonderzoekscentrum Estec. Voor dit centrum ontwierp Aldo van Eyck in de jaren tachtig een uitbreiding met congreszalen, een bibliotheek en een restaurant. Hij stelde een complex samen van in hoogte variërende torens. Ze zijn zo aan elkaar gekoppeld dat de hoogte van het geheel oploopt. Ook binnen was de vloeiende lijn van bouwdeel naar bouwdeel te volgen, bijvoorbeeld in de kleuren die Van Eyck aan de verschillende ruimten gaf. Het grootste deel van het complex bouwde de architect op uit veelhoekige kolommen en boogspanten van staal, geschilderd in zes kleuren, die elkaar door het gebouw heen opvolgen volgens het kleurenspectrum. Zo hebben de verschillende delen van het gebouw een eigen kleur gekregen, van blauw en groen in de buurt van de entrees tot oranje en rood in het restaurant. De stalen spanten paste Van Eyck in vrijwel het hele complex toe; alleen de conferentiezalen liet hij in beton uitvoeren. Met deze constructie schiep hij een grote variatie aan curven en dakhellingen. De gebogen wanden zorgen voor een vloeiend verloop tussen de verschillende ruimten, die door het dak worden samengehouden. De golvende contouren van de bouwdelen moesten aansluiten bij de zachte vormen van de omliggende natuur: het complex is als een voortzetting van de duinen in de gebouwde omgeving.

Kantoorvilla's (1979)

Weteringschans 26-28, Amsterdam

F.J. van Gool

Terwijl veel architecten zich in de jaren zeventig oriënteerden op de kleine, menselijke schaal, ontstond vooral in de kantoorbouw al gauw weer een tendens naar robuuste vormen. Frans van Gool was een van de architecten die graag forse, sculpturale bouwwerken ontwierpen. Aan het eind van de jaren zeventig bouwde hij twee kantoorpanden aan de Weteringschans in Amsterdam. Ze kwamen op de plek waar eerder twee negentiende-eeuwse villa's hadden gestaan. Verderop stonden nog meer van zulke villa's. Van Gool baseerde de afmetingen en de vorm van de kantoorgebouwen op de bepalingen die voor de villa's hadden gegolden. Daarom passen de twee moderne bouwwerken, kantoorvilla's genoemd, goed bij de overgebleven negentiende-eeuwse villa's. De architect ontwierp een betonskelet met een gevelinvulling in baksteen. De inspringende geveldelen en schuine zijden sluiten aan bij de vormenrijkdom van de oudere villa's. Ze verzachten bovendien de overgang tussen de grote bouwwerken en de omgeving. De gebouwen ogen ondanks de traditionele basis heel modern. Ze hebben gladde gevelvlakken die aan alle kanten uniforme vierkante vensters hebben volgens een gelijkmatig patroon. Vooral dit strakke regime van ramen riep, naast de grote omvang van de gebouwen, nogal wat kritiek op. In 1980 waren de kantoren, die de Amsterdammers 'peper en zout' noemden, aanleiding tot een discussie over de 'nieuwe lelijkheid' van de zakelijke architectuur. Tegenwoordig bestaat er meer waardering voor de kantoorvilla's.

Nationale Nederlanden (1992)

(Delftse Poort), Weena 505, Rotterdam

A. Bonnema

In 1983 werd de Stichting Hoogbouw opgezet. Deze stichting wilde het taboe op hoogbouw, dat in de op kleinschaligheid gefixeerde jaren zeventig was ontstaan, doorbreken. Er moesten meer grote, en vooral hoge gebouwen komen, die voor een echt modern en levendig stadsbeeld zouden zorgen. Vooral in Rotterdam verrees in de jaren tachtig en negentig het ene hoge gebouw na het andere. Zo werd het Weena, dat jarenlang een open vlakte in het centrum van de stad was geweest, binnen vijf jaar volgebouwd en omgetoverd tot een grootstedelijke boulevard. Naast het Centraal Station kwam het nieuwe hoofdkantoor van Nationale Nederlanden te staan, een bouwwerk van enorme proporties. Architect Abe Bonnema had de opdracht gekregen twee afzonderlijke kantoorgebouwen te ontwerpen met een oppervlak van 60.000 vierkante meter. Verder moest er een gebouw komen met faciliteiten, een auditorium, een sportzaal en parkeergelegenheid voor de drieduizend medewerkers van de verzekeringsmaatschappij. Omdat het bouwterrein van vrij bescheiden afmetingen was, moest Bonnema de hoogte in om zo'n groot vloeroppervlak te creëren. Hij bouwde daarom een toren van negentig meter hoogte, en een van 150 meter, met een laagbouw als basis. De torens flankeren het tracé van de metro. Hoewel ze elk een eigen gezicht hebben, horen ze toch ook duidelijk bij elkaar. De hoge spiegelende glasgevels en de transparante onderbouw vormen samen een harmonieuze compositie.

VNO-NCW (1996)

(Malietoren), Bezuidenhoutseweg 12, Den Haag

Benthem Crouwel Architecten

Automobilisten die via de Utrechtsebaan naar het centrum van Den Haag rijden, zien over de weg een enorm kantoorgebouw opdoemen. Het is de Malietoren, een ontwerp van Benthem Crouwel Architecten, met daarin de kantoren van het Verbond van Nederlandse Ondernemers – Nederlands Christelijk Werkgeversverbond (VNO-NCW). Het gebouw van negentien verdiepingen rust op een betonnen vakwerkconstructie die de hele breedte van de weg overspant. Vier betonnen balken steunen aan weerszijden van de Utrechtsebaan op een fundering van negentig heipalen. Daarboven verrijst een grote toren van beton, glas en staal. Een opvallend vormgegeven staalconstructie aan de voor- en de achtergevel houdt het gebouw stabiel. De architect heeft de parkeergarage, een receptiegedeelte en de kantoorruimten bovenop elkaar gestapeld en de gevel een klassieke driedeling gegeven – met een basement, een middendeel en een afsluiting – waaraan die verschillende functies af te lezen zijn. De onderste vijf verdiepingen vormen de garage. De spiraalvormige toegangsweg is zichtbaar gelaten aan de kant van het Malieveld. Verder onttrekken grote aluminium lamellen de auto's aan het zicht. Op de twee etages boven de garage liggen het vergadercentrum en het bedrijfsrestaurant en op de verdiepingen daarboven zijn de kantoren. Deze etages zijn helemaal van glas, dat op sommige plekken transparant is, en op andere juist ondoorzichtig. De bovenste verdieping heeft een dak als een uitkragende luifel, waaronder plaats is voor de technische installaties van het gebouw.

ING House (2002)

Amstelveenseweg 500, Amsterdam

Meyer en Van Schooten

De ING hield in 1998 een prijsvraag voor het ontwerp van een kantoor aan de Amsterdamse Zuidas, een modern bedrijvencentrum in ontwikkeling, dat zou passen bij het nieuwe millennium. Het winnende ontwerp kwam van de jonge architecten Meyer en Van Schooten. Het ING House kwam tussen de ringweg A10 en het Amsterdamse Bos te staan. Het gebouw rust op pilaren van negen tot twaalf meter hoog en bestaat vooral uit staal en glas. Zo kunnen de gebruikers over de ringweg heen kijken. Aan de kant van het Amsterdamse Bos is het gebouw laag maar aan de oostkant, waar meer hoogbouw zal komen, telt het tien verdiepingen. Voor de kantoren zijn glazen gevels aangebracht, klimaatgevels, die het geluid van buiten dempen en zorgen voor de aanvoer van schone lucht. Binnen richtten de architecten het gebouw zo functioneel mogelijk in, volgens de wensen van de ING, die een nieuwe manier van werken voorstond. Werkplekken moesten flexibel zijn en werknemers moesten gemakkelijk met elkaar kunnen communiceren. Daarom zijn de kantoorruimten open gehouden. Het ING House heeft bovendien een groot aantal atria, loggia's, patio's en binnentuinen waar mensen elkaar kunnen ontmoeten. In de neus van het schoenvormige gebouw is een auditorium met 250 plaatsen, die 25 meter uitsteekt. Onder het gebouw is een ondergrondse parkeergarage. Het ING House heeft in zijn korte bestaan al verscheidene bijnamen gekregen, zoals 'strijkijzer' en 'poenschoen'.

Vooral vanaf de twaalfde eeuw brachten handel en industrie de Nederlanders meer en meer samen in steden. Daar bouwden zij woningen die anders van vorm waren dan op het land gebruikelijk was. Ze moesten immers veel woonruimte creëren op een relatief klein oppervlak. De dicht opeengepakte huizen waren daarom meestal vrij smal en hoog. De oudste stadshuizen waren eenvoudig, opgetrokken in vergankelijke materialen als hout en leem. Die zijn bijna allemaal verloren gegaan. De oudste stenen huizen die er nu nog staan, waren de onderkomens van welgestelde mensen die zich dure natuursteen als bouwmateriaal konden veroorloven. Aan het einde van de twaalfde eeuw werd baksteen gangbaar in de woningbouw. Vanwege het brandgevaar van de houten huizen – meer dan eens gingen grote delen van een stad in vlammen op – begonnen stadsbesturen vanaf de vijftiende eeuw de bouw in steen verplicht te stellen.

Grond in de stad was schaars en duur, dus alleen rijke mensen konden een breed huis betalen. Met zo'n groot pand toonden ze meteen hun welvaart aan de rest van de stad. Ook een mooie gevel zorgde voor aanzien. De welgestelde stadsbewoners lieten hun gevels graag modieus vormgeven. Verschillende smaken in geveldecoraties volgden elkaar op. Zo was aan het begin van de zeventiende eeuw een rijkelijk met allerlei klassieke vormen versierde gevel, afgesloten met een trapgevel, populair. Daarna kwam de strakkere, classicistische halsgevel in de mode, totdat ook deze aan het einde van de eeuw verdreven werd door een sobere maar imposante gevel, afgesloten met een rechte kroonlijst.

Het contrast tussen deze luxe woningen en de armoedige onderkomens van de arbeiders was vaak schrijnend. In de tweede helft van de negentiende eeuw begonnen welgestelde filantropen zich daarom in te zetten voor een verbeterde huisvesting voor de armen. Met de woningwet van 1901 ging ook de overheid zich met de volkswoningbouw bezighouden. Met name woningbouwcorporaties bouwden, al dan niet met overheidssubsidie, grote wijken met arbeiderswoningen, voor het eerst vormgegeven door vooraanstaande architecten. Zo creëerden architecten van de Amsterdamse School vooral in de jaren twintig volkswoningen met opvallende gevelwanden. Zulke mooie woonruimte zou ook bijdragen aan de morele verheffing van de arbeiders. Met de opkomst van het gedachtegoed van het Nieuwe Bouwen verschoof de aandacht van een decoratieve gevel naar een gezonde woning met licht, lucht en ruimte. Naast verzorgde wijkjes ontstond in de jaren dertig de eerste hoogbouw, met kleine maar gerieflijke woningen voor arbeidersgezinnen of luxe appartementen voor de meer welgestelden. Vooral na de Tweede Wereldoorlog verrezen overal in Nederland grote nieuwe wijken met flats die de heersende woningnood moesten verlichten.

Een reactie op die massale woningbouw kwam in de jaren zeventig. Toen moesten gebouwen juist kleinschalig zijn en aansluiten bij de historische stad – en bij de wensen van de bewoners. Het was het tijdperk van de stadsvernieuwing. Maar sinds de jaren tachtig mogen grote gebouwen weer. In ieder geval moet er veel gebouwd worden. De Vierde Nota Ruimtelijke Ordening Extra (VINEX) van 1992 stelde dat er voor 2015 een miljoen nieuwe woningen in Nederland moesten komen, voornamelijk in de randstad. Hoewel de bouw op sommige van zulke VINEX-locaties wat eentonig oogt, zijn architecten in andere wijken juist heel avontuurlijk te werk gegaan, met een grote variatie aan nieuwe woningbouw als gevolg.

5 Wonen in de stad

Proosdij (omstreeks 1130)

Sandrasteeg 8, Deventer

Het oudste stenen woonhuis van Nederland staat in Deventer, vlak achter de Lebuïnuskerk. De onderste twee verdiepingen stammen uit ongeveer 1130. Het huis was een proosdij, de woning van het hoofd van het kapittel. Baksteen was toen nog niet gangbaar en de bouwers gebruikten dus natuursteen. Ze bouwden in tufsteen, die ze via de Rijn uit de Eiffel lieten halen – een kostbare aangelegenheid. Voor de belangrijke bouwonderdelen gebruikten ze trachiet. De grote blokken natuursteen zijn goed te zien. In de gevel bevinden zich de restanten van twee Romaanse raambogen. Een zuiltje in een Romaans tweelichtvenster – een boograam met in het midden een kleine dragende zuil – op de tweede verdieping is vervaardigd van zogenoemd aquaductmarmer, een gesteente dat op marmer lijkt, maar dat eigenlijk gewonnen werd uit de dikke kalklaag die was achtergebleven in de Romeinse aquaducten in Duitsland. Het diende in de vroege Middeleeuwen vooral als materiaal voor zuilen en vloeren in kerken en in de woonhuizen van rijke mensen. Bij een restauratie in 1992 bleek dat de centrale hal, waar de vloer lager is dan in de rest van het huis, onderdeel was geweest van een vroegmiddeleeuws poortgebouw, dat toegang gaf tot de kerkelijke immuniteit, een stukje stad onder gezag van de geestelijkheid. Het huis is daarmee niet alleen het oudste stenen woonhuis in Nederland, maar ook één van de oudste poortgebouwen van ons land.

Huis De Haan (14de eeuw)

Meelstraat 1-3, Zierikzee

Aan de Meelstraat in Zierikzee staat tegenover het stadhuis een rij historische huizen. Het oudste dateert uit de eerste helft van de veertiende eeuw. Het is een heel diep en hoog huis met een opvallende trapgevel. De bouwers hebben behalve natuursteen ook baksteen gebruikt. Die was aan het einde van de twaalfde eeuw in zwang geraakt als bouwmateriaal. De gevel wekt door allerlei decoraties een levendige indruk. Bogen van verschillend formaat vormen een sierlijk patroon. De eigenaar liet bovenin een grote boog in de vorm van een klaver aanbrengen in de muur. Zo'n versiering kwam in die tijd vooral in de bloeiende handelsstad Brugge veel voor. In Zeeland was de invloed van Brugge goed voelbaar. Misschien was de eigenaar van het huis aan de Meelstraat wel een koopman, die wilde dat zijn woning net zo fraai was als de huizen van zijn Brugse collega's. Beeldhouwwerk sierde het huis nog verder op. In de gevel zijn onder andere twee haantjes aangebracht; daaraan dankt het huis de naam 'De Haene'. Het pand wordt trouwens ook wel 'Tempelierenhuis' genoemd. Ook binnen zijn nog sporen van de geschiedenis van het huis zichtbaar: op de verdiepingen is goed te zien dat het huis een houtskelet heeft en in de kelder zijn nog de originele tegeltjes te vinden.

Houten huis (omstreeks 1420)

Begijnhof 34, Amsterdam

In de Middeleeuwen waren de meeste huizen van hout. Eerst waren dat lage huisjes met maar één ruimte, maar in de loop van de vijftiende en vooral de zestiende eeuw kwamen er steeds meer houten huizen met een verdieping. Zo'n hoog houten huis staat nog aan het Amsterdamse Begijnhof, een hofje waar ongehuwde vrouwen en weduwen een religieus leven leidden. Het huis dateert oorspronkelijk uit de eerste helft van de vijftiende eeuw. Op de begane grond is een voorkamer en een hogere achterkamer. De voorgevel is van hout, met een overstekende tweede verdieping en een puntgevel. Zulke houten huizen waren wel brandgevaarlijk. Na een grote stadsbrand in 1452 bepaalde het stadsbestuur van Amsterdam daarom dat de zijgevels van nieuwe gebouwen voortaan van baksteen moesten zijn. Zo zouden branden zich minder eenvoudig kunnen verspreiden. Nog geen zeventig jaar later, in 1521, moesten ook de houten zijgevels van bestaande panden vervangen worden in steen. Stenen gevels – meestal niet meer dan dunne muurtjes – werden toen vaak met ankers aan een houtskelet gehangen. Het houten huis op het Begijnhof heeft dan ook stenen zijgevels, opgehangen aan een skelet van hout. Dat is binnen nog goed te zien. Later moesten ook de voor- en achtergevel van een gebouw van steen zijn. In 1669 stelde het stadsbestuur dat definitief verplicht. Niet veel huizen hebben sindsdien hun houten gevel behouden.

Kantelen (eind 15de eeuw)

Donkerstraat 26, Harderwijk

Vanaf de vijftiende eeuw begonnen stenen huizen in de steden de brandgevaarlijke houten huizen te vervangen. In die tijd werd er gebouwd in de gotische stijl. De huizen waren smal, maar diep en hoog. Ze stonden dicht opeen gepakt aan de straten. Aan de voorkant hadden ze op de begane grond een voorhuis, waar gewerkt werd. Daarachter was een slaapruimte en de binnenhaard waar gestookt, gekookt en ook geslapen werd. Een hoogopgaande kapconstructie met pannendak beschermde het huis tegen weer en wind. In Harderwijk staat nog een in baksteen gebouwd laatgotisch huis. Het is nu witgepleisterd. Het hoge zadeldak gaat schuil achter een bijzonder soort trapgevel. De treden hebben hier de vorm van kantelen. De gevel eindigt ook niet met één trede, maar met een stoere rij van drie kantelen. Zogeheten ezelsruggen dekken de kantelen af. Dat zijn rijtjes in een hoek geplaatste bakstenen, die als het ware een klein dak vormen op de kantelen. Het patroon van de ramen volgt bovenin de versmalling in de gevel. In het midden zijn het kruiskozijnen; de vensters zijn in vieren verdeeld door een middenstijl en een tussendorpel en hebben boven glas en beneden luiken. Waar de gevel nog breder is, flankeren ramen van halve breedte, met maar één luik, het middelste kruiskozijn. Zo bleef de symmetrie van de gevel gehandhaafd.

Paushuize (1517)

Pausdam 10, Utrecht

Adriaan Florisz Boeyens, de leermeester van de latere keizer Karel V, bisschop van Tortosa, grootinquisiteur en bovendien kardinaal, was afkomstig uit Utrecht. In 1517 kocht hij een huis in zijn geboortestad, op het terrein van de immuniteit rond de Pieterskerk, een stukje stad waar de kerkelijke autoriteiten heersten. Daar wilde hij zich zo snel mogelijk terugtrekken om zich in alle rust aan de studie van de theologie te wijden. Het huis werd helemaal verbouwd voor de toekomstige bewoner, in laatgotische stijl. Het gebouw heeft twee lange buitengevels, aan de Pausdam en aan de Kromme Nieuwegracht. Op de hoek heeft het huis een trapgevel met op de treden kleine torenvormige versieringen. In de gevel prijkt een beeld van Christus Salvator, Christus als redder van de wereld. Rechts, naast de trapgevel, loopt de gevel uit in een robuuste vierkante toren. De gevel heeft een levendige uitstraling door de zogeheten speklagen, banden van natuursteen die de bakstenen afwisselen. De brug en de inrijpoort aan de Kromme Nieuwegracht zijn later nog aan het huis toegevoegd. Adriaan kreeg zijn fraaie Utrechtse huis nooit te zien. In 1522 werd hij als Adrianus VI de eerste en enige Nederlandse paus. Sindsdien heette het pand Paushuize. Adrianus stierf ruim anderhalf jaar later in Rome. Het voor hem bestemde huis vervulde daarna allerlei functies. Nu hoort het bij het provinciehuis.

Duivelshuis (1546)

Koningstraat 38, Arnhem

De beruchte legeraanvoerder Maarten van Rossum vocht vanaf 1517 in dienst van hertog Karel voor de onafhankelijkheid van Gelre. In 1543 moest hij het onderspit delven tegen de troepen van keizer Karel V. Maarten wisselde eenvoudigweg van heer en diende voortaan de keizer. Tijdens zijn lange loopbaan verwierf hij enorme rijkdommen, vooral door plundering. Van dat geld bouwde hij een aantal huizen, veelal volgens de laatste mode in Renaissancestijl. In 1545 liet hij een opmerkelijk huis bouwen in Arnhem. De muren zijn van baksteen, maar hebben allerlei versieringen in natuursteen. Op de hoeken van de voorgevel zijn hoge erkers. Daar sieren pilasters met een Ionisch kapiteel, met een krul aan beide kanten, de gevel. In het middendeel van de gevel zijn dat verticale reliëfbanden, lisenen geheten. Tussen de verdiepingen zijn gebeeldhouwde leeuwenkopjes te zien. Boven de vensters bevinden zich dubbele boogjes of driehoekige frontons met een schelpmotief als vulling. De dakkapellen hebben steile, puntige topgeveltjes, een kenmerk van de vroege Renaissance. De grote erker heeft een bekroning in de vorm van een reeks klassiek ogende halsgeveltjes, met naar binnen gedraaide voluten, een uitgespaarde cirkel en een driehoekig fronton. Beelden van saters, klassieke figuren die symbool stonden voor de wellust, ondersteunen de erker. Ze lijken op duiveltjes en bezorgden het huis de naam Duivelshuis. Maarten van Rossum kijkt zelf vanaf het dak uit over de stad.

De Drie Haringen (1575)

Brink 55, Deventer

In de Middeleeuwen was Deventer als prominent lid van het Hanzeverbond een bruisende handelsstad, een ontmoetingsplaats voor handelaars uit allerlei landen. Veel van de kooplieden uit de stad waren erg rijk en lieten kolossale huizen bouwen. Koopman Herbert Dapper liet in 1575 een nieuw huis neerzetten op de Brink, achter de Waag. Dapper was rijk geworden met de handel in haringen. Hij was lid van het gilde van de Schonenvaarders, die voeren op het Zweedse schiereiland Schonen. Zij brachten vanaf het midden van de dertiende eeuw haring naar Deventer. Op hun gildenwapen zijn drie haringen te zien. Het huis van Dapper heette naar dit wapen De Drie Haringen. Het is een voorbeeld van vroeg maniërisme, de bouwtrant waarbij bouwmeesters de klassieke motieven die met de Renaissance populair waren geworden op een eigen manier gingen verwerken om de gevel mee te decoreren. Het gebouw achter zulke klassieke versieringen had vaak nog gewoon de ouderwetse laatgotische hoge, smalle vorm. Ook dit huis heeft een hoogopgaande, vlakke gevel. De onderste bouwlagen zijn vrij sober, maar daarboven is de gevel gedecoreerd. Klassieke pilasters zorgen voor een verticaal accent. Maar overheersend zijn de horizontale lijnen, door de natuurstenen banden, speklagen geheten, en de decoratieve blokjes boven de ramen. De topgevel is versierd met rolwerk, krullende banden op de hoeken. Helemaal bovenop prijkt een klein driehoekig fronton.

Trapgevels (16de eeuw)

Markt 2, Delft

Het centrum van Delft is de Markt, waar het stadhuis en de Nieuwe Kerk staan. Aan de straten en grachten rondom het grote plein staan nog veel oude huizen. Op de hoek van de Markt, met een gevel aan het water, staat een pand uit de zestiende eeuw dat kenmerkend is voor de huizen uit die tijd. Het huis heeft aan twee kanten een trapgevel. Het is opgetrokken in baksteen, maar de bouwers hebben decoratieve blokjes natuursteen aangebracht in de ontlastingsbogen boven de ramen; dat zijn ingemetselde bogen die de druk van het muurwerk erboven opvangen. Die ramen hebben kruiskozijnen: ze bestaan uit vier delen, waarbij de bovenste vakken van glas zijn voorzien, en de onderste van luiken. In de gevel zijn de ankers te zien die de verschillende delen van het huis aan elkaar houden; ze zijn eenvoudig maar sierlijk bewerkt. Aan de kant van het water is een hoge, halfronde uitbouw. Daarin bevindt zich een spiltrap, een wenteltrap waarbij de treden aan één zijde zijn opgesloten in een spil. Trapgevels raakten in de tweede helft van de zeventiende eeuw uit de mode. Ze werden toen vaak vervangen door gevels die voldeden aan de smaak van de tijd. Andere huizen rondom de Markt hebben bijvoorbeeld een rechte kroonlijst als afsluiting. De trapgevels van het huis aan Markt 2 zijn bij een restauratie hersteld.

Maniërisme (1631)

Friesestraat 9, Coevorden

In 1592 brachten de Spanjaarden de vestingstad Coevorden ernstige schade toe. Grote delen van de stad moesten opnieuw opgebouwd worden. Veel gebouwen dateren daarom uit het einde van de zestiende of het begin van de zeventiende eeuw. Het was de tijd van de bouwtrant die nu wel Hollandse Renaissance of maniërisme genoemd wordt. Bouwmeesters maakten gebruik van motieven uit de klassieke Oudheid om op hun eigen manier een decoratieve gevel te creëren. De precieze invulling van deze stijl kon per regio, en zelfs per ontwerper, verschillen. In het noorden en oosten van Nederland werkten de architecten onder invloed van Duitse voorbeelden. De bouwmeester van een woonhuis aan de Friesestraat in Coevorden heeft met behulp van uiteenlopende en soms wat bijgewerkte klassieke vormen een fantasierijke, speels ogende gevel opgebouwd. Boven de ramen op de eerste verdieping bracht hij schelpvormen aan. De topgevel daarboven bestaat uit twee verdiepingen. De onderste is vrij breed. In het midden, tussen twee grote ramen, staat een beeld. Op de hoeken schiep de bouwmeester een variatie op Ionische pilasters, afgesloten met een kapiteel met aan weerszijden een krul. Ze dragen een grote lijst. Daarop verrijst een bouwwerkje met centraal een ronde uitsparing, geflankeerd door vrolijk bewerkte pilasters die een gebroken driehoekig fronton dragen met in het midden een klein torentje. Aan weerszijden van de geveldelen plaatste de bouwmeester krullende versieringen, zogeheten rolornamenten.

Dordtse gevels (1680 en 1750)

Museumstraat 48 en 50, Dordrecht

In Dordrecht creëerden de bouwmeesters een heel eigen type gevel voor woonhuizen, die zij in de hele periode tussen 1650 en 1795 bleven toepassen. Er bestonden weliswaar kleine variaties, maar over het algemeen waren de Dordtse gevels allemaal hetzelfde. Ze hadden een houten onderpui met daarboven twee verdiepingen en een trapgevel. Het metselwerk bestond meestal uit een afwisseling van rode en gele Dordtse baksteen. Boven de ramen waren halfronde bogen met daarin de vorm van een klavertje drie met lelies. Als verdere versiering had de gevel meestal een aantal gebeeldhouwde kopjes. De Dordtse gevel met zijn ingewikkelde metselwerk en versieringen bood een metselaar de kans zijn kunnen optimaal te tonen. Daarom gold de bouw van zo'n gevel vaak als meesterproef, de test die metselaars moesten afleggen om als 'meester' lid te worden van het gilde. Na 1700 waren de gevels soms wel van mindere kwaliteit; vooral het beeldhouwwerk werd toen minder gedetailleerd. Aan de Museumstraat in Dordrecht staan naast elkaar twee panden met zo'n gevel, de ene van omstreeks 1680 en de andere van zeventig jaar later, rond 1750. Daaraan is duidelijk te zien dat het geveltype vrijwel geen ontwikkeling had doorgemaakt. Rond 1900 is de Dordtse gevel nog even in de mode geweest. In die tijd telde Dordrecht ruim 150 Dordtse gevels. Daarvan zijn er nu nog ongeveer zestig over.

Sweelinckhuis (1643)

Rokin 145-147, Amsterdam

Philips Vingboons

Pieter Jansz Sweelinck, de zoon van de beroemde organist en componist Jan Pietersz Sweelinck, liet in 1643 twee identieke huizen met een gespiegelde plattegrond naast elkaar bouwen aan het Amsterdamse Rokin. Eén daarvan betrok hij zelf, het andere ging hij verhuren. Alleen het huis van Sweelinck zelf staat er nog in zijn oorspronkelijke vorm. Sweelinck liet de huizen ontwerpen door Philips Vingboons, die in die tijd veel woonhuizen voor rijke burgers bouwde. Het classicisme was toen in de mode, een strakke en symmetrische stijl van bouwen die geïnspireerd was op de bouwkunst van de klassieke Oudheid. Vingboons stemde de beginselen van het classicisme, waarbij eigenlijk een breed gebouw ideaal was, af op de smalle en hoge woonhuizen van de steden in de Noordelijke Nederlanden. De gevel van het Sweelinckhuis heeft eenvoudige Toscaanse pilasters op de bel-etage en over de eerste en tweede verdieping grote Ionische pilasters, met een kapiteel met aan weerszijden een krul. Daarboven verrees een smaller geveldeel met weer Toscaanse pilasters die een klein driehoekig fronton dragen. Dit is een halsgevel, die geflankeerd wordt door sierlijke krullen. Philips Vingboons was de uitvinder van dit type gevel, dat daarom ook wel Vingboonsgevel heet. Zulke gevels werden een ware rage en bouwmeesters in heel Nederland gingen Vingboons imiteren. Aan de gevel van het Sweelinckhuis voegde Vingboons als decoratie nog wat klassieke festoenen, sierlijke slingers, toe.

Trippenhuis (1662)

Klovenierburgwal 29, Amsterdam

Justus Vingboons

Het pand dat de broers Louys en Hendrick Trip, telgen uit een steenrijke familie van wapenhandelaars, aan de Amsterdamse Kloveniersburgwal lieten bouwen moest hun rijkdom ondubbelzinnig zichtbaar maken. De ontwerper van dit imposante Trippenhuis, dat in 1662 klaar was, was Justus Vingboons, de jongere broer van de bekende architect Philips Vingboons. Hij ontwierp voor de broers twee naast elkaar gelegen huizen achter één grote gezamenlijke gevel in classicistische stijl. De brede gevel maakte het mogelijk de ideale, harmonieuze verhoudingen en symmetrie toe te passen die binnen het classicisme zo belangrijk waren. De proporties van het Trippenhuis zijn gebaseerd op twee cirkels naast elkaar, gevat binnen één grotere cirkel. De gevel zinspeelde ook op die van het stadhuis op de Dam. Kolossale pilasters van de Corinthische orde beslaan de eerste en de tweede verdieping. Daarboven prijkt een grote kroonlijst met daarop in het midden een fronton. Dit bovenste deel van het huis baseerde Vingboons op de afmetingen van een tempel van de oorlogsgod Mars in Rome, die de beroemde Italiaanse architect Palladio had gepubliceerd. De toespeling op de oorlogsgod doelde op het beroep van de bewoners. Ook de overvloedige decoraties verwijzen naar de wapenhandel en tonen daarmee de oorsprong van de rijkdom van de Trippen. Op het wapenschild in het fronton staan de lopen van kanonnen en kanonskogels en de schoorstenen hebben de vorm van mortieren.

Huis Schuylenburch (1715)

Lange Vijverberg 8, Den Haag

Daniël Marot

De Fransman Daniël Marot, die als hugenoot in 1685 zijn land ontvluchtte, was decennialang de populairste architect van de Republiek. Hij bracht de symmetrische maar sierlijke Franse stijl uit de tijd van Lodewijk XIV mee naar ons land. In 1715 ontwierp Marot een huis voor de burgermeester van Den Haag, Cornelis van Schuylenburch. De ontwerptekening voor de gevel is, compleet met handtekening, bewaard gebleven. De uiteindelijke gevel wijkt daar nauwelijks van af. De brede voorgevel lijkt op die van de strakke classicistische bouwwerken uit het einde van de zeventiende eeuw, maar heeft wat meer versieringen. Hij bestaat uit een lage hardstenen plint met daarboven lagen van grote blokken zandsteen. Een fries met forse consoles en daarop een balustrade, met vazen op de hoeken, sluiten de gevel af. Deze verschillende lagen geven de gevel een sterk horizontaal accent. De grote ramen doorbreken dat patroon, evenals de opvallende middenpartij. Die heeft op de begane grond een monumentale ingang met een trap. Daarboven bevindt zich een balkon met rondom de deuren sierlijke bloemmotieven en krullen, en erboven een klassiek medaillon. Ook het raam daarboven is versierd. De middenas eindigt in een grote kuif op het dak met daarin de familiewapens van Cornelis van Schuylenburch. De echte overdaad bewaarde Marot trouwens voor het interieur, dat hij rijk decoreerde met stucwerk.

Huis van Anthony Patras (1764)

(Paleis Lange Voorhout), Lange Voorhout 74, Den Haag

Pieter de Swart

Pieter de Swart was tussen 1747 en 1751 hofarchitect van stadhouder Willem IV, die hem een opleiding in Parijs had laten volgen. Daar had hij zich bekwaamd in de elegante architectuur die in de tijd van Lodewijk XV in de smaak viel en die ook wel rococo heet. De bouwmeesters daar besteedden vooral veel aandacht aan het interieur en creëerden een sierlijke eenheid van stucwerkplafonds, betimmering en wandbekleding. Pieter de Swart ontwierp zijn gebouwen als één geheel, van gevel en plattegrond tot decoraties. Na de dood van de stadhouder verloor De Swart zijn baan, maar hij mocht wel de titel 'Architect des princen van Orange' houden. Dankzij zijn reputatie en scholing kreeg hij veel opdrachten. In 1764 ontwierp hij een huis voor de afgevaardigde van Friesland in de Staten-Generaal, Anthony Patras, aan het Haagse Lange Voorhout. Het is een blokvormig, symmetrisch huis met twee bouwlagen en daarop nog een lagere verdieping. De zandstenen gevel oogt vrij sober. Uit grote blokken samengestelde verticale reliëfbanden, lisenen geheten, sieren de gevel. De middenpartij, met een opvallend breed balkon, springt licht vooruit en is bekroond met een driehoekig fronton. In tegenstelling tot de strakke gevel is het interieur versierd met fijn stucwerk in speelse rococostijl. Kort na de voltooiing van het huis overleed Patras, 45 jaar oud. In 1845 werd het huis een koninklijk paleis. Nu is hier een museum.

Huis Van de Perre (1765)

Hofplein 16, Middelburg

Jan Pieter van Baurscheit

Johan Adriaen van de Perre trouwde in 1760 met de schatrijke Jacoba van den Brande. Onder haar bezittingen was het huis De Commanderij in Middelburg. Johan en Jacoba namen de modieuze architect Jan Pieter van Baurscheit uit Antwerpen in de arm om De Commanderij ingrijpend te verbouwen en uit te breiden. Daarbij moest hij wel de bestaande overwelfde kelders en delen van de oude kapel sparen. Baurscheit gaf het huis een gebogen vorm. Daardoor ontstond aan de straat een klein pleintje, omsloten door de voorgevel. Die gevel is symmetrisch opgebouwd, met grote ramen. De middenpartij bevat de monumentale ingang, met daarvoor een trap, en erboven een elegant balkon. Kolossale pilasters lopen van de grond tot aan het dak en ondersteunen een driehoekig fronton met daarin een rond raam. Ronde ramen hebben ook de dakkapellen. In de geveldelen aan weerszijden van de middenpartij vallen vooral de ovale vensters op. Het interieur werd weelderig, met grote chique zalen, gedecoreerd met stucwerk. Johan en Jacoba ontvingen hier veel belangrijke gasten. Stadhouder Willem V was in 1781 wel drie keer met zijn gezin te gast bij de Van de Perres. Johan van de Perre wijdde zich er bovendien aan de natuurwetenschappen. Het huis werd het decor van allerlei proeven met stoom, elektriciteit, wind en waterdruk. Op 5 april 1784 steeg vanuit de tuin de eerste Zeeuwse luchtballon op.

Huis Hodshon (1794)

Spaarne 17, Haarlem

Abraham van der Hart

De 25 jaar oude, steenrijke Cornelia Catharina Hodshon liet in 1794 een monumentaal huis bouwen in Haarlem, op een mooie plek aan het Spaarne. Ze had daarvoor een van de bekendste architecten van die tijd in de arm genomen, Abraham van der Hart, de stadsarchitect van Amsterdam. Die werkte in een strakke classicistische stijl, die als Lodewijk XVI-stijl vanuit Frankrijk was overgewaaid. Het huis kreeg een sobere, statige gevel. De begane grond is uitgevoerd in natuursteen, maar daarboven gebruikte de architect baksteen. Van der Hart hield van strakke vormen; hij wilde niet dat de onderverdeling van de gevel en allerlei versieringen zouden afleiden van de grote contouren. De middenpartij van de gevel komt naar voren, maar de ingang daarin is weinig opvallend. Een forse kroonlijst met daarop een balustrade sluit de gevel af. In het midden staat een beeld van Pallas Athene. Binnen draaide de inrichting helemaal om het ontvangen van gasten. Representatieve 'statievertrekken' namen een groot deel van het huis in beslag. Elk van die kamers kreeg een eigen karakter, met daarop afgestemde aankleding, decoraties en kleuren. Zo waren er een rode en een blauwe kamer. De eigenlijke woonvertrekken waren veel soberder. Cornelia Hodshon woonde tot haar dood in 1829 helemaal alleen in het grote huis. In 1841 betrok de Hollandsche Maatschappij der Wetenschappen, het oudste geleerde genootschap in Nederland, het gebouw.

Museum Bisdom van Vliet (1877)

Hoogstraat 166, Haastrecht

Marcellus Bisdom, de burgemeester van Haastrecht, liet in 1876 een groot huis bouwen. Hij was één in een lange rij van burgemeesters uit zijn familie. Het geslacht Bisdom van Vliet beheerste eeuwenlang het leven in Haastrecht. De familie was enorm rijk en bezat onder meer 99 boerderijen met bijbehorende landerijen – bij honderd zouden de eigenaren in een hogere belastingklasse belanden. Het nieuwe huis werd een groot blokvormig pand met een voorgevel in eclectische stijl. Dat wil zeggen dat de architect gebruik maakte van elementen uit verschillende stijlen om de gevel te versieren. De rechthoekige vorm van het gebouw, de grote pilasters op de hoeken en de zware balustrade die de gevel afsluit, herinneren aan de strakke, classicistische stijl. Maar de brede, wat vooruitspringende middenpartij, op de hoeken afgewerkt in lichte natuursteen, is niet symmetrisch: links van de entree met flankerende pilasters is hij twee ramen breed, rechts maar één. Boven de deur is een balkon, met daarboven een buitenproportioneel groot door pilasters ondersteund segmentfronton. Ook dat doorbreekt de strakke vorm, evenals de ramen met decoratieve omlijsting. Naast het huis staat een koetshuis in een stijl die geïnspireerd is op de Hollandse Renaissance van de zestiende eeuw. De laatste telg van het geslacht, Paulina Lefèvre de Montigny-Bisdom van Vliet, bepaalde in haar testament dat het huis met zijn weelderige inrichting een museum moest worden.

Agnetapark (1885/1929)

Wallerstraat 30-50, Delft

E. Gugel en F.M.L. Kerkhoff/J. Gratema

In de negentiende eeuw werd het contrast tussen de weelderige woningen van de welgestelden en de krotten waarin de armen woonden steeds schrijnender. J.C. van Marken, directeur van de Gist- en Spiritusfabriek in Delft, wilde daarin verandering brengen. Hij kocht in 1882 een terrein achter zijn fabriek om daar een reeks goede woningen voor zijn werknemers te laten bouwen. Daarmee wilde hij hun leefomstandigheden verbeteren, maar hij ging er ook vanuit dat een gezonde en gelukkige werknemer beter zou presteren. Hij liet tuinarchitect L.P. Zocher een park ontwerpen met plaats voor de woningen. Het landschapspark kreeg veel groen, waterpartijen en slingerwegen. Daarbinnen ontwierpen de architecten E. Gugel en F.M.L. Kerkhoff 78 woningen, meestal bijeen in blokjes van drie tot vier woningen die ogen als villa's. Het park ging Agnetapark heten, naar de vrouw van Van Marken. Tussen 1925 en 1929 volgde een uitbreiding met nog eens 156 woningen, naar ontwerp van J. Gratama. Dit deel is veel strakker, met een rechthoekige vijver en daaromheen open huizenblokken aan een geometrisch stratenpatroon. De woningen kwamen niet in het bezit van de arbeiders; in plaats daarvan werden die aandeelhouder van de N.V. Gemeenschappelijk Eigendom. Van Marken ging zelf ook in het park wonen. Veel van zijn werknemers weigerden echter naar het Agnetapark te verhuizen. Ze vonden de huur te hoog, of wilden liever niet zo dicht bij hun directeur wonen.

Jugendstil (1906)

Haarlemmerstraat 83, Amsterdam

J. Hegener

Tegen het einde van de negentiende eeuw wilden jonge architecten niet langer bouwen in de volgens hen oudbollige, historiserende stijlen van die tijd. Zij ontwikkelden een hele nieuwe stijl, Art Nouveau of Jugendstil genoemd. Daarbij werkten architecten en kunstenaars samen om een Gesamtkunstwerk te creëren. Bij het ontwerpen van gebouwen en decoraties lieten zij zich inspireren door de natuur. Ze gebruikten gestileerde plantenmotieven en organische vormen, golvende lijnen en geometrische motieven, meestal in opvallende kleuren. De architecten maakten graag gebruik van gekleurde baksteen, vaak afgewisseld met geglazuurde banden of decoratieve tegels. Aan de Haarlemmerweg in Amsterdam staat een pand met winkel en woonhuis in Jugendstil, ontworpen door architect J. Hegener. De gevel is opgetrokken in gele baksteen met decoratieve natuurstenen accenten. Het huis heeft op de tweede verdieping een licht uitgebouwde erker in natuursteen. De gebogen vormen zijn typerend voor de nieuwe stijl. Een ondersteunende boog in de vorm van een hoefijzer komt tot de bovenkant van de winkelpui. De natuurstenen omlijsting van de ramen heeft een organisch gebogen lijn. De eerste verdieping rust op een zichtbaar gebleven ijzeren staaf. Want de architecten van de nieuwe kunst gebruikten graag materialen als ijzer en staal bij de bouw van hun huizen en lieten die constructies bovendien in het zicht. Ook het sierlijke balkonhek op de eerste verdieping was een van de kenmerken van de moderne stijl.

Gietbeton (1911)

Vinkenbaan 14, Santpoort-Zuid
H.P. Berlage, H. Hana en H.J. Harms

Als een reactie op de zwierige en decoratieve Jugendstil uit het begin van de twintigste eeuw, gingen sommige architecten juist heel strak en rationeel bouwen. Een van hen was H.P. Berlage, die vooral de constructie van een gebouw en de materialen waarmee gebouwd werd belangrijk vond. Berlage was in 1911 esthetisch adviseur bij de bouw van een woonhuis in Santpoort-Zuid. Het huis heeft een L-vormige plattegrond en één verdieping met een plat dak met een overstek. Het technische ontwerp voor het huis kwam van H. Hana en H.J. Harms. Als eersten in Nederland experimenteerden zij hier bij de bouw van een woonhuis met gietbeton als bouwmateriaal. De beroemde uitvinder Thomas Edison had het proces van het bouwen in gietbeton pas een paar jaar daarvoor, in 1907, uitgevonden. Beton maakte het mogelijk sneller, dus goedkoper, en steviger te bouwen. Het kon bovendien in allerlei vormen gegoten worden. Om te harden werd het beton gestort in grote kisten met daarbinnen een vlechtwerk van ijzer, de bewapening. Omdat een houten bekisting snel versleet, gebruikten Hana en Harms een bekisting van gietijzer. Zij wilden de mallen vaker kunnen gebruiken en zo niet alleen een persoonlijke, eenmalige schepping neerzetten, maar een efficiënt proces ontwikkelen voor de productie van meerdere gebouwen. In de gevel van het huis zijn ondanks de bepleistering de afdrukken van de bekisting nog zichtbaar.

Het Schip (1920)

Zaanstraat/Oostzaanstraat/Hembrugstraat, Amsterdam

M. de Klerk

Met de woningbouwwet van 1901 schiep de Nederlandse overheid een gunstig klimaat voor de bouw van betaalbare en kwalitatief goede woningen. Opeens was daarmee ook de woningbouw voor de gewone arbeiders interessant geworden voor architecten. In de jaren tien en twintig van de vorige eeuw zetten vooral de architecten van de Amsterdamse School zich in om arbeiderswoningen meer allure te geven. Niet langer bestond een straat uit een reeks afzonderlijke huizen; de individuele woningen gingen nu schuil achter lange gevelwanden die in hun geheel een expressieve vorm kregen, alsof het gebouw een groot beeldhouwwerk was. De architecten gebruikten golvende vormen, torentjes, opvallende portieken en decoraties van siermetselwerk en sculptuur. Een van de belangrijkste architecten van de Amsterdamse School was Michel de Klerk. Tussen 1917 en 1920 bouwde hij in de Spaarndammerbuurt in Amsterdam in opdracht van woningbouwvereniging Eigen Haard op een driehoekig terrein een blok met woningen, een school en een postkantoor. Lange gevels, met golvend horizontaal accent, lopen langs de Zaanstraat en een gedeelte van de Oostzaanstraat. Aan de Hembrugstraat wijkt de verlaagde gevel terug, waardoor een pleintje ontstaat. Met een veelheid van verschillende metselverbanden rolt de façade zich op meerdere niveaus naar binnen, richting een gedrongen torentje dat het pleintje domineert. Het effect van beweging door de golven heeft het blok de bijnaam Het Schip bezorgd.

De Dageraad (1923)

P.L. Takstraat, Amsterdam

P. Kramer en M. de Klerk

Twee van de belangrijkste architecten van de Amsterdamse School, Michel de Klerk en Piet Kramer, ontwierpen samen een buurt met arbeiderswoningen in Amsterdam-Zuid in opdracht van de socialistische woningbouwvereniging De Dageraad. De woningen hadden drie of vier kamers, voor de meeste arbeiders een enorme verbetering. De gemeente verstrekte subsidie voor de bouw van de huizen. De socialistische wethouder Wibaut was een groot voorvechter van het verfraaien van de straten, ook als het om arbeiderswoningen ging. En de architecten van de Amsterdamse School ontwierpen woningen die niet alleen comfortabel waren, maar ook achter sculpturaal vormgegeven façades lagen die een hele straat konden beslaan. Het idee was dat een mooie woonomgeving een bijdrage zou leveren aan de morele verheffing van de arbeiders. De as van de nieuwe, symmetrisch aangelegde buurt werd de Pieter Lodewijk Takstraat, genoemd naar de voorzitter van De Dageraad. Op de hoek van deze straat met de Burgemeester Tellegenstraat heeft de gevel opmerkelijke in baksteen gemodelleerde golvende contouren. De verspringende afgeronde hoekdelen wijken bovenin uiteen om plaats te maken voor een hoge, bollende torenpartij. Daar in de hoogte prijkt de naam van woningbouwvereniging De Dageraad. Piet Kramer leverde het ontwerp voor dit gebouw, en voor de woningen langs de Burgemeester Tellegenstraat. De dynamisch ogende straatwanden langs de Pieter Lodewijk Takstraat, met verspringende geveldelen, zijn van de hand van De Klerk.

Papaverhof (1921)

Papaverhof 6, Den Haag

J. Wils

Begin jaren twintig bouwde architect Jan Wils in opdracht van de Coöperatieve Woningbouwvereniging Daal en Berg in Den Haag een complex van middenstandswoningen, Papaverhof geheten. Wils behoorde tot de beweging De Stijl, die zocht naar een universele, niet persoonlijke stijl zonder versieringen. Daarbij overheersten rechte lijnen. Wils maakte van het Papaverhof een strakke compositie van kubussen. De architect wilde een echte stadswijk ontwerpen, die toch ook een band met de natuur had. Hij bouwde daarom een dubbele rij van 65 vrij ruime woningen in beton die rondom een groot plantsoen liggen en daarmee een harmonische eenheid vormen. Wils wist de ruimte voor het grote groene plein te creëren door de huizen op ingenieuze wijze aan elkaar te schakelen. Hij bouwde de woningen telkens twee aan twee, zodanig rug aan rug met elkaar verbonden dat tussen de huizen ruimte overbleef voor de toegangen. De woningen die met hun woonkamer en entree aan de straat lagen, hadden vanuit de keuken zicht op het groene plein. De woningen aan het plantsoen zagen vanuit de woonkamer uit op het groen. Openheid en beslotenheid gingen hier hand in hand. Het groene plein is weids, maar toch besloten en loopt geleidelijk over in de omliggende openbare straten. Een vergelijkbare overgang bestaat er tussen het gemeenschappelijke plantsoen en de privé-woningen. Later zijn nog twee bakstenen blokken met appartementen aan het complex toegevoegd.

Justus van Effencomplex (1921)

Justus van Effenstraat, Rotterdam

M. Brinkman

Architect Michiel Brinkman bouwde rond 1920 in opdracht van de Gemeentelijke Woningdienst een complex met 273 woningen aan de Justus van Effenstraat in het Rotterdamse Spangen. Hij stapelde de woningen op elkaar tot een gesloten, naar binnen gekeerd blok rondom een binnenterrein, met daarop nog wat kleinere bouwblokken en een hoger gebouw met onder andere een badhuis en een fietsenstalling. Een straat loopt dwars door het blok en splitst zich bij dit voorzieningengebouw. De gevels aan de buitenstraten hield Brinkman vrij strak, maar aan het binnenterrein maakte hij ze levendig. De ingangen van bijna alle woningen zijn aan het binnenterrein, de voordeuren van de onderste twee lagen op de begane grond, die van de twee maisonnettes erboven aan een verhoogde woonstraat van beton. Zo'n galerij was toen helemaal nieuw. Hierdoor kon Brinkman een grote hoeveelheid woningen bouwen zonder ruimte verslindende trappenhuizen te gebruiken. De galerij is heel breed, variërend van 2,20 tot 3,30 meter. Behalve via verscheidene trappen was hij ook met twee goederenliften te bereiken. Leveranciers konden zo met hun handkarren op de galerij komen en daar van deur tot deur gaan. De galerij was dus een echte straat. Er was ook ruimte voor spelende kinderen en contacten tussen de buren. Bloembakken en tegeltableaus fleurden de galerij op. Brinkman plaatste ook als eerste binnen de Nederlandse volkswoningbouw centrale verwarming in de woningen.

Betondorp (1928)

Amsterdam

J. Gratama en G. Versteeg (stedenbouwkundigen) en diverse architecten

Aan het begin van de jaren twintig was de woningnood in Amsterdam hoog. De gemeente besloot zelf in te grijpen en woningen voor de arbeiders te bouwen in een landelijk gebied aan de rand van de stad, de Watergraafsmeer. Het moest een tuindorp worden waar de arbeiders gezond konden wonen binnen de stad, maar toch vlakbij het platteland. Via een prijsvraag werden tien architecten geselecteerd om het plan vorm te geven. Omdat bouwmaterialen na de Eerste Wereldoorlog schaars waren, ontwierpen zij negenhonderd woningen in beton, volgens acht verschillende systemen. Hieraan dankt de wijk de naam Betondorp. Sommige architecten gebruikten bekistingen in standaardvormen, waar zij het beton ter plekke in goten, andere kozen voor geprefabriceerde wandelementen of voor blokken beton. Het leverde een wijk op met rechte lijnen, hoekige vormen en platte daken. De gevels werden grijs en wit gesausd. Hier en daar zorgde rode baksteen voor afwisseling binnen de grijze kubussen, evenals enkele abstracte decoraties. Ook binnen de wijk is veel groen, onder andere door een groot aantal voortuintjes. Het dorp waaiert in de vorm van een ster uit vanuit een middelpunt, de Brink. Rondom de Brink staan wat grotere woningen, winkels, een bibliotheek en een verenigingsgebouw. De namen van andere straten verwijzen ook naar landbouw en veeteelt en benadrukken daarmee de band met het platteland. Rond 1980 is Betondorp gerestaureerd.

De Kiefhoek (1930)

Eemstein 21, Rotterdam

J.J.P. Oud

J.J.P. Oud ontwierp in de jaren twintig in opdracht van de gemeente Rotterdam een wijkje met ruim 290 woningen in Rotterdam-Zuid, bedoeld voor erg arme, grote gezinnen. De gemeenteraad discussieerde lang over het plan voor deze wijk, De Kiefhoek. Oud wilde de woningen een douche en een extra kraan geven, maar volgens veel raadsleden hadden de armen dat niet nodig: "die menschen verlangen niet naar dat water in zoo grote hoeveelheid (...). Dat is een soort bewoners, die veeleer watervrees dan waterlust hebben." De gemeenteraad ging akkoord met een aangepast plan. Volgens de idealen van het Nieuwe Bouwen ontwierp Oud de wijk zo dat alle woningen, die vrijwel identiek waren, optimaal van het zonlicht profiteerden. Oud bouwde De Kiefhoek op uit een reeks woonblokken van twee lagen, die hij in stroken evenwijdig naast elkaar plaatste. Op een betonnen fundament werden de huizen gemetseld en daarna wit gepleisterd, zodat het leek alsof ze helemaal van het moderne bouwmateriaal beton waren. Ze kregen alleen een borstwering van gele baksteen. Dat geel kwam terug in de raamkozijnen. De huizen hebben platte daken. De architect schiep zo een compositie van rechte lijnen en horizontale vlakken; alleen de hoeken die de toegang tot de wijk markeerden rondde hij af. Elke woning had een achtertuintje en een nog kleinere voortuin met een muurtje in gele baksteen.

Rietveld-Schröderhuis (1924)

Prins Hendriklaan 50, Utrecht

G.Th. Rietveld

In 1924 ontwierp Gerrit Rietveld een woonhuis voor de 35-jarige Truus Schröder-Schräder, die na de dood van haar man met haar drie kinderen kleiner wilde gaan wonen. Het huis, in een buitenwijk van Utrecht, sloot aan bij de ideeën van De Stijl. Het was een compositie van witte en grijze rechthoeken, hier en daar aangevuld met de primaire kleuren rood, geel en blauw. Het huis was bijzonder modern, vooral ook in contrast met de traditionele huizen in de omgeving. Het heeft twee niveaus. Op de begane grond kwamen onder andere de keuken en een aantal woonvertrekken. Op de bovenverdieping waren de slaapplaatsen. Eigenlijk was dit een grote open ruimte, een zolder. Alleen het toilet en de badkamer waren afgescheiden vertrekken. Maar door een stelsel van verschuifbare en deels draaibare panelen konden verschillende kamers gecreëerd worden. De kinderen konden overdag spelen in de grote ruimte, maar 's nachts werden de wanden dichtgeschoven en ontstonden privé-slaapkamers. Het huis was niet alleen flexibel, maar ook transparant. Het stond aan de rand van de stad en een veelheid aan ramen bood uitzicht op de polders en liet het landschap binnen in de woning. Toen later de stad oprukte en er een snelweg voor het huis werd aangelegd, stelde Rietveld voor het af te breken. Maar mevrouw Schröder is er tot haar dood in 1985 blijven wonen.

Witte villa (1930)

Joelaan 2, Hilversum

P. Elling

De 'witte villa' werd in de jaren twintig erg populair. Dit type huis was voortgekomen uit het gedachtegoed van het functionalisme of Nieuwe Bouwen. Die beweging zag de gebruiksfunctie van een gebouw als bepalend voor de vorm. Ornamenten waren taboe. De bouwstijl hing nauw samen met de ideeën van de kunstenaarsgroep De Stijl en de bouwwerken hadden over het algemeen rechte lijnen. Zulke strakke vormen zouden ook voor sociale gelijkheid zorgen en de woningen vol licht, lucht en ruimte zouden de leefomstandigheden van de arbeiders verbeteren. De witte villa's werden echter vooral gebouwd voor rijke opdrachtgevers met progressieve ideeën. Architect Piet Elling bouwde vanaf het eind van de jaren twintig een reeks stadsvilla's in Hilversum, Bunnik en Blaricum: moderne, zakelijke, witgepleisterde huizen met balkons en terrassen. De huizen lijken op elkaar – een strakke structuur van horizontale en verticale lijnen – maar zijn toch allemaal weer verschillend. Elling varieerde bijvoorbeeld de constructie of het materiaal. In 1930 bouwde hij een villa aan de Hilversumse Joelaan. Hij maakte daarbij gebruik van een betonskelet. Daardoor kon hij delicate gevels bouwen van wit pleisterwerk en dunne stalen raampartijen. Overkragende daken, balkons en terrassen maken de strakke compositie compleet. Achter twee identieke, symmetrische gevels aan de tuinkant bevinden zich verschillende plattegronden: in het zuidwesten is de begane grond asymmetrisch en de verdieping symmetrisch opgezet, aan de zuidoostzijde is het precies andersom.

Nirwanaflat (1929)

Benoordenhoutseweg, Den Haag

J. Duiker en J.G. Wiebenga

In de jaren twintig ontstond een nieuwe woontrend voor welgestelden: het luxe appartementengebouw in de stad. Tussen 1926 en 1929 verrees in Den Haag de eerste woontoren van Nederland, Nirwana geheten, naar een ontwerp van J. Duiker en J.G. Wiebenga. Met een kelder, bel-etage, vijf woonverdiepingen en een topverdieping was de toren bij de voltooiing in 1930 baanbrekend. De architecten maakten als eersten in Nederland gebruik van een betonskelet voor zo'n hoog gebouw. De gevels hadden daardoor geen dragende functie en konden grote doorlopende raamstroken krijgen. Elk appartement had meerdere balkons. De hoek van het gebouw was opengebroken; ook daar bevonden zich balkonnetjes. De balkons en de ramen zorgden voor veel licht en lucht in de woningen. Dat was een van de idealen van het Nieuwe Bouwen, de beweging die streefde naar functionele en leefbare gebouwen met een onopgesmukte, rationele constructie volgens de laatste technische ontwikkelingen. De appartementen lagen rondom een centraal trappenhuis met daarin ook een lift. De eerste kopers hadden nog invloed op de opzet van de plattegrond van hun woning, zodat de appartementen van binnen van elkaar verschilden. De woningen beschikten over stortkokers voor huisvuil en vuile was, een huistelefoon, een goederenlift en centrale verwarming. Oorspronkelijk was er beneden een keuken. Daar konden de bewoners met de huistelefoon een maaltijd bestellen, die dan via de goederenlift op hun etage arriveerde.

Wolkenkrabber (1930)

Victorieplein, Amsterdam

J.F. Staal

Aan het Victorieplein, waar drie grote verkeerswegen samenkwamen, had H.P. Berlage in zijn stedenbouwkundige ontwerp voor Amsterdam-Zuid een monumentaal accent gepland. In 1930 kwam hier een woontoren te staan naar een ontwerp van J.F. Staal, die met zijn veertig meter het hoogste gebouw van Amsterdam was. De Amsterdammers waren zo onder de indruk dat ze het gebouw de bijnaam 'Wolkenkrabber' gaven. De Wolkenkrabber had twaalf verdiepingen en bevatte 24 zeskamerwoningen. De toren viel niet alleen op door zijn hoogte; tussen de decoratief vormgegeven bakstenen gebouwen in de trant van de Amsterdamse School sprong ook de strakke, functionele vorm van het gebouw in het oog. De woontoren heeft eigenlijk twee gezichten. De zijkanten en de achterkant liet Staal vrij sober. De achterkant heeft diepe, stalen balkons, brandtrappen aan weerszijden en een lange schoorsteen, die van de grond tot het dak loopt. De voorkant oogt heel anders. In het midden is een grote schacht van glas en staal met daarachter het trappenhuis en de liften. De voorgevel bouwde Staal symmetrisch op rondom die as. Aan weerszijden kwam eerst een rij kleine balkons met grote horizontale vensters met stalen kozijnen. De zijkanten van de gevel bestaan uit geel muurwerk van baksteen met kleine verticale vensters. Staal voorzag de Wolkenkrabber van veel moderne gemakken zoals vuilstortkokers, een lift, centrale verwarming, warm water en een elektrische bel.

Bergpolderflat (1934)

Abraham Kuiperlaan, Rotterdam

W. van Tijen, J.A. Brinkman en L.C. van der Vlugt

Architecten zochten in de eerste helft van de twintigste eeuw naar goedkope mogelijkheden om op grote schaal woningen te bouwen voor gezinnen met een laag inkomen. Begin jaren dertig liet de Maatschappij voor Volkswoningen in Rotterdam de eerste hoogbouw met arbeiderswoningen neerzetten: de Bergpolderflat, naar een ontwerp van W. van Tijen, J.A. Brinkman en L.C. van der Vlugt. De architecten pasten een nieuw soort constructie toe, een staalskelet met betonnen platen. Grote onderdelen van het gebouw waren geprefabriceerd. Daardoor konden ook ongeschoolde arbeiders aan de flat bouwen. De Bergpolderflat werd een hoge schijf, omgeven door groen, met negen woonlagen van elk acht woningen. De voordeuren van de woningen lagen aan een galerij. Daarmee was de Bergpolderflat de allereerste galerijflat. Op de kop van het gebouw was een glazen trappenhuis met een lift die naar de galerijen voerde. De woningen hadden zonnige kamers met een balkon op het zuidwesten. Ze waren wel klein, met een oppervlak van nog geen vijftig vierkante meter. Dat vroeg om een efficiënt gebruik van de ruimte. Er kwamen weinig binnenmuren en de ouderslaapkamer, die voorzien was van een opklapbed, kon overdag bij de woonkamer getrokken worden. In de kelder waren gemeenschappelijke wasruimtes, met een dampvrije kamer waar de kinderen konden spelen. Verder was er centrale verwarming. En de bewoners mochten iedere dag gratis een emmer warm water halen bij de conciërge.

Sloterhof (1959)

Comeniusstraat, Amsterdam

J.F. Berghoef

Na de Tweede Wereldoorlog werd Amsterdam uitgebreid met vijf zogenoemde tuinsteden ten westen van het oude stadscentrum. Het waren buurten vol groen, met daartussen bebouwing in stroken. Zon, frisse lucht en ruimte moesten overheersen, ook in de woningen. Een schaarste aan bouwmaterialen zette architecten hier aan tot experimenten met nieuwe industriële bouwmethoden. Een van die nieuwe manieren van bouwen was het uit Engeland afkomstige Airey-systeem. Volgens deze methode werd eerst een skelet van beton en staal gemonteerd, waarop dan buiten en binnen een bekleding van betonplaten en houtvezelplaten werd aangebracht. De ramen en de dakspanten van de woningen waren van staal en de kap was bekleed met houten planken met daarop een laag asfalt. De licentie om dit systeem – met enige aanpassingen – in Nederland te gebruiken kwam in handen van architect J.F. Berghoef. Aan de Commeniusstraat in de tuinstad Slotermeer bouwde hij het flatgebouw Sloterhof volgens het Airey-systeem. Hij plaatste het flatgebouw deels op palen over het water. Het gebouw heeft acht lagen: een onderhuis met bergingen, een galerij met kleine woningen en drie galerijen met maisonnettes. De galerijen lopen op de eerste, tweede, vijfde en zesde verdieping; ze geven afwisselend toegang tot een onderwoning en een bovenwoning. Stedenbouwkundige Cornelis van Eesteren was zo onder de indruk van de flat dat hij de gewoonlijk traditionalistisch bouwende Berghoef prees als een van de beste moderne functionalisten.

Atelierwoningen (1934)

Zomerdijkstraat 16-30, Amsterdam

Zanstra, Giesen, Sijmons

Het eerste project van het ontwerpbureau dat Piet Zanstra in 1932 samen met Jan Giesen en Karel Sijmons opzette, maakte de architecten op slag beroemd. Het was een gebouw met atelierwoningen voor beeldende kunstenaars. De architecten waren aanhangers van het Nieuwe Bouwen; zij wilden de vorm van hun gebouwen afleiden uit de functie en overbodige decoraties achterwege laten. Ze plaatsten de bebouwing als een strook tussen twee straten. Aan de noordkant kwamen vier bouwlagen, waarvan de onderste uitstak. Hier waren de ateliers. Op de begane grond zijn houten deuren die groot genoeg zijn om de sculpturen van de kunstenaars door te laten. De verdiepingen zijn hoog, zodat de ateliers hoog licht uit het noorden kunnen ontvangen. Een staalskelet maakte grote doorlopende horizontale reeksen ramen met stalen kozijnen en roeden mogelijk. Ronde ramen aan de zijkant zorgden voor een natuurlijke lichtval in de studio's. Aan de andere kant, aan de Zomerdijkstraat, kreeg het gebouw zes lagen met woningen. Hier werden de langwerpige vensters minder prominent en overheerste baksteen. De woningen hadden kleine stalen balkons, met een verwijderbaar voorstuk, zodat de kunstenaars hun werk hun huizen in en uit konden dragen. Omdat de ateliers anderhalve woonverdieping beslaan, geven sommige ateliers toegang tot een grote woning van twee etages en andere tot een kleinere van één verdieping.

Drive-in woningen (1937)

Athonie van Dijkstraat 4-13, Amsterdam

W. van Tijen, M. Stam, L. Stam-Beese

Vanaf de jaren dertig begon de auto een centrale plaats op te eisen in het leven van de moderne – en toen ook welgestelde – mens. In 1937 bouwde architect Willem van Tijen samen met zijn jonge compagnon Hendrik Maaskant en Mart en Lotte Stam de eerste woningen die hier rekening mee hielden: een rij met vijf woningen boven inpandige garages. De huizen hebben een staalskelet als draagconstructie. Daardoor konden de architecten veel glas gebruiken. Vanuit een glazen entreeportaal naast de garage bereikte de bewoner via een halfronde trap het open, lichte huis. De woning was erg ruim. Boven de garage bevonden zich drie verdiepingen met een woonkamer en een eetkamer – gescheiden door een glazen schuifwand –, zes slaapkamers, een studeerkamer, een keuken, twee toiletten, een badkamer en nog een bergruimte. De bovenste verdieping week terug, waardoor op het zuiden een terras ontstond. De eerste verdieping had een balkon met een stalen borstwering. Een stalen trap verbond de woning bovendien met een tuin aan de achterkant. De huizen voldeden helemaal aan de eisen van het Nieuwe Bouwen of functionalisme. Ze hadden een eenvoudige vorm die voortvloeide uit hun functie en waren gebouwd met moderne materialen. Bovendien was er door de ramen en de verschillende buitenruimten veel licht en lucht in de woningen. Dit type woning met garage vond vooral in de jaren vijftig en zestig veel navolging.

Studentenflat (1966)

Weesperstraat 7-57, Amsterdam

H. Hertzberger

Herman Hertzbergers eerste grote werk was de studentenflat aan de Weesperstraat in Amsterdam die hij in 1966 bouwde in opdracht van de Stichting Studentenhuisvesting van de Universiteit van Amsterdam. Het gebouw bestaat uit twee forse langwerpige op elkaar geplaatste blokken. Voor de robuuste vorm van het gebouw liet Hertzberger zich inspireren door het werk van de Zwitsers-Franse architect Le Corbusier. Het onderste deel is het langste en sluit met zijn hoogte aan bij de omliggende grachtenpanden. Het daarop gelegen blok steekt boven de omgeving uit. Het gebouw met de studentenwoningen staat op kolommen. Daaronder, op straatniveau, reserveerde Hertzberger ruimte voor bedrijven en winkels. De overgang tussen de openbare weg en de woningen liet de architect geleidelijk verlopen, via overdekte buitenruimtes en niveauverschillen. Hiermee sloot Hertzberger zich aan bij de ideeën van Aldo van Eyck. En net als deze architect richtte Hertzberger zijn gebouw zo in dat het onderling contact tussen de bewoners stimuleerde. De studentenkamers zijn per woning gelegen aan een dubbele, lange gang. In het midden, tussen de twee gangen, zijn de badkamers en de toiletten. De gangen komen uit op een gemeenschappelijke woonkamer en keuken met terras. Eén laag woningen was gereserveerd voor getrouwde studenten. Ook zij hadden een ontmoetingspunt aan de kop van de etage. In de flat waren op de begane grond een mensa en een studentencafé .

Jongerenhuisvesting (1985)

Kruisplein, Rotterdam

Mecanoo

Een groepje jonge architecten won onder de naam Mecanoo in 1985 een prijsvraag voor het ontwerp van een gebouw met jongerenwoningen aan het Rotterdamse Kruisplein, in de wijk het Oude Westen. De ontwerpers hadden hun studie nog niet eens afgerond en de oudste van hen was 25 jaar. Het winnende plan bestond uit een complex dat uiteenlopende vormen van gemeenschappelijk wonen samenbracht. Het bouwwerk kwam te staan op de grens tussen het in de Tweede Wereldoorlog verwoeste centrum van Rotterdam, nu vol met moderne gebouwen, en een woonwijk uit de negentiende eeuw. Het gebouw vormt door zijn omvang en de plaatsing een overgang tussen deze verschillende stadsdelen. Mecanoo bouwde in een stijl die wel neomodernisme heet; de architecten grepen terug op het functionalisme, dat de functie van een gebouw als allesbepalend beschouwde, maar besteedden meer aandacht aan opvallende vormen. Het complex aan het Kruisplein ging bestaan uit een strook hoogbouw van negen verdiepingen – met bovenop een dakterras – en een lager gebouw met een ronding, met vier verdiepingen woningen boven winkels. Mecanoo plaatste de bouwblokken op palen. In het hoge bouwdeel leiden galerijen naar de woningen. Er is een galerij per drie etages. Het gebogen gebouw heeft portieken. Van binnen is de indeling flexibel en daarmee geschikt voor verschillende woonvormen. Trappen verbinden de woningen binnen met gemeenschappelijke ruimten.

Hangbrugwoningen (1970)

Dijkgraafplein, Amsterdam

J.P. Kloos

Tussen 1964 en 1970 werd in de Amsterdamse nieuwbouwwijk Osdorp gebouwd aan een opvallend complex met woningen naar een ontwerp van J.P. Kloos. Kloos was een fervent aanhanger van het Nieuwe Bouwen, of functionalisme. Hij was zijn loopbaan in de bouwkunst in de jaren twintig begonnen als opzichttekenaar aan sanatorium Zonnestraal in Hilversum, een ontwerp van architect J. Duiker, een van de meest uitgesproken vertegenwoordigers van het Nieuwe Bouwen. Architectuur moest functioneel zijn; gebouwen moesten de samenleving dienen en niet alleen een mooie vorm hebben. Kloos bouwde ziekenhuizen, scholen, kantoorgebouwen en woningen. De zogeheten 'hangbrugmaissonnettes' aan het Dijkgraafplein in Osdorp waren zijn opvallendste project. Het eerste ontwerp maakte Kloos in 1962, als inzending voor een prijsvraag voor experimentele woningbouw, maar pas twee jaar later begon de bouw. Het is een complex van hoogbouw met winkels op de begane grond en daarboven woningen die twee verdiepingen beslaan. Opvallende afgesloten galerijen geven toegang tot deze maisonnettes. Ze zijn breed, als trottoirs, overdekt en hebben glazen wanden. Eén buitentrap ontsluit steeds vier maisonnettes. Daarom is er maar één buitengalerij per vier verdiepingen. Zulke galerijen verbinden ook de verschillende gebouwen van het complex; als grote glazen hangbruggen lopen ze tussen de flats.

Paalwoningen (1975)

Markt/Europaweg Helmond

P. Blom

Een 'stedelijk dak' van woningen, dat was een van de opmerkelijke ideeën van architect Piet Blom: woningen hoog in de lucht, met daaronder een open straat waar bewoners elkaar ontmoetten. In 1972 ontwierp Blom een cultureel centrum omgeven door woningen voor de binnenstad van Helmond. De bossen in de omgeving inspireerden hem tot een plan voor een 'bos' van 183 boomachtige woningen op palen. Uiteindelijk werden het er maar 21, gegroepeerd rondom het culturele centrum dat Blom 'speelhuis' noemde – cultureel centrum vond hij te elitair. Dit speelhuis moest een ontmoetingsplek voor alle bewoners worden. Daarom lag het midden in de woonwijk. Het speelhuis bestond uit vergelijkbare vormen als de paalwoningen. Zo'n paalwoning heeft een gekantelde kubus die met één punt op een betonnen paal staat, waarin de entree is, en de trap die naar de woning voert. De paal is afgewerkt met betonsteen. De overhellende vlakken van de kubus zijn bekleed met hout, terwijl de dakvlakken een leien bedekking hebben. De kubus heeft drie niveaus. Het 'straathuis' bevat de keuken en de woonkamer, in het 'hemelhuis' zijn de slaapkamers en het 'loofhutje' heeft een balkon of tuintje. De schuine wanden en de ongebruikelijke vormen van de ramen maken het onmogelijk gewoon meubilair neer te zetten. De architectuur dwingt de bewoners zo tot grote creativiteit bij het inrichten.

Stadsvernieuwing Zwolle (1975)

Nieuwstraat/Waterstraat, Zwolle

A. van Eyck en Th. Bosch

De jaren zeventig was de tijd van de zogeheten stadsvernieuwing. In plaats van grote bouwblokken lieten de gemeenten nieuwe gebouwen in de oude stadskernen neerzetten die met hun rooilijn en afmetingen aansloten bij de historische omgeving, veelal met inspraak van de buurtbewoners. Wonen, werken en winkelen moesten daarmee weer samenkomen in de binnensteden. Kleinschaligheid en laagbouw vormden de uitgangspunten bij de bouw van deze aanpassingsarchitectuur. De pioniers van de stadsvernieuwing waren de architecten Aldo van Eyck en Theo Bosch.

Rond 1970 begonnen zij met nieuwbouw in de historische Amsterdamse Nieuwmarktbuurt. Een jaar later leverde het tweetal het ontwerp voor een stadsvernieuwingsproject in de oude binnenstad van Zwolle. De gemeente wilde dat er op een terrein langs de Waterstraat en de Nieuwstraat gebouwen kwamen te staan om in te wonen en om in te werken. De bebouwingsdichtheid moest er hoog zijn. Bovenal moest de nieuwbouw passen binnen de bestaande structuur van de stad, met zijn straten en binnenterreinen. Van Eyck en Bosch ontwierpen 75 woningen en 21 bedrijfspanden die aansloten bij de omgeving. De rij woningen was even hoog als de bestaande bebouwing en volgde de bocht van het oude stratenpatroon, ontstaan door de kromming van de middeleeuwse stadsmuur. Aan de binnenzijde kwam een hofje. De muren waren van baksteen, met kleine ramen met houten kozijnen. Elk huis had bovendien, heel traditioneel, zijn eigen afgeknotte topgevel.

Almere-Haven (1979)

Kerkgracht, Almere

Apon, Van den Berg, Ter Braak & Tromp

In de nieuwe provincie Flevoland moesten de steden van de grond af worden opgebouwd. In Lelystad gebeurde dat vanaf het einde van de jaren zestig met grote, lange bouwblokken met strakke gevels waarachter de verschillende woningen niet te onderscheiden waren. De bouw van Almere, tien jaar later, verliep volgens heel andere principes. De nieuwe stad kreeg verschillende kernen, elk met een eigen karakter. Zo is Almere-Stad het economische, bestuurlijke en culturele centrum, terwijl Almere-Haven aan het Gooimeer vooral in het teken staat van recreatie en ontspanning. Architect H. van Willigen van de Rijksdienst voor IJsselmeerpolders ontwierp de globale structuur van de wijk. Er moesten vooral laagbouwwoningen komen te staan tussen veel groen, niet alleen in de buitenwijken maar ook in het centrum van Almere-Haven. Verschillende architecten gingen daaraan invulling geven. Een van hen was Dick Apon. Hij ontwierp de bebouwing rondom de Kerkgracht. Die ging niet bestaan uit grote bouwblokken, maar uit lage huizen van wisselende hoogte, die allemaal te herkennen zijn aan een eigen topgevel. Als voorbeeld dienden de oude binnensteden van Amsterdam en de stadjes aan de voormalige Zuiderzee. Net als in deze plaatsen kwamen er straten en grachtjes met woningen boven winkels, en een ouderwets marktplein. In de gevels overheerste baksteen, soms afgewisseld met houtwerk of betonelementen. Almere is, met meer dan honderdduizend inwoners, de eerste laagbouwstad van Nederland.

Modern grachtenpand (1975)

Singel 428, Amsterdam

A. Cahen en P. Girod

De bouw van nieuwe woningen in het historische centrum van Amsterdam is een precaire kwestie. Het stadsgezicht mag niet aangetast worden, maar kopieën van eeuwenoude grachtenpanden zijn niet van deze tijd. Architecten Abel Cahen en Patrice Girod vonden in 1970 een bijzondere oplossing voor dit probleem. Toch wees de welstandscommissie hun ontwerp voor het pand aan Singel 428 veertien keer af, voordat de bouw echt kon beginnen. Pas in 1975 was het huis af. Het gebouw staat tussen de achttiende-eeuwse grachtenpanden. Het nieuwe pand sluit aan bij de oude gebouwen, maar is toch ook opvallend anders. Het moderne grachtenhuis heeft een bedrijfsruimte in het souterrain. Daarboven zijn drie gewone flats en helemaal bovenin een luxe appartement over twee etages. Die indeling is zichtbaar in de gevel. De grote flat heeft een raam dat over de bovenste twee verdiepingen loopt. In het midden van het pand is een rond trappenhuis, met lift, waar de deuren van de woningen op uitkomen. De gevel is opgetrokken in prefab betonelementen. Dat materiaal en de kleuren – grijs en blauw – contrasteren met de overwegend bruine, bakstenen historische gebouwen. Dat geldt ook voor de strakke moderne vormen. Maar de hoogte en de harmonieuze proporties van de gevel passen perfect bij de omliggende grachtenpanden.

Organisch huis (1980)

J. Buziaulaan 25, Utrecht

A. Alberts

Architect Ton Alberts nam, aangespoord door de antroposofische filosofie, het welzijn van de mens tot uitgangspunt voor zijn gebouwen. De architectuur van een bouwwerk moest afgestemd zijn op de menselijke maat en bovendien voortvloeien uit het landschap en de stedenbouw die het omringden. Dan zouden de mensen zich volledig thuis voelen en in harmonie kunnen leven met hun omgeving. In 1980 bouwde Alberts in Utrecht een woonhuis voor projectontwikkelaar De Waal. De basis van het ontwerp vormden hetzelfde betonnen casco en dezelfde materialen als die van de omliggende woningen. Daarmee sloot het nieuwe huis aan bij de bestaande buurt. Op deze basis liet de architect de vorm van het gebouw echter vrij groeien. Alberts maakte een model in klei, op schaal 1:50, en liet het huis al boetserend organisch ontstaan. Ook toen de bouwwerkzaamheden al in volle gang waren, bleven de architect, de opdrachtgever en zelfs de bouwers de maquette en het huis zelf opnieuw modelleren. Het huis kreeg vorm in baksteen, die het betonskelet aan het zicht onttrekt. Het resultaat was een plastisch bouwwerk met vloeiende, golvende contouren. Regelmaat en rechte lijnen ontbreken. Alberts had ze welbewust vermeden: "Rechthoekige vormen maken de mens die erin verblijft hard, hoekig, ongevoelig, rationeel. Een wat lossere, vrijere opvatting doet de mens vriendelijker, vrijer, losser zijn."

Pentagon (1982)

Sint Antoniesbreestraat/Zandstraat, Amsterdam

Th. Bosch

De aanleg van de metro had grote veranderingen gebracht in de Amsterdamse Nieuwmarktbuurt. Enkele historische panden waren gerestaureerd, maar veel oude gebouwen hadden moeten wijken voor nieuwbouw. De architecten Aldo van Eyck en Theo Bosch hadden het stedenbouwkundige ontwerp gemaakt voor deze stadsvernieuwing. Theo Bosch bleef tot ver in de jaren tachtig toezicht houden op de nieuwe architectuur in de buurt. Daar kwam ook een heel nieuw soort woning tot stand, de zogenoemde HAT-eenheid. Sinds de Tweede Wereldoorlog waren de huishoudens kleiner geworden. Veel Nederlanders woonden alleen of met zijn tweeën. De vraag naar kleinere woningen leidde tot de komst van de HAT-eenheid, huisvesting voor alleenstaanden en tweepersoonshuishoudens. Theo Bosch ontwierp in 1975 zelf een complex met HAT-eenheden, het Pentagon, dat pal boven de nieuwe metrobuis kwam te staan. Het gebouw was typerend voor de stadsvernieuwingsbouw van de jaren zeventig: het paste door zijn afmetingen en vorm bij de bestaande bebouwing en was mede gebaseerd op de wensen van de toekomstige bewoners. Het Pentagon dankt zijn naam aan zijn vorm. Het is een vijfhoekig gebouw met 88 woningen rondom een binnenplaats. Het nieuwe gebouw sluit aan bij de oude rooilijnen van de omliggende straten. Het gebouw wekt een lichte, transparante indruk. De gevel bestaat voor een groot deel uit glazen erkers tussen betonnen kolommen.

De Peperklip (1982)

Rosestraat, Rotterdam

C. Weeber

Als reactie op de kleinschalige, complexe en op de buurt gerichte woningbouw van de jaren zeventig gingen sommige architecten juist grote gebouwen met een overzichtelijke vorm neerzetten, liefst opgebouwd uit industriële materialen. Een van de voornaamste vertegenwoordigers van deze tendens, die wel neorationalisme heet, was Carel Weeber. Hij ontwierp reusachtige, ongenaakbare woongebouwen, die hij superblokken noemde. Zo bouwde hij aan het begin van de jaren tachtig in Rotterdam De Peperklip, een enorm gebouw van bijna vijfhonderd meter lang met daarin 549 woningwetwoningen. De naam ontleende het bouwwerk aan het schip De Peperklip, dat vroeger specerijen aanvoerde vanuit Nederlands-Indië en hier vlakbij afmeerde. Weeber speelde verder met de naam door het complex de vorm van een verbogen paperclip te geven. Het gebouw krult rondom een binnenterrein. De drie ronde delen van de paperclipvorm zijn het hoogst. Ze hebben acht of zes verdiepingen. De rechte stroken die de ronde torens verbinden tellen vier verdiepingen. De gevel bestaat uit betonnen prefab elementen. Die liet Weeber betegelen in vierkante vlakken van verschillende kleuren: wit, grijs, rood, zacht blauw en okergeel. In de vierkanten bracht de architect afwisselend een raam of een balkonnetje aan. Het patroon van gekleurde vierkanten maakt het vrijwel onmogelijk van buiten de verschillende woningen binnen het grote bouwwerk te onderscheiden.

Nieuwe Woonvormen (1972)

Wilgenlaan e.o., Berkel-Rodenrijs

J. Verhoeven, H. Klunder, N. Witstok, W. Brinkman

In 1968 werd de Stichting Nieuwe Woonvormen opgericht. Deze stichting wilde de eentonigheid doorbreken van de massale nieuwbouw die sinds de Tweede Wereldoorlog overal in het land verrees. Humanisering van de woonomgeving was het doel. Een van de eerste experimenten van de stichting werd de bouw van een woonwijk, begin jaren zeventig, in Berkel-Rodenrijs. De toekomstige bewoners kregen inspraak in de uitwerking van het ontwerp van de vier samenwerkende architecten J. Verhoeven, H. Klunder, N. Witstok en W. Brinkman. Er moesten 535 woningen in de wijk komen te staan, allemaal laagbouw, op een vrij klein oppervlak. De bebouwingsdichtheid moest dus hoog zijn, met 52 woningen per hectare meer dan tweemaal het landelijke gemiddelde. De architecten groepeerden de huizen rondom autovrije binnenhoven. Ze besteedden veel aandacht aan de overgang van de openbare weg naar de privéruimte. De woningen kregen bijvoorbeeld een overdekt toegangsgebied. Veel ruimte bespaarden de ontwerpers door een deel van de woningen rug aan rug te bouwen. Tussen de huizen liepen smalle, overdekte binnenstraten. De bewoners waren eigenlijk tegenstanders van deze straatjes, maar de Stichting Nieuwe Woonvormen en de architecten voerden het plan, zij het in een wat aangepaste vorm, toch uit. Eigenlijk hadden er ook winkels en cafés in de buurt moeten komen, maar het subsidiebeleid van de overheid verhinderde dat. Het experiment in Berkel-Rodenrijs was daarmee op verschillende fronten mislukt.

Kattenbroek (1988)

Laan der Hoven en omgeving, Amersfoort

A. Bhalotra

De uit India afkomstige stedenbouwkundige Ashok Bhalotra maakte een ontwerp voor de nieuwe woonwijk Kattenbroek in Amersfoort, met 4.600 woningen. Zijn uitgangspunt was de 'subjectieve verbeelding van het individu'. Hij probeerde de verbeelding van de bewoners te stimuleren door allerlei thema's en symbolen in de wijk aan te brengen. De hoofdthema's zijn 'reizen en thuis zijn' en 'de vier seizoenen'. Op basis daarvan ontwierp Bhalotra de structuur van de wijk, die bestaat uit vijf stedenbouwkundige thema's. Hij hield ook rekening met de vorm van het oude Amersfoort en het omliggende landschap. De Ring, bijvoorbeeld, is een centraal gelegen buurt met rondom cirkelvormige bebouwing. De maat van de buurt is afgestemd op het historische centrum van Amersfoort. Dit deel van de wijk staat symbool voor het thuis zijn. Dan is er ook De Verborgen Zone, die aan avontuur, ontdekken en geheimzinnigheid refereert. Deze buurt staat juist voor het reizen en het ontdekken van het onbekende. Verder zijn er Het Masker, de zuidoostelijke grens van de wijk die in een lange gebogen lijn meerlagigheid, anonimiteit en representativiteit symboliseert; De Kreek, die verspreid liggende boerderijen verbindt en voor het romantische levensgevoel staat; en de Laan der Hoven, een grote oost-westas die als toegangspoort tot de wijk fungeert. Naast deze vijf grote stedenbouwkundige hoofdthema's zijn er ook kleinere terugkerende motieven. Dat zorgde voor een kleurrijke, gevarieerde bebouwing.

Architectenhuis (1991)

Kralingse Plaslaan 88, Rotterdam

Mecanoo

De architecten Erik van Egeraat en Francine Houben van het bekende bureau Mecanoo lieten in 1991 een woonhuis met ontwerpstudio bouwen aan de Kralingse Plaslaan in Rotterdam. Het is een blokvormig gebouw, opgebouwd uit verschillende verticale en horizontale rechthoeken van diverse materialen, die zoveel mogelijk in onbehandelde, natuurlijke staat zijn gebleven. De twee ontwerpers creëerden daarmee een flexibel samenspel van openheid en beslotenheid. De begane grond, met daar de werkruimte en de garage, zijn dicht. De zijgevel bestaat hier uit een plaat beton. Daarboven loopt het woongedeelte over twee verdiepingen. De woonkamer bevindt zich op de eerste etage en op de tweede verdieping zijn de slaapkamer en een bibliotheek. Op deze verdiepingen is de gevel op het noorden transparant, met grote glazen vlakken en fragiel ogende metalen balkons. De ramen bieden de bewoners een prachtig uitzicht over de Kralingse Plas. De vertrekken zelf wekken ook een open indruk; de voorzieningen plaatsten de architecten daarvoor allemaal langs één blinde muur. De bewoners kunnen trouwens wel wat privacy scheppen door via een hydraulisch systeem een bamboescherm in een aluminium raamwerk voor de glazen gevelwand te laten glijden. De inspiratie voor het scherm vonden de architecten in de shoji, de Japanse schuifwand. Ook de achtergevel heeft veel glas, maar hier wisselen dichte vlakken de ramen af.

Dubbel woonhuis (1997)

Koningslaan 124, Utrecht

MVRDV en B. Mastenbroek

Twee gezinnen kochten samen een perceel aan de Utrechtse Koningslaan. Architectenbureaus MVRDV en Mastenbroek ontwierpen is nauwe samenwerking één rechthoekig blok met daarin twee woningen die zo in elkaar grijpen dat beide huizen profiteren van de hele breedte van het perceel en van de volle hoogte van vier verdiepingen. De scheidingsmuur tussen de twee woningen verspringt daarom per verdieping. De hoeveelheid ruimte is dus in de twee woningen per etage verschillend. Beide huizen hebben een verdieping die bijna de volle breedte van het bouwblok beslaat: het een op de eerste, het andere op de tweede verdieping. Hierdoor bieden allebei de woningen een optimaal uitzicht op het Wilhelminapark. De huizen hebben een eigen ingang; een is aan de voorkant van het huis en de andere aan de zijkant. De meanderende tussenmuur kon geen dragende functie krijgen. Daarom maakten de architecten de gevels dragend. Die moesten ook transparant blijven, zodat het licht de woningen goed kon binnenvallen en de bewoners van het uitzicht konden genieten. De architecten kozen daarom voor een staalconstructie. Smalle stalen stijlen in de ramen dragen de randen van de vloeren en zorgen voor stabiliteit. Dichte rechthoekige vlakken met een bekleding van betontriplex wisselen de glasvlakken af. De verspringende scheidingswand tussen de woningen is duidelijk in de gevel te zien.

Piraeus (1993)

KNSM-laan/Levantkade, Amsterdam

H. Kollhoff en C. Rapp

In het Amsterdamse Oostelijk Havengebied verrees in de jaren negentig een nieuwbouwwijk. Het masterplan voor het KNSM-eiland, vroeger het terrein van de Koninklijke Nederlandsche Stoomboot Maatschappij, was van de hand van architect en stedenbouwkundige Jo Coenen. Om recht te doen aan de grote schaal van het IJ en de havenbekkens koos Coenen voor monumentale woongebouwen, 'superblokken' genoemd. De Duitse architecten Hans Kollhoff en Cristian Rapp ontwierpen het reusachtige gebouw met de naam Piraeus. Coenen verzocht Kollhoff een gebouw te ontwerpen met een ovaal binnenplein waarop een voormalig havengebouwtje zou kunnen blijven staan. "Das mach ich nie," was het commentaar van Kollhoff. De architect kwam zelf met een opmerkelijke oplossing: een enorm gebouw – bijna een beeldhouwwerk – dat hij als het ware om het oude gebouwtje heen drapeerde. Het bouwwerk is sober maar gracieus, gehuld in baksteen, met hellende aluminium daken en deels een glazen verpakking. Kollhoff liet zich inspireren door typisch Amsterdamse architectuur, van de baksteenbouw in de grachtengordel tot de Amsterdamse School. Piraeus belichaamt ook een van de idealen van de nieuwe wijk: het gebouw bevat ruim driehonderd woningen, zowel standaard huurwoningen als bijzondere en duurdere appartementen, maar het onderscheid tussen de verschillende soorten woningen is niet aan de gevel af te lezen. Het gebouw van Kollhoff maakte veel indruk en is in allerlei variaties veelvuldig nagevolgd

De Boog en de Evenaar (1995)

Stieltjesstraat/Entrepotplein, Rotterdam

Cepezed

Net als in veel andere steden komen er in Rotterdam nieuwbouwwoningen te staan in het oude, in onbruik geraakte havengebied de Kop van Zuid, op de zuidelijke oever van de Maas. Als eerste waren de voormalige Entrepothaven en omgeving aan de beurt. Vroeger was dat de plaats waar in grote pakhuizen goederen opgeslagen lagen die bestemd waren voor doorvoer naar het buitenland; er hoefde dan geen accijns over te worden betaald. De oude Entrepothaven veranderde in de jaren negentig in een recreatiegebied met een jachthaven. Daarnaast kwamen er woningen en wat bedrijven. Het negentiende-eeuwse Entrepotgebouw werd verbouwd om plaats te bieden aan bedrijfsruimten en koopwoningen. Architectenbureau Cepezed ontwierp daarnaast een uitbreiding. Die bestond uit twee delen rondom een gemeenschappelijk binnenplein, samen goed voor 45 woningen en zeshonderd vierkante meter kantoorruimte. Aan de Stieltjesstraat bouwde Cepezed een rechte strook met bejaardenwoningen en kantoren, die aansloot op de bestaande bebouwing. De gevel van het gebouw bekleedden de architecten met aluminium panelen en op de kop van de strook plaatsten zij een glazen liftkoker. Met een fors halfrond woongebouw van vijf lagen aan de voormalige Entrepothaven sloten zij het geheel af. De ronding van het gebouw ontstaat door een gevelbekleding van grote verspringende houten panelen. Met het bouwwerk heeft Cepezed een vloeiende overgang tussen het plein en de haven gecreëerd.

Java-eiland (1999)

Amsterdam

S. Soeters

Architect Sjoerd Soeters maakte het stedenbouwkundige ontwerp voor de nieuwe bebouwing van het Java-eiland, eens de thuisbasis van de Stoomvaart Maatschappij Nederland, die scheepvaartlijnen naar Nederlands Indië exploiteerde. Soeters' plan was een reactie op de nieuwe bebouwing van het aangrenzende KNSM-eiland. Daar overheersten grote, strakke gebouwen. Soeters koos juist voor een kleinschalige en afwisselende opzet. Hij baseerde zich daarbij op de Amsterdamse binnenstad, en in het bijzonder op de grachtengordel. Daarom staan er op het Java-eiland geen grote woongebouwen, maar is er een doorlopende rij van huizen aan de twee lange kades, de Sumatrakade en de Javakade. Vier nieuw gegraven dwarsgrachten met moderne grachtenpanden onderbreken de kades. Tussen de huizenrijen zijn beschutte binnentuinen – doorkruist door een fietsroute – met laagbouwhuizen die palazzi worden genoemd. Hoewel de gebouwen op het Java-eiland van tevoren een vaste omvang voorgeschreven hadden gekregen, hebben de vele architecten die er aan de slag gingen met uiteenlopende vormen, materialen en kleuren een grote variatie gecreëerd. Sjoerd Soeters zelf bekleedde de gevel van een van zijn huizen aan de Sumatrakade bijvoorbeeld met golfplaten in allerlei felle kleuren. Maar in het ogenschijnlijke samenraapsel aan stijlen is orde aangebracht: niet alleen staan alle huizen langs de kades op een zelfde natuurstenen plint, ook is er een ritme ontstaan doordat bepaalde gebouwen steeds terugkomen, als een soort stempels.

Borneo en Sporenburg (1999)

Amsterdam

A. Geuze (West 8)

De schiereilanden Borneo en Sporenburg in het Amsterdamse Oostelijk Havengebied vormen tegenwoordig een stedenbouwkundige eenheid. Architectenbureau West 8 ontwikkelde de totaalvisie voor deze voormalige haveneilanden: 'een zee van laagbouw' onderbroken door hoogbouwblokken die als 'meteorieten' lijken te zijn ingeslagen. Die grote gebouwen zijn, net als een groenstrook op Sporenburg, diagonaal geplaatst en doorbreken zo de lange straten die de lengterichting van de eilanden volgen. Ze zorgen er bovendien voor dat hier de eis van een hoge woondichtheid – gemiddeld honderd woningen per hectare – wordt gehaald. Een van de opvallende grote gebouwen is de volumineuze 'Whale' van de Architecten Cie. aan het Baron Tindalplein: met zijn verspringende daklijn en speels van de grond getilde uiteinden is het gebouw een reactie op Piraeus dat aan de overzijde van het water op het KNSM-eiland ligt. De laagbouwhuizen, die als echte gezinswoningen een voordeur aan de straat kregen, hebben allemaal dezelfde afmetingen: ze staan rug aan rug op 'lamellen' van vier meter breed en zo'n dertig meter diep. Binnen deze vaste maten zijn uiteenlopende vormen tot stand gekomen. In plaats van tuinen zijn er patio's, balkons, loggia's, serres, vides en dakterrassen. Het meest opvallend is de Scheepstimmermanstraat, waar zestig particulieren, weliswaar binnen strikte randvoorwaarden, hun eigen woning mochten laten bouwen, met de achterzijde aan het water van de oude insteekhaven. Het leverde een grote verscheidenheid aan woningen op.

De zorg voor de veiligheid van de Nederlanders en hun economische belangen leidde tot een groot aantal uiteenlopende ingrepen in het landschap en tot steeds nieuwe soorten bouwwerken. Rondom de steden kwamen beschermende muren te liggen, met robuuste torens en poorten op de plaatsen waar de wegen van buiten de stad binnenkwamen. Die verdedigingswerken ontwikkelden zich naarmate de wapens krachtiger en de aanvalsmethoden efficiënter werden. Maar de poorten waren meer dan functionele bouwwerken; zij waren ook symbolen van macht en weerbaarheid, van rijkdom, en ze waren vormgegeven in een modieuze stijl. Ze weerden niet alleen een eventuele vijand, maar vormden ook een imposante entree tot de stad. Want naast bescherming was ook bereikbaarheid van groot belang.

Poorten bewaakten in het waterrijke Nederlandse gebied niet alleen de toegangen over land, maar ook die over water. Het water speelde een grote rol in het leven van de Nederlanders, als vriend en als vijand. De waterwegen waren druk bevaren. Over het water lagen bruggen, die het verkeer over land bevorderden, maar ook de scheepvaart niet mochten hinderen. Naast vaste bruggen, in hout of steen, kwamen er daarom verschillende soorten beweegbare bruggen – en in de twintigste eeuw ook tunnels die het verkeer onder het water door voerden. En ook de bruggen waren niet alleen utilitaire objecten van technisch vernuft. Ze konden uitgroeien tot markante herkenningstekens, en vooral tegenwoordig ook tot ware kunstwerken die een plek uitstraling geven.

Intussen verloopt vervoer op grote schaal niet meer alleen over zeeën en rivieren. Sinds de negentiende eeuw heeft de trein zijn stempel op het Nederlandse landschap gedrukt: een uitgebreid net van spoorwegen en praktisch, en soms boeiend, vormgegeven stations in de plaatsen aan het spoor. In de twintigste eeuw is daar de auto bijgekomen, met autowegen en allerlei voorzieningen in nieuwe gebouwtypen als garages en benzinestations.

Het water moest regelmatig wijken voor het land. Grote stukken Nederland werden drooggelegd en molens bemaalden daarna de polders om te voorkomen dat ze weer onder water kwamen te staan. Al in de zeventiende eeuw waren die molens zo efficiënt dat ze eeuwenlang in dezelfde vorm dienst bleven doen. In de negentiende eeuw verliep de overstap van windenergie naar stoomkracht daarom maar mondjesmaat. Maar uiteindelijk won het stoomgemaal, en ten slotte het elektrische gemaal, het van de windmolen. Sinds het midden van de negentiende eeuw werd het water overigens ook op een hele andere manier zichtbaar in het landschap. Naast de molens verrezen toen opmerkelijk vormgegeven watertorens, die bijdroegen aan de distributie van drinkwater, in het vlakke land.

Maar het meest opvallend zijn de bouwwerken die de Nederlanders bescherming moeten bieden tegen de altijd dreigende overstromingen. Dijken en dammen waren al sinds de Middeleeuwen gebouwd. Na de watersnoodramp van 1953 kwam echter een groots, samenhangend plan ten uitvoer dat het zuidwesten van Nederland veiligheid bood bij hoog water: de Deltawerken, een beschermende muur met daarin een moderne variant op de middeleeuwse waterpoort. De imposante bouwwerken zijn niet langer opgetrokken om de inwoners van Nederland te behoeden tegen een vijandelijk leger, maar tegen de meest bedreigende hedendaagse opponent van het lage land, het woeste water.

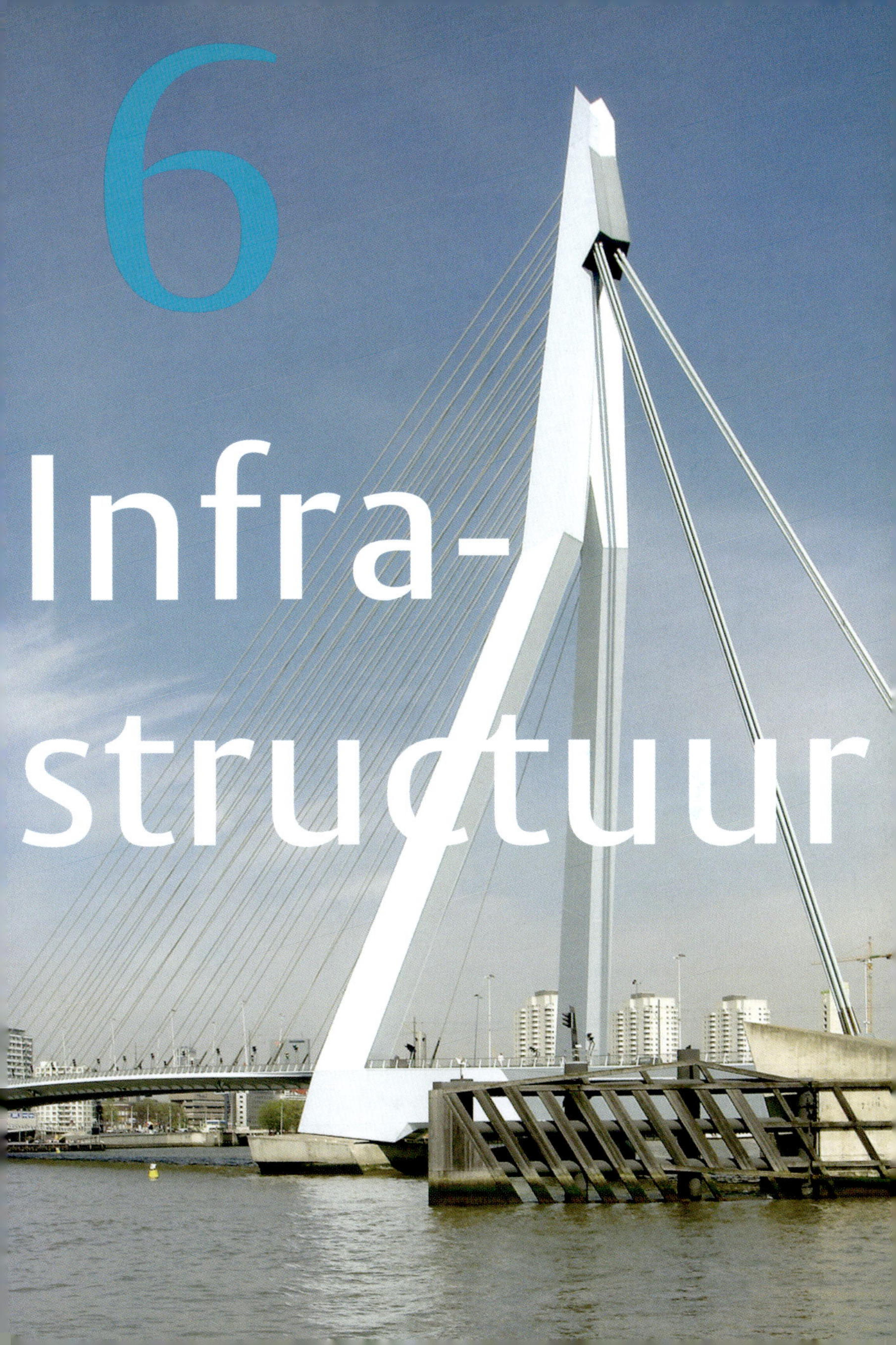

6 Infrastructuur

Helpoort (1230)

St. Bernardusstraat, Maastricht

In april 1229 gaf hertog Hendrik I van Brabant Maastricht toestemming voor de bouw van een stadsmuur. Die stadsmuur werd beveiligd met een aantal waltorens en poorten. Een van de poorten staat er nog steeds. Deze Helpoort was de meest oostelijke toegang in de zuidelijke muur van de stad. Het is de oudste bewaard gebleven stadspoort van Nederland. De Helpoort is opgebouwd uit zandsteen. Die robuuste natuursteen gaf de poort een weerbare uitstraling. De Helpoort heeft een rechthoekig poortgebouw, geflankeerd door twee aan de buitenkant halfrond uitgebouwde torens die iets boven de rest van de poort uitsteken. Aan de kant van de stad loopt een weermuur met zware steunberen, een schildmuur. Bovenop is een weergang met aan de buitenkant een borstwering. De in de weergang veilig opgestelde schutters konden van daaruit de vijand bestoken. De poort zou ook als gevangenis dienst hebben gedaan, en daaraan de naam Helpoort danken. De Helpoort is zo'n twee eeuwen als verdedigingswerk in gebruik geweest, maar verloor die functie toen de Nieuwstad, het gebied ten zuiden van de poort, in de tweede helft van de vijftiende eeuw een nieuwe wal kreeg. Na die tijd had de poort allerlei functies, van vergaderplaats van de lakenbereiders tot tuighuis, kruitmagazijn en woning. In 1881 is de oude stadspoort ingrijpend gerestaureerd.

Koppelpoort (omstreeks 1425)

Kleine Spui/Grote Spui, Amersfoort

Toen Amersfoort aan het begin van de vijftiende eeuw de oude stadsmuur ontgroeide, startten de werkzaamheden aan een tweede verdedigingsring rondom de stad. De loop van de rivier werd verlegd en er kwam een nieuwe haven. Aan de noordwestelijke rand van Amersfoort ging omstreeks 1425 een nieuwe poort over de rivier de toegang tot de stad beschermen. Een zware valdeur sloot de poort af. Die reguleerde ook de waterstand in de stadsgrachten. Met een tredmolen in de bovenbouw van de poort werd de valdeur bediend. De waterpoort stond via een stukje stadsmuur met kantelen in verbinding met een naastgelegen landpoort. Aan de binnenkant van de poort, de stadszijde, voerde een weergang op bogen naar de bovenbouw van de waterpoort. De poort kreeg de naam Koppelpoort. Die zou slaan op de koppeling van de twee poorten. Maar 'coppel' was ook het woord voor de gemeenschappelijke weidegronden die direct buiten de poort langs de rivier lagen. Uitkragende hoektorentjes flankeren de landpoort, die aan de buitenzijde het wapen van de stad draagt. De poort had ook een bruggenschans. Dat was een vooruitgeschoven, versterkte ingang, die bestond uit een brug over de eerste stadsgracht met een voorpoort. Daarvoor lag een ophaalbrug over het water. In de kamertjes in de torens huisden oorspronkelijk wachters. Later kwam hier de gildenkamer van de veerschippers.

Zuidhavenpoort (14de eeuw)

Zierikzee

Na een aantal invallen en verwoestingen kreeg het stadje Zierikzee in de veertiende eeuw nieuwe verdedigingswerken. Een belangrijk onderdeel daarvan waren twee grote poorten bij de haven, opgetrokken in imposante natuursteen. Al aan het begin van de veertiende eeuw werd de Zuidhavenpoort gebouwd. De rechthoekige poort stond op de grens van land en water en bood bescherming aan de achtergelegen – inmiddels gedempte – haven. De poort had drie doorgangen, die voorzien waren van zware houten deuren. Twee landwegen voerden via deze poort de stad in, en ook een waterweg naar de haven van Zierikzee kwam uit bij de Zuidhavenpoort. De poort was hoog, met drie verdiepingen. Vier torens gaven hem een extra indrukwekkende aanblik. In het begin van de zestiende eeuw verrees vlakbij de Zuidhavenpoort een tweede poort, de Noordhavenpoort. De poorten waren strategisch helemaal op elkaar afgestemd. Ook uiterlijk sloten ze, door hun hoogte en de gebruikte materialen, goed op elkaar aan. Samen met de grachten en de muren maakten de poorten een echte vesting van de stad. Wie in de Middeleeuwen Zierikzee per schip naderde, moest wel onder de indruk zijn van de verdedigingswerken. De stadsmuur die aan de poorten grensde, is tegenwoordig gedeeltelijk gereconstrueerd, waardoor de oude toegang tot Zierikzee nog steeds een majestueuze weerbaarheid uitstraalt.

Sint-Antoniespoort (1488)

(De Waag), Nieuwmarkt 4, Amsterdam

Op 28 april 1488 werd de eerste steen gelegd voor de oostelijke poort in de nieuwe stadsmuur die in die tijd rond Amsterdam werd aangelegd. Die bestond uit verdedigingstorens en stadspoorten, onderling verbonden door een bakstenen muur op een natuurstenen voet. De oostelijke stadspoort beschermde de uitvalsweg richting Muiden. De poort kreeg de naam Sint-Antoniespoort, naar het Sint-Antoniesgasthuis, een leprozenhuis dat daar buiten de muren lag. Oorspronkelijk bestond het gebouw uit een poortgebouw met twee torens aan de kant van de stad en een voorpoort, ook met twee torens, aan de grachtzijde. Tussen de voor- en de hoofdpoort was een niet bebouwd pleintje, een overwelfde sluis. De muren van de poort waren van baksteen en waren anderhalve meter dik. Toen de stad zich in de zestiende en de zeventiende eeuw steeds verder uitbreidde, had de stadsmuur geen functie meer. Aan het begin van de zeventiende eeuw werd hij daarom afgebroken. In 1614 werd het water bij de Sint-Antoniespoort gedempt en de binnenplaats tussen de twee poortgebouwen overdekt. Het plein werd opgehoogd, zodat een deel van de poort onder het straatniveau kwam te liggen. Het nieuwe gebouw dat zo ontstond, kreeg de functie van waag. Hier werden vooral zware dingen gewogen. Op de verdieping kwamen vertrekken voor de gilden. In de jaren negentig is het gebouw grondig gerestaureerd. Tegenwoordig is het een café-restaurant.

Haet ende Nijdt (1516)

Sint Pieterskade, Maastricht

In de tweede helft van de vijftiende eeuw breidde Maastricht zich uit naar het gebied ten zuiden van de stad, dat de naam Nieuwstad kreeg. Voor dit nieuwe stadsdeel was een omwalling nodig, wel de Derde Stadsmuur genoemd. De verdedigingswerken moesten moderner worden dan de eerdere Maastrichtse stadsmuren. In de vijftiende eeuw waren legers namelijk gebruik gaan maken van het kanon als aanvalswapen. Maar ook bij de verdediging van een stad kon het kanon goed ingezet worden. Ze werden opgesteld in een met steen overwelfd deel van de waltorens, dat kazemat heette. Nog efficiënter werd zo'n toren als er ook kanonnen bovenop konden staan. Zo kwam het rondeel, een nieuw soort verdedigingsbouwwerk, tot ontwikkeling. Dat was eigenlijk een brede waltoren met hele dikke muren, vaak wel vier meter dik. Het rondeel stond wat vooruitgeschoven ten opzichte van de muur. In plaats van het spitse dak van eerdere waltorens sloot een platform het rondeel af. Daarop kwamen extra kanonnen te staan. De nieuwe muur die de Nieuwstad ging omgeven, kreeg in 1516 twee van zulke rondelen. Zij droegen de namen Haet ende Nijdt en De Drie Duiven. De Drie Duiven heet sinds 1638 De Vijf Koppen. Toen stonden hier de afgehakte hoofden van vijf mannen die de stad aan de Spanjaarden hadden willen verraden als afschrikwekkend voorbeeld tentoongesteld.

Fort Rammekens (1557)

Rammekensweg, Ritthem

Donato de Boni Pellizeroli en Peter Fransz

Tussen 1547 en 1557 schakelde Maria van Hongarije, landvoogdes van de Nederlanden, een buitenlandse specialist in om een fort te ontwerpen in de buurt van Vlissingen. De Italiaan Donato de Boni bouwde samen met Peter Fransz het fort Rammekens, dat de vaarweg naar Middelburg en Arnemuiden moest beschermen. Alle schepen naar Middelburg, maar ook die naar de rijke Vlaamse steden, kwamen langs het fort, dat zo de scheepvaart op de Schelde beheerste. Fort Rammekens kreeg een monumentale toegangspoort. Donato de Boni bouwde de poort in de Renaissancestijl die zijn landgenoten in de Nederlanden hadden geïntroduceerd. Hij bouwde de poort op uit robuuste natuurstenen blokken. Boven de ronde boog van de poort vormen die een uitwaaierend patroon. Een grote lijst met in het midden een gebeeldhouwd hoofd bekroont de poort. In 1787 werd fort Rammekens verbouwd tot hospitaal voor zieke bemanningsleden van de schepen op de rede. Maar Napoleon schatte de strategische ligging van het fort op waarde en liet er in 1812 kazematten aan toevoegen. Bij de opheffing van de vestingwerken van Vlissingen, in de late negentiende eeuw, verloor Fort Rammekens wederom zijn functie. In 1979 is de gracht rondom het fort echter opnieuw uitgegraven, zodat de vesting nu weer in het water ligt. Het fort, het oudste overgebleven zeefort met bastions in het noordwesten van Europa, maakt tegenwoordig deel uit van een natuurgebied.

Zijlpoort (1667)

Zijlsingel, Leiden

Willem van der Helm

Leiden breidde in de zeventiende eeuw een paar keer uit. In plaats van de stenen middeleeuwse muur kwam er nu een aarden wal met bolwerken rondom de stad te liggen. In die bolwerken bevonden zich acht stadspoorten. Alleen de Morspoort en de Zijlpoort zijn daarvan nog over. Ze zijn allebei gebouwd door de Leidse bouwmeester Willem van der Helm. Die gaf de Morspoort vorm in een maniëristische stijl. Maar de Zijlpoort, waarvoor de eerste steen op 9 april 1667 werd gelegd, ontwierp hij volgens de idealen van het sobere classicisme. De poort moest aansluiten op de stadswal, maar ook op een ervoor liggende brug. Daarom gaf Van der Helm het poortgebouw het grondplan van een parallellogram. Het is een massief gebouw met maar een paar kleine ramen. In het midden is de doorgang, afgesloten met een rondboog. Aan weerszijden daarvan staan klassieke pilasters met daarboven een grote architraaf. Daarop staan gebeeldhouwde wapens. Het beeldhouwwerk is van de hand van de beroemde beeldhouwer Rombout Verhulst. Op het dak van het poortgebouw prijkt een koepeltje met een klok. Boven de doorgang was de poortwachterszaal. Die gaf in de loop van de tijd ook onderdak aan een groep rederijkers en aan een armenschool. In de jaren negentig zijn twee steunende constructies opgetrokken aan weerszijden van de poort, als een soort stadswal. Er zit nu onder andere een café-restaurant.

Hampoort (1688)

St. Elisabethstraat 10, Grave

Menno van Coehoorn

Grave was een vestingstadje op de grens tussen Brabant en Gelre. De stad moest een aantal keer belegeringen en verwoestingen doorstaan. In 1672 bezetten de Fransen Grave. Toen het stadje na twee jaar weer in handen van de Republiek kwam, was er weinig meer van over. In de periode daarna werden de vestingwerken grondig vernieuwd. Baron Menno van Coehoorn leverde het ontwerp voor de nieuwe, moderne verdedigingsgordel, die ruim zestig are ging omvatten. In 1688 verrees een van de poorten, de Hampoort, met daarvoor een brug. Vooral aan de buitenkant, waar een eventuele vijand zou komen te staan, kreeg de poort een mooie versiering. De Hampoort bestaat vooral uit baksteen, afgewisseld met decoratieve natuursteen. De opbouw van de poort was geïnspireerd op de klassieke Romeinse bouwkunst. Net als een Romeinse triomfboog heeft hij een middenpartij, met een rondboog als doorgang, geflankeerd door twee vleugels, met daarin nissen, versierd met speklagen – natuurstenen lagen tussen de bakstenen. De Hampoort heeft geblokte Dorische pilasters en wordt bekroond door een fronton waarin trots de gekroonde wapens van Grave en de Republiek zijn aangebracht. In het gebouw rondom de toegang werden twee bataljons infanterie ondergebracht. In 1794 namen de Fransen de stad opnieuw in. Grave verloor toen zijn positie van vestingstad en de ontmanteling van de vestingwerken begon. Uiteindelijk bleef alleen de Hampoort gespaard.

Sint-Servaasbrug (vanaf 1298)

Over de Maas, Maastricht

De oude brug die de Romeinen in de Maas hadden aangelegd en waar de stad Maastricht omheen was gegroeid, bezweek in 1275 tijdens een processie. Een paar jaar later begon de bouw van een nieuwe brug, iets noordelijker dan de oude. Tussen 1280 en 1298 werd er gewerkt aan deze brug, die later de naam Sint-Servaasbrug kreeg. De bouwers gebruikten Namense hardsteen. De 160 meter lange stenen Sint-Servaasbrug had acht halfronde gewelven en aan de overkant, de kant van Wyck, een overspanning in hout. Dat stuk van de brug kon in oorlogstijd vernietigd worden, zodat Maastricht onbereikbaar bleef voor de vijand. Een poort beschermde bovendien de toegang tot de brug. De Sint-Servaasbrug is de oudste brug van Nederland. Tot in de tweede helft van de negentiende eeuw bleef hij de enige vaste oeververbinding over de Maas tussen Visé, in België, en de Noordzee. In de periode tussen 1683 en 1716 werd de brug wel in verschillende fasen vernieuwd. In 1827 kwam er een nieuwe overspanning aan de Wyckse zijde. Ook die kon in oorlogstijd worden opgeblazen. Die boog werd in 1932 gesloopt samen met een aansluitende oorspronkelijke boog. Over de ontstane opening kwam een stalen brugdeel te liggen, dat de moderne scheepvaart een betere doorgang bood. Tussen 1932 en 1934 werd de Sint-Servaasbrug gerestaureerd. Daarbij kwamen resten van de dertiende-eeuwse brug aan het licht.

Magere Brug (1691/1934)

Over de Amstel, Amsterdam

In 1671 besloot het Amsterdamse stadsbestuur dat er ter hoogte van de Kerkstraat een nieuwe verbinding moest komen tussen de oevers van de Amstel. Maar pas in 1691 begon de bouw van de brug, ontworpen door stadstimmerman Hans Petersom. Het werd een houten ophaalbrug met lange aanbruggen, de vaste brugdelen, op eenvoudige houten palen en een enkele beweegbare klap in het midden. De brug had dertien doorvaarten, waarvan de buitenste dienden als opslagplaats. Omdat de brug zo smal was dat twee voetgangers elkaar er maar net konden passeren, heette hij al snel de Magere Brug. In 1772 kreeg het middendeel van de brug twee kleppen en werd de Magere Brug een zogeheten dubbele valbrug. Zo konden schepen er nog beter door. Toen het verkeer langs de Amstel toenam werd de brug in 1871 verbreed. Vijftig jaar later was deze negentiende-eeuwse brug al aan vervanging toe. De dienst Publieke Werken maakte allerlei moderne ontwerpen, die de gemeenteraad stuk voor stuk afwees. De raad wilde een nieuwe brug, maar "zooveel mogelijk in den vorm van de oude brug". Uiteindelijk lag er in 1934 een nieuwe Magere Brug naar ontwerp van de bekende architect Piet Kramer, eigenlijk een wat grotere versie van de negentiende-eeuwse brug, een houten dubbele ophaalbrug met negen doorvaarten. De brug werd tot 1994 handmatig bediend. Toen maakte de ARBO-wetgeving daar een einde aan.

Westbroekse molen (1753)

Nedereindsevaart 3, Oud-Zuilen

In 1753 brandde de molen af die de polder Westbroek bemaalde. Een nieuwe molen kwam ervoor in de plaats, een zogenoemde achtkante bovenkruier. Dat is een molen waarvan alleen het bovenste deel, de kap, op de wind wordt gezet. De achtkante bovenkruier, met inwendig scheprad, werd sinds de zeventiende eeuw op grote schaal gebouwd om de polders droog te houden.

Door de reusachtige wieken had de molen een grote capaciteit. Het door windenergie aangedreven scheprad, uitgerust met een groot aantal schoepen, bracht het water van de lage polder naar een hoger gelegen waterweg, die het afvoerde. Na de drooglegging van een polder daalde de bodem door inklinking. Daardoor moesten de sloten en vaarten steeds weer verdiept worden en was er een diepere bemaling nodig. De Westbroekse molen onderging daarom tegen het einde van de negentiende eeuw wat aanpassingen. Het scheprad werd dieper, afgestemd op het lagere polderpeil. In 1913 kwam er een hulpgemaal bij dat liep op een dieselmotor. Ook de Westbroekse molen zelf werd in de twintigste eeuw een paar keer gemoderniseerd. De molen kreeg nieuwe wieken en twee schroefpompen vervingen het oude scheprad. Later kreeg de molen een dieselmotor, afkomstig uit een motortorpedoboot. Van de wind maakte de molen geen gebruik meer. In 1971 nam een nieuw gemaal de bemaling over. Na een restauratie in 1983 dient de Westbroekse molen nu als reservegemaal.

Vrouw Vennermolen (1835)

Leidseweg 3, Oud Ade

Vanaf de zeventiende eeuw bemaalde een molen de Vrouw Vennerpolder, een polder van 160 hectare in Zuid-Holland. In 1835 werd die molen helemaal vernieuwd. Een scheprad haalde het water uit de polder en voerde het 1,65 meter omhoog naar de ringvaart, die het afvoerde. De Vrouw Vennermolen is een wipmolen, het oudste type watermolen. Bij een wipmolen kan het hele bovenhuis rondom een koker gedraaid worden om de molen op de wind te zetten. Een piramidevormige onderbouw houdt de koker op zijn plaats. In het onderstuk van de molen bevond zich ook de woning van de molenaar. Als het hard waaide schudde de lichte molen in de wind; vandaar de naam wipmolen. De Vrouw Vennermolen is helemaal van hout, dat rood is geschilderd. De ondertoren is met riet afgedekt. Het wiekenkruis van de molen heeft ijzeren roeden, die gemaakt zijn in de beroemde werkplaats van de gebroeders Pot in de molenplaats Kinderdijk. Daar kwamen heel wat roeden voor Nederlandse molens vandaan. In 1874 kreeg de molen ook een as van het moderne materiaal gietijzer. In 1954 ging een gemaal dat op elektriciteit liep de oude molen bijstaan. Ten slotte werd de molen overbodig. Maar na een ingrijpende restauratie in 1998 zet een vrijwillige molenaar de Vrouw Vennermolen weer regelmatig in beweging.

Station Valkenburg (1853)

Stationsplein 10, Valkenburg

J. Enschedé

De eerste Nederlandse spoorlijn, tussen Amsterdam en Haarlem, werd in 1839 in gebruik genomen. Daarna breidde het net van spoorwegen, geëxploiteerd door particuliere maatschappijen, zich snel uit over het hele land. Er kwam bovendien aansluiting op de buitenlandse sporen. De eerste spoorlijn die de grens over ging, kwam in Limburg te liggen en liep tussen Maastricht en Aken. Vlakbij de grens, in Valkenburg, kwam in 1853 een nieuw station te staan. Het is nu het oudste nog bestaande station van Nederland. Ingenieur Jacobus Enschedé maakte het bijzondere ontwerp. Het stationsgebouwtje heeft wat weg van een middeleeuws kasteel. De architect liet zich inspireren door het paleis dat koning Willem II in de modieuze neogotische stijl had laten bouwen in Tilburg. Het station is helemaal opgetrokken uit blokken mergelsteen, die gewonnen werden in de directe omgeving. De bouw kostte in totaal 8.500 gulden. De middenpartij van het gebouw heeft een trapgevel met kleine uitstekende, middeleeuws ogende torentjes. Boven de toegang prijkt een gevleugeld wiel, het symbool van de spoorwegen. Rondom de ramen en de deuren bracht Enschedé gotische, accoladevormige bogen aan. De vleugels van het gebouw hebben halfronde pijlers die uitlopen in kleine torentjes met kantelen. Het was een kasteeltje voor de reizigers, die voortaan eenvoudig en snel naar Maastricht of Aken konden reizen.

Station Zwolle (1868)

Stationsplein, Zwolle

K.H. van Brederode/N.J. Kamperdijk

Halverwege de negentiende eeuw ging de Nederlandse overheid zich bezighouden met de aanleg van het spoorwegnet, dat door particuliere maatschappijen werd uitgebaat. Ingenieurs van het departement van waterstaat, en in het bijzonder de bouw- en werktuigkundige K.H. van Brederode, ontwierpen in 1862 vijf standaardtypen stations, ingedeeld in verschillende klassen. Het waren functionele gebouwen, zonder veel versieringen. Er was vooral naar gestreefd "door den vorm van het gebouw het vereischte karakter aan de zaak te geven". De minister van binnenlandse zaken schaalde de plaatsen aan het spoor op basis van inwonerstal in de verschillende klassen in. Stations eerste, tweede en derde klasse bestonden uit een hoge middenpartij en twee lagere zijvleugels, die langer waren naarmate de categorie hoger was. In het middelste deel kwam de hal met de loketten. Aan weerszijden daarvan lagen aparte wachtkamers voor passagiers van de diverse klassen. In de vleugels waren toiletruimten, kantoren en magazijnen. De stations eerste klasse hadden ook een overkapping boven de perrons. Er ontstond wat variatie tussen de verschillende stations, omdat plaatselijke architecten vaak zorg droegen voor de uitwerking van de standaardontwerpen. In 1868 bouwde N.J. Kamperdijk het eerste klasse station van Zwolle. Het gebouw heeft de gebruikelijke hoge middenpartij en twee vleugels, voorzien van een reeks rondboogvensters, met eindgebouwen. Op de verdieping van de middenpartij dragen klassieke Ionische pilasters een driehoekig fronton met daarin een klok.

De Cruquius (1849)

Cruquiusdijk 27, Haarlemmermeer
J.A. Beijerinck

Vanaf 1848 werkten drie grote stoomgemalen aan de drooglegging van het Haarlemmermeer. Voor het eerst werd stoomkracht ingezet bij het droogmalen. Een van de drie gemalen was de Cruquius, genoemd naar de achttiende-eeuwse landmeter Nicolaas Kruik. Waterstaatsingenieur J.A. Beijerinck maakte er een neogotisch gebouw van, een middeleeuwse burcht die bescherming moest bieden tegen het water. Daarbij gebruikte hij wel moderne materialen als gietijzer en staal voor de machines, en ook voor de decoraties. De gotische vorm verwees misschien ook wel naar Engeland; daar waren de moderne stoommachines namelijk gemaakt. Het opvallendste deel van het gemaal was het ronde gebouw met de stoomcilinder, die leek op een middeleeuwse toren. Maar dan met een opmerkelijk moderne toevoeging: gietijzeren balansarmen, die steunden op twee meter dikke muren, staken door de ramen naar buiten. Zij waren verbonden met elf zuigerpompen gelegen rondom de grote cilinder, die het water uit de polder vijf meter naar boven voerden om het te lozen in de ringvaart. In het gebouw achter de ronde toren stonden zes stoomketels. Ertussen stond een hoge schoorsteen. In 1852 hadden de drie gemalen de tachtigduizend hectare land drooggelegd. Daarna hielden ze dat land droog. Inmiddels hebben modernere pompen dat werk overgenomen. De Cruquius werd in 1933 een van de eerste monumenten van techniek ter wereld. Het gemaal is nu een museum. Sinds 2002 werkt de machine weer.

Ir. Woudagemaal (1920)

Gemaalweg 8, Lemmer

D.F. Wouda

In de herfst van 1920 opende koningin Wilhelmina in het Friese Lemmer een stoomgemaal dat ging zorgen voor de afvoer van overvloedig water uit het Friese achterland. Het gemaal was gebouwd naar plannen van D.F. Wouda, hoofdingenieur van de provinciale waterstaat, en draagt sinds 1947 zijn naam. Het bestaat uit een machinehuis met haaks daarop een ketelhuis. Wouda liet zich inspireren door het werk van Berlage en ontwierp een monumentaal bouwwerk. In de machinehal liet hij de kapconstructie, die bestond uit houten en stalen spanten, in het zicht. De muren van het bouwwerk, de lichte bakstenen, harmoniëren met de zwartgrijze stoommachines en de grijze centrifugaalpompen. In het gemaal is ook een waterkering opgenomen: vier stel vloeddeuren, aan de zijde van het IJsselmeer. Die geven het gebouw een nog monumentaler karakter. Een grote, zestig meter hoge schoorsteenpijp maakt het geheel af. "Voor het gebouw staande, maakt dit door zijn groote afmetingen en soliden bouw op ons een diepen indruk van kracht en duurzaamheid," schreef een anonieme auteur van het gedenkschrift ter gelegenheid van de plechtige opening van het gemaal. Het Woudagemaal is nu een monument. Het is het grootste stoomgemaal ter wereld dat nog in bedrijf is. Bij hoge waterstanden in de Friese meren, vaarten en kanalen wordt het gemaal weer in werking gezet. En na zes uur warmdraaien malen de pompen op volle toeren.

Hoge Licht (1879)

Seinpostweg 34, IJmuiden

Q. Harder

Toen het Noordzeekanaal in 1876 klaar was, bleek de scheepvaart dat bij IJmuiden het kanaal invoer richting Amsterdam behoefte te hebben aan een duidelijk gemarkeerde vaarweg. Er werden daarom twee vuurtorens gebouwd, die samen een lichtenlijn vormden. De ontwerper van de torens was Quirinus Harder, die de meeste Nederlandse vuurtorens bouwde. Op 19 februari 1879 werden de lichten van beide torens ontstoken om de naderende schepen veilig het Noordzeekanaal in te leiden. De torens waren bruinrood van kleur. Niet veel later kregen ze bovendien opvallende witte banden, die in 1909 weer verwijderd zijn. Tegenwoordig zijn de torens verschillend van hoogte. De kleine toren heet Lage Licht of Buitentoren. Hij is 24 meter hoog. Aanvankelijk was deze toren hoger, maar in 1909 werden er drie verdiepingen vanaf gehaald, omdat dat handiger was voor de navigatie. In de jaren zestig verhuisde de toren bovendien veertig meter naar het zuiden, omdat de plaatsing van de pieren, en daarmee de vaarroute, veranderd was. De grote vuurtoren heeft de naam Hoge Licht of Binnentoren en is ruim 43 meter hoog, met tien verdiepingen. Deze toren stond oorspronkelijk op een duin. Toen het duingebied rond 1917 werd afgevlakt voor een uitbreiding van de haven, veranderde het duin waar de toren op staat in een terp. De industrie is steeds verder opgedrongen rondom de toren, die nu tussen de pakhuizen in staat.

Kootwijk (1922)

Radioweg, Kootwijk

J.M. Luthmann

Voor contact met Nederlands Indië maakte Nederland aan het begin van de twintigste eeuw gebruik van een kabelverbinding. Tijdens de Eerste Wereldoorlog leverde dat nogal wat problemen op. Daarom werd besloten een radiozender te bouwen, die over de lange golf een verbinding met Bandoeng, op Java, zou onderhouden. Voor de grote machines was een reusachtig gebouw nodig. Architect Jules M. Luthmann leverde het ontwerp voor deze radiozender Kootwijk. Hij kon bij de bouw geen geleidende materialen – zoals hout of spijkers – toepassen. Daarom koos hij voor een vrij nieuwe bouwmethode, de massieve betonbouw. Het symmetrische bouwwerk bestaat uit een decoratieve opeenstapeling van gesloten, hoekige vormen. Een indrukwekkende, brede, zendtoren op een vierkante plattegrond rijst hoog op. In het midden lopen drie lange schachten boven een monumentale, versierde toegang. Boven springt de gevel in tot een enorme nis, met daarbinnen drie kleinere rechthoekige uitsparingen en een balkonnetje. De toren heeft een afgeknot dak. Naast de toren waaieren de bouwdelen uit. Erachter ligt de machinehal. Die heeft aan beide zijden zeven hoge vensters en een dak dat trapsgewijs oploopt. Het imposante uiterlijk bezorgde het zendstation de bijnaam Kathedraal van de Veluwe. Nieuwe technische ontwikkelingen hebben het massieve zendstation overbodig gemaakt. In december 2003 verkocht KPN Telecom het bouwwerk, met het omliggende natuurgebied, aan de staat. Er wordt gezocht naar een nieuwe bestemming voor het complex.

Centraal Station Amsterdam (1889)

Stationsplein, Amsterdam

P.J.H. Cuypers en A.L. van Gendt

Het Centraal Station van Amsterdam zou een belangrijk station worden, gelegen op een prominente plaats in de stad, op drie speciaal aangeplempte eilanden in het IJ waar vroeger talloze schepen de handelsstad binnenvoeren. Voor het eerst kwam het ontwerp voor een station daarom niet van ingenieurs van de spoorwegen, maar ging de opdracht daartoe in 1876 naar twee architecten. P.J.H. Cuypers ontwierp de vorm van het nieuwe Amsterdamse station, terwijl A.L. van Gendt zich over de constructieve kanten boog. Het station is een ruim driehonderd meter breed gebouw in rode baksteen, voorzien van natuurstenen decoraties. De stijl is geïnspireerd op de late gotiek en de Hollandse Renaissance van de zestiende eeuw. Tegenover het Damrak, de toegangsweg tot de stad, is de hoofdingang van het station. Omdat Cuypers het station zag als de poort waardoor de moderne reiziger de stad betrad, maakte hij van deze middenpartij met twee flankerende torens een verwijzing naar een stadspoort. Achter het lange gebouw liggen de perrons, onder een kap die bestaat uit vijftig boogspanten, ontworpen door spoorwegingenieur L.J. Eijmer. In de twintigste eeuw kreeg het station meer sporen en daarmee een tweede overkapping aan de kant van het IJ. Het Centraal Station werd in 1889 in gebruik genomen. Het moest een paleis voor de reiziger zijn, maar veel ontstemde protestanten herinnerde het enorme gebouw eerder aan een gotische kathedraal.

Derde Administratiegebouw (1921)

Moreelsepark, Utrecht

G.W. van Heukelom

Ingenieur en architect George Willem van Heukelom werkte sinds 1891 voor de Maatschappij tot Exploitatie van Staatsspoorwegen. Eerst ontwierp hij alleen eenvoudige constructies, van stationsoverkappingen tot voetbruggen. Maar steeds vaker ging hij ook stationsgebouwen ontwerpen. Hij raakte onder de indruk van het werk van Berlage. Eind 1918 kreeg Van Heukelom de opdracht een nieuw kantoor voor de spoorwegen te bouwen in Utrecht, het Derde Administratiegebouw. De Eerste Wereldoorlog was nog maar net ten einde en bouwmaterialen waren op rantsoen, en bovendien lastig te vervoeren. Toch slaagde Van Heukelom erin het enorme gebouw in drie jaar van de grond te krijgen. Daarvoor richtte hij Het Bouwbedrijf – later het Spoorwegbouwbedrijf – op. Het Bouwbedrijf exploiteerde een eigen baksteenfabriek en had bossen in Limburg. Die leverden de traditionele materialen voor de bouw: veel hout en vooral de 21 miljoen bakstenen die van het Derde Administratiegebouw het grootste in baksteen opgetrokken gebouw van Nederland maakten – en zelfs een van de grootste in Europa. Bij de fundering ging Van Heukelom creatiever te werk: hij gebruikte daarvoor kilometers aan spoorstaaf. Met de eenvoudige middelen schiep de architect bovendien een modern ogend gebouw. Hij ontwierp monumentale, ritmische gevels, met verticale reliëfbanden en een strak patroon van smalle, hoge ramen. Van Heukelom was ook verantwoordelijk voor het interieur van het Administratiegebouw, met zware bakstenen kolommen en pilasters, en voor het meubilair.

Waalbrug (1936)

Nijmegen

G. Schoorl en P. Stelling

Tot ver in de twintigste eeuw was Nijmegen vanaf de overkant van de Waal alleen met een pontje te bereiken. Er was sinds 1879 wel een spoorbrug, maar het toenemende autoverkeer moest tot 1936 een omweg maken – ondanks de inzet van het comité Nijmegen Vooruit dat sinds 1906 streefde naar een verkeersbrug. Eind jaren twintig maakte architect G. Schoorl een ontwerp voor een brug. Die moest hoge pijlers krijgen, zodat grote schepen er nog onderdoor konden varen. De brug mocht ook de schoonheid van het landschap niet aantasten. De architect bereikte een vrij rank effect door de aanzet van de boog van de brug al onder het wegdek te laten beginnen. Eind 1931 begon de bouw van de brug, die in totaal bijna vijf jaar in beslag zou nemen. Op 16 juni 1936 opende koningin Wilhelmina de Waalbrug. De brug had een totale lengte van 604 meter. De grootste overspanning, de boog, mat ruim 244 meter. Daarmee had de Waalbrug de grootste boogoverspanning van Europa. De brug was oorspronkelijk donkergroen. De Waalbrug was nog maar vier jaar in gebruik toen de Nederlandse genie hem op 10 mei 1940 opblies, om het oprukkende Duitse leger de weg te versperren. Nadat de Duitsers het land hadden ingenomen, herstelden ze de brug; in 1943 was hij weer open. Begin jaren tachtig heeft de Waalbrug een beige kleur gekregen.

Hefbrug (1936)

Over de Gouwe, Waddinxveen
firma De Vries Robbé & Co.

Aan het begin van de twintigste eeuw nam het scheepvaartverkeer op de Nederlandse rivieren snel toe. De moderne schepen waren erg groot – vaak te groot voor de nauwe doorvaarten onder de bruggen die de rivieren overspanden. Er waren daarom nieuwe bruggen nodig. Het moderne constructiemateriaal staal maakte het mogelijk hefbruggen te bouwen, waarin de overspanning omhoog bewoog om schepen door te laten. Toen de Gouwe verbreed werd en daarmee een betere verbinding over water tussen Rotterdam en Amsterdam tot stand kwam, kwamen er drie identieke hefbruggen over de rivier te liggen, bij Boskoop, Alphen aan den Rijn en Waddinxveen. De firma De Vries Robbé & Co. uit Gorinchem bouwde de bruggen, en de bijbehorende brugwachtershuisjes. De hefbruggen hebben twee toelopende torens met een open staalconstructie. Daar tussen hangt de beweegbare overspanning van de ophaalbrug, het val, dat ongeveer 25 meter lang is en bestaat uit een vloer en een open ombouw in staal. Deze overspanning is met staalkabels, via kabelwielen bovenin de twee torens, verbonden met grote betonnen balastblokken die in de torens hangen. Met behulp van deze contragewichten kon de overspanning eenvoudig omhoog getrokken worden om grote schepen door te laten. Normaal was de doorvaarhoogte tweeënhalve meter, maar als de brug open ging, werd dat 35 meter.

Berlagebrug (1932)

Over de Amstel, Amsterdam

H.P. Berlage

Een brug over de rivier de Amstel vormde de bekroning van H.P. Berlages ontwerp voor Amsterdam-Zuid. Het was de monumentale toegang tot het nieuwe stadsdeel. Berlage ontwierp de brug in 1926. Deze was met 23 meter ongekend breed. Opvallend was ook de beweegbare overspanning, die wel twaalf meter lang was. Berlage gaf niet alleen vorm aan dit technisch ontwerp, maar ook aan de oever eromheen en aan het brugwachtershuisje. De architect liet het geheel uitvoeren in rode baksteen, afgewisseld met geelkleurige graniet. De leuningen van de brug zijn gemaakt van smeedijzer, dat is voorzien van een messing bovenkant. Berlage liet de masten voor de bovenleiding van de tram, de lantaarnpalen en de leuningen rood en zwart schilderen, in de kleuren van het wapen van de stad Amsterdam. Voor de decoratie schakelde hij beeldhouwer Hildo Krop in, die veel bruggen in Amsterdam van beeldhouwwerk voorzag. Op het hoekige brugwachtershuisje bracht Krop een beeld aan van de beschermvrouwe van Amsterdam die uitkijkt over het water. Ze kijkt in de richting van de stad. Aan haar voeten liggen drie groene banden die de grachtengordel symboliseren. De Berlagebrug ligt op een bijzonder punt. Hij markeert de scheiding tussen de Amstel als stadswater – aan de centrumkant, waar het beeld op uitkijkt – en als buitenwater. Op 28 mei 1932 was de feestelijke opening van de brug.

Enneüs Heermabrug (2001)

Tussen Zeeburgereiland en Steigereiland (IJburg), Amsterdam

Nicolas Grimshaw & Partners

Als toegang tot de nieuwe Amsterdamse stadswijk IJburg, dat op zeven kunstmatige eilanden in het IJ komt te liggen, ontwierp architectenbureau Nicolas Grimshaw & Partners een opvallende brug. Deze Enneüs Heermabrug overspant als een golvend wit lijnenspel de 230 meter water tussen het Amsterdamse vasteland en IJburg. Het ontwerp was technisch erg ingewikkeld. De brug heeft vijf overspanningen. De vlakke aanbruggen, de eerste delen van de brug vanaf het land, steunen op schuin geplaatste kolommen. Daartussen liggen twee brugdelen die allebei een overspanning hebben van 75 meter. De brug heeft drie golvende bogen. De buitenste bogen staan schuin en leunen naar de middenboog. Trekstangen onder het dek vangen de spatkrachten – de zijdelingse druk – van de bogen op. Op het vaste land rusten de einden van de bogen op rubberen blokken. Aan de andere kant zijn ze verbonden met de betonnen pijlers waarop ook het middelste brugdeel ligt. Het ontwerp van de brug loopt over van de symboliek. De vorm is gebaseerd op het skelet van een krab. Ook de golvende contouren van de brug verwijzen naar het water. Het nieuwe land was gewonnen uit het water, maar het water bleef in IJburg een grote rol spelen. De dynamische brug markeert de oversteek van de oude stad naar de moderne wijk. De bogen maken de Enneüs Heermabrug bovendien tot een echte poort naar het nieuwe stadsdeel.

Maastunnel (1941)

Parkhaven, Charloisse Hoofd, Rotterdam

J.P. van Bruggen en A. van der Steur

Begin jaren dertig wilde de Rotterdamse gemeenteraad een verbinding bouwen tussen de beide oevers van de Nieuwe Maas. Jarenlang woedden er discussies over de vraag of dat een brug of een tunnel moest worden. Een tunnel bleek goedkoper; een brug zou wel heel erg hoog moeten worden om het scheepvaartverkeer door te laten. In 1937 ging de aanleg van de Maastunnel van start. De onderdelen van de tunnel werden eerst in een droogdok gemaakt en daarna naar de plek van de tunnel gesleept en afgezonken. De Maastunnel kreeg twee buizen voor gemotoriseerd verkeer, de eerste autotunnels van Nederland. Daarnaast kwamen twee buizen boven elkaar, een voor fietsers en een voor voetgangers, bereikbaar met een roltrap. De tunnel werd, met de inritten erbij, meer dan een kilometer lang. Het dichte tunneldeel meet ruim 550 meter. Het laagste deel ligt ongeveer twintig meter onder NAP. Boven de grond staan op beide oevers decoratief ogende ventilatiegebouwen naar een ontwerp van architect A. van der Steur. De gebouwen zijn ongeveer zestig meter hoog: 34 meter boven de grond en 26 meter ondergronds. Ze bestaan uit een hoge betonnen schacht en een lager, golvend vormgegeven gedeelte, van witgepleisterd beton en bruinrood tegelwerk, met een koperen koepeldak aan de rivierzijde met de aanzuigruimte voor verse lucht. Tijdens de Tweede Wereldoorlog, op 14 februari 1942, ging de Maastunnel zonder veel ruchtbaarheid open.

Berenplaat (1966)

Berenplaat 10, Spijkenisse

W.G. Quist

Op Berenplaat ligt sinds 1966 het grootste bedrijf voor drinkwaterzuivering van Nederland. Jaarlijks zuivert het bedrijf honderd miljoen kubieke meter water tot drinkwater voor een groot deel van Rotterdam en omgeving. Architect Wim Quist ontwierp het onderkomen voor de verschillende reservoirs, zuiveringsgebouwen, werkplaatsen, kantoren en bedrijfswoningen. Hij bracht iedere functie onder in een apart gebouw, verspreid over het grote terrein. Quist gaf de gebouwen expressieve vormen en vaak een bijzondere constructie. Aan de hand van de opeenvolging van gebouwen is het proces van drinkwaterproductie te volgen: van de natuurlijke zuivering in een groot spaarbekken, het zeven en desinfecteren met chemicaliën, de filtering en de opslag tot de distributie met behulp van een hoogdrukpompstation. De spectaculairste constructie gebruikte Quist voor het filtergebouw, waar verschillende soorten filters de vuildeeltjes uit het water halen. Het dak van het gebouw, dat 107 bij 133 meter beslaat, bouwde hij op uit twintig grote betonschalen. Die kwamen steeds per vier samen tot een soort grote, ruitvormige paddestoelen, steunend op een betonnen kolom. Tussen de betonschalen liepen smalle lichtstroken. Die hadden looppaden die te bereiken waren met rode wenteltrappen. De wanden van het gebouw stonden schuin en waren van glas. Deze grote glazen gevels waren scharnierend verbonden met de betonnen schalen en een lage borstwering. Zo was het niet erg als de betonschalen wat zouden bewegen. Berenplaat wordt nu uitgebreid en gemoderniseerd.

Watertoren Aalsmeer (1928)

Kudelstaartseweg, Aalsmeer

H. Sangster

Nadat er in de jaren twintig bij een lange periode van droogte een paar keer gebrek aan drinkwater was geweest, besloot het Provinciaal Waterleidingbedrijf Noord-Holland een watertoren te laten bouwen in Aalsmeer. In zo'n watertoren werd het water vanuit een kelder opgepompt naar een reservoir bovenin, dat in verbinding stond met het waterleidingnet en zorgde voor een constante druk op de leidingen. De voornaamste ontwerper van Nederlandse watertorens, de Haagse architect Hendrik Sangster, ontwierp in 1926 de bijna zestig meter hoge watertoren die op een schiereilandje in de Westeinder Plassen kwam te staan. Hij gaf de toren een expressief voorkomen in beton en baksteen. De stijl wordt wel art deco genoemd; dat is min of meer een verzamelnaam voor de decoratieve, esthetische vormgeving van de jaren twintig, die meestal veel luxe en moderne techniek en materialen toonde. De toren heeft een bijna vierkante plattegrond. Hij is opgebouwd uit vier zware betonnen kolommen op de hoeken en vier lichtere halverwege de gevelvlakken, verbonden door horizontale betonnen koppelbalken. De gevelvlakken vulde Sangster verder in met rode baksteen. Naar boven toe versierde hij de toren met een patroon van breder wordende betonnen vlakken. Zulke geometrische vormen sieren ook de ruimte rondom deuren en ramen op de begane grond. Tegenwoordig is de watertoren een cultureel centrum.

Watertoren Eindhoven (1970)

Willem Elsschotlaan/Antoon Coolenlaan, Eindhoven

W.G. Quist

Nederland kreeg vanaf de tweede helft van de negentiende eeuw een grote variatie aan watertorens. Technische ontwikkelingen leidden tot steeds betere soorten reservoirs en tot steeds slankere draagconstructies. De waterleidingbedrijven zagen de grote watertorens, die nogal opvielen in het vlakke Nederlandse landschap, als hun visitekaartje en besteedden veel aandacht aan de vormgeving van de torens. De torens waren regelmatig onderwerp van architectuurdiscussies. Vanaf 1950 maakten de waterleidingen steeds vaker gebruik van andere systemen, en begon de watertoren langzaam aan belang in te boeten. Toch bouwde de bekende architect Wim Quist nog in 1970 een watertoren in Eindhoven. Die toren moest 1500 kubieke meter water kunnen bevatten, in reservoirs op verschillende hoogtes. Quist kwam met een opmerkelijke oplossing. Hij wilde duidelijk tonen hoe de toren in elkaar stak en daarom de reservoirs en de verbindingsleidingen zichtbaar maken. De rest van de constructie moest tot een minimum beperkt blijven. Quist ontwierp een toren met drie witte bolvormige reservoirs van staal, elk met een diameter van tien meter. De bollen zijn op een verschillende hoogtes over stalen pijpen geschoven. Een stelsel van stalen stangen zorgt voor de stabiliteit van de toren. In 2000 leidde het plan van de gemeente Eindhoven de bollen in het kader van het in Nederland gehouden Europees kampioenschap voetbal om te toveren tot reusachtige voetballen tot protest van de architect.

Autopalace (1936)

Muldersweg 16, Nijmegen

B.J. Meerman en J. van der Pijll

De komst van de auto vroeg in de eerste helft van de twintigste eeuw om nieuwe gebouwen, zoals garages en benzinestations. De eerste benzinepomp verscheen in 1920 in Nederland. In de jaren dertig werkte de overheid aan uitbreiding van het wegennet. Langs de wegen kwamen toen voor het eerst complete benzinestations te staan, met behalve een pomp ook een luifel waaronder klanten droog konden tanken en een kiosk. De tankstations moesten modern aandoen en kregen strakke, zakelijke lijnen. Texaco liet in 1936 bij Nijmegen een station bouwen dat met een frisse, moderne vormgeving klanten moest verleiden tot tanken. Het lag op een heuvel aan de belangrijke uitvalsweg naar Grave en Den Bosch. Al van verre zag de automobilist de 25 meter hoge lichttoren van stalen vakken en wit melkglas, waarop in gebrandschilderde letters de naam N.V. Autopalace stond. De toren rees op uit een vierkant wit gebouwtje. Daaruit ontsprong een grote, schotelvormige luifel, die alleen op de hoek van het gebouw steunde en vrij in de lucht leek te zweven. Onder de luifel kwam uit de hoek van het vierkante bedrijfsgebouwtje een ronde kiosk met glazen wanden naar voren, die uitzicht bood op de hele straathoek waaraan het tankstation stond. Op twee plaatsen onder de luifel konden de automobilisten tanken. In 1977 raakte het station, door een wegverlegging, buiten gebruik. Er is nu een architectenbureau.

Purfina (1957)

Apeldoornseweg 105, Arnhem

S. van Ravesteyn

Na de Tweede Wereldoorlog bouwde de overheid verder aan het Nederlandse wegennet. Om de tien tot twintig kilometer moest een tankstation komen te staan. Om op korte termijn veel stations te kunnen bouwen, lieten de maatschappijen standaardontwerpen maken, vaak door gerenommeerde architecten. Sybold van Ravesteyn ontwierp 24 stations voor Purfina. Maar hij weigerde die gebouwtjes helemaal te standaardiseren en paste ieder ontwerp aan aan de situatie ter plekke.

Volgens Van Ravesteyn kon een benzinestation "met de daarbij behorende weg en de auto's daarop, het landschap tot een nieuw karakter en een nieuwe schoonheid brengen". Van alle benzinestations van zijn hand is alleen dat aan een invalsweg naar Arnhem nog over. Het is een wit gebouwtje in een bosachtige omgeving. Het lange, smalle bouwwerkje eindigt bij de weg in een punt. Een groot raam, met een driehoekige vorm, breekt daar de hoek open. Een schuin geplaatst dak werkt deels als een luifel. Het heeft een kartelrand waarop vroeger de letters Purfina stonden. Op de muur eronder was het logo van de maatschappij te zien. Daar contrasteert een bakstenen geveldeel met de strakke vormen in wit beton van de rest van het gebouwtje. De totale compositie was een moderne maar lichtvoetige uitnodiging aan de automobilist. Tegenwoordig is het voormalige tankstation een makelaarskantoor.

Station Arnhem (1954)

Stationsplein, Arnhem

H.G.J. Schelling

Volgens H.G.J. Schelling, de ontwerper van een reeks Nederlandse stations, moest een modern stationsgebouw geen indruk maken, zoals in de negentiende eeuw, maar een aantrekkelijke omgeving bieden aan de treinreizigers. In 1954 bouwde Schelling het station van Arnhem. Aan de voorzijde werd het een laag, langwerpig gebouw met een luifel die bestond uit een reeks flauwe bogen.

Hierboven rees een verhoogd bouwdeel op met een maar heel licht hellend zadeldak. Het station kreeg een betonconstructie die Schelling opvulde met prefab betonnen platen. In grote delen van de gevel waren dat platen die als versiering een opengewerkt patroon hadden. Dat gaf het stationsgebouw een zekere lichtheid en transparantie. Naast de verhoging kwam een rechthoekige toren uit hetzelfde materiaal te staan, bekroond met een open structuur met daarop een klok. Schelling bouwde zijn stations graag op uit beton, dat modern oogde en bovendien vrij goedkoop was. Dat kwam zeker in de jaren van schaarste na de Tweede Wereldoorlog goed van pas. Binnen is het station relatief groot. Schelling wilde namelijk dat de uitgangscontroles, die tot in de jaren zestig gebruikelijk waren, daar zouden plaatsvinden, en niet bij de tochtige uitgangen naast het gebouw. Inmiddels wordt het oude station van Schelling uitgebreid met een nieuwe, golvende hal naar een ontwerp van Ben van Berkel. Die moet in 2008 klaar zijn.

Station Tilburg (1965)

Spoorlaan, Tilburg

K. van der Gaast

In Tilburg was eind jaren vijftig eigenlijk maar weinig plek voor een nieuw stationsgebouw. Architect Koen van der Gaast, die sinds 1953 de leiding had over het architectenbureau van de Nederlandse Spoorwegen, ontwierp daarom een smal, transparant station van losstaande volumes glas en staal, dat deels onder de perrons ligt. Hij plaatste een deel van het nieuwe gebouw op een verhoogd emplacement en creëerde daaronder drie doorgangen. Het opvallendst aan station Tilburg is de overkapping, die niet alleen de perrons, maar ook het stationsgebouw en een deel van het stationsplein overdekt – in totaal een oppervlakte van 46 bij 147 meter. Die overkapping bestaat uit zes zogeheten hypparschalen. Dat zijn dubbel gekromde gewelven; vierkante daken waarbij de twee diagonaal tegenover elkaar liggende hoekpunten hoger liggen dan de twee andere hoeken. Tussen de schalen kwamen glazen stroken die het licht doorlieten. Op het eerste perron plaatste Van der Gaast betonnen portalen die de dakschalen ondersteunden. Aan de randen steunt het dak op zes schuin geplaatste stalen kolommen. Verder zorgt een stelsel van kabels en stangen voor stabiliteit. Van der Gaast was hiermee de eerste die een station bouwde zonder façade en alle aandacht liet uitgaan naar de alles overspannende kap. De markante overkapping van station Tilburg kreeg als bijnaam het kroepoekdak.

Stuw bij Hagestein (1961)

Bandijk, Hagestein

P. Blokland en W. Hamdorff

Een stuwcomplex bij Hagestein reguleert het waterpijl in de Lek. Het was onderdeel van de kanalisatie van de Nederrijn en de Lek, een van de voornaamste projecten binnen de Nederlandse waterbeheersing in het midden van de twintigste eeuw. Vergelijkbare bouwwerken kwamen bij Driel en bij Amerongen te liggen. Omdat de rivier bij Hagestein erg breed is, kon er geen traditionele stuw, met gewone deuren of schuiven, gebouwd worden. Ingenieur P. Blokland ontwierp daarom een speciaal soort stuw, een zogeheten vizierstuw. De schuif is daarbij een halfrond beweegbaar deel dat met kabels kan worden opgehesen of neergelaten; het beweegt als een vizier in een helm. Architect Wouter Hamdorff gaf het complex bij Hagestein verder vorm. De stuw bestaat uit twee landhoofden en een middenpijler, met daarin een waterkrachtturbine. Daartussen zijn de twee vizierschuiven, van elk 48 meter, aangebracht. De bedieningsgebouwen van de stuw staan op betonnen pijlers, die ondersteund worden door reusachtige bogen. Ze zijn bereikbaar via een stalen spiltrap. Vooral de opvallende bogen maken van het stuwcomplex een groot abstract beeldhouwwerk in het water. Tot het complex, dat in 1961 klaar was, behoort ook een 220 meter lange sluis, naast de stuw. De schuiven van de stuw moeten namelijk het grootste deel van het jaar gesloten blijven en de schepen op de Lek maken dan gebruik van de sluis.

Windscherm (1985)

Langs het Calandkanaal, Europaweg, Rozenburg

Maarten Struijs

In de jaren zestig verbeterde de bereikbaarheid van de Rotterdamse Brittanniëhaven over land aanzienlijk door de aanleg van de Calandbrug over het Calandkanaal. De brug zorgde echter voor nieuwe problemen. De doorgang onder de Calandbrug was erg smal en schepen moesten behoedzaam manoeuvreren om er veilig onderdoor te varen. Dat was vooral moeilijk voor de grote schepen die auto's en containers vervoerden. Zij vingen veel zijwind en dreigden daardoor vaak uit koers te raken en tegen de brug of de kademuur te varen. Om de scheepvaart hier veiliger te maken werd in de jaren tachtig besloten een groot windscherm langs het Calandkanaal te plaatsen. Dat moest ruim 1700 meter lang zijn en 25 meter hoog, en zou nog voor 25 procent winddoorlatend moeten zijn. Maar architect Maarten Struijs van de Gemeentewerken van Rotterdam wilde niet zomaar een lange wand met gaten langs het kanaal zetten. In plaats daarvan ontwierp hij een monumentaal samenspel van losse, betonnen elementen: halfronde parten afgewisseld met vlakke delen. Ingenieur Jopp Schilperoord maakte de technische berekening van de constructie. Het zuidelijke deel van het scherm bestaat uit halve cirkelvormige schijven van 25 meter hoog, met een diameter van achttien meter. In met middenscherm zijn ze kleiner; de diameter is daar nog maar vier meter. Rechte betonplaten van tien bij tien meter vormen het noordelijke scherm.

Stormvloedkering (1986)

In de Oosterschelde

Rijkswaterstraat en W.G. Quist

Na de watersnoodramp van 1953 kwamen er versneld plannen om het zuidwesten van Nederland te beschermen tegen het water: de Deltawerken. Er moesten onder andere vier zeearmen afgesloten worden. Een daarvan was de Oosterschelde. Dat leidde tot veel protest, omdat een totale afsluiting van de Oosterschelde dramatische gevolgen zou hebben voor het milieu. De regering besloot daarom in 1979 een stormvloedkering aan te leggen met reusachtige beweegbare schuiven, die alleen bij een extreem hoge waterstand dicht zouden gaan. Het kon daardoor nog gewoon eb en vloed worden in de Oosterschelde en het water bleef er zout. De schuiven kwamen in een vier kilometer lang deel van de in totaal negen kilometer lange dam. Het beweegbare deel heeft 66 grote betonnen pijlers, van dertig tot veertig meter hoog, met daartussen de grote stalen schuiven die hydraulisch kunnen worden neergelaten. Het belangrijkste deel van de dam bevindt zich onder water. Voor de delen van de stormvloedkering die boven het water uitkomen, trad architect Wim Quist op als esthetisch adviseur. Quist zag de grote pijlers van de dam als voetstukken, waarop de pijlerkoppen prijken als een soort abstracte beeldhouwwerken. Ze hebben strakke, geometrische vormen: rechthoeken met daartussen steeds de twee cilinders van het hydraulische systeem dat de schuiven in beweging zet. Alle technische installaties en trappen zijn gewoon zichtbaar. Op 4 oktober 1986 opende koningin Beatrix de stormvloedkering.

Maeslantkering (1997)

In de nieuwe Waterweg, Nieuw Oranjekanaal 139, Hoek van Holland
Bouwcombinatie Maeslant Kering en W.G. Quist

Met het in gebruik nemen van de Maeslantkering bij Hoek van Holland waren de Deltawerken in 1997 voltooid en was Zuid-Holland beschermd tegen hoog water. Een speciaal hiervoor opgerichte bouwcombinatie legde de kering aan, met architect Wim Quist als esthetisch adviseur. Zij moesten er rekening mee houden dat de Maeslantkering het drukke scheepvaartverkeer niet mocht hinderen; de kering mocht daarom alleen bij een erg hoge waterstand gesloten worden. De grote, witte deuren van de Maeslantkering liggen daarom gewoonlijk op de bodem van een dok in de oevers van de Nieuwe Waterweg. Het zijn een soort reusachtige stalen dozen. De wanden hebben een lengte van 210 meter en een hoogte van 22 meter. De dozen hebben vijftien compartimenten met bovenin een koker, met een gang voor onderhoudspersoneel, en daaronder een drijflichaam. Twee grote witte armen, die lijken op Eiffeltorens en ook ongeveer die afmetingen hebben, houden de deuren vast en scharnieren in een grote bol. Als er een overstroming vanuit de Noordzee dreigt, bewegen ze de deuren de Nieuwe Waterweg in om die af te sluiten. Dat gebeurt via een vernuftig systeem. De dokken waarin de dozen liggen lopen vol met water, zodat de dozen gaan drijven. Als ze elkaar in het midden van de Nieuwe Waterweg raken, gaan er kleppen open en zinken de dozen neer op een betonnen drempel op de bodem.

Erasmusbrug (1996)

Leuvehaven, Rotterdam

Ben van Berkel

In het centrum van Rotterdam, tussen de nieuwe wijk Kop van Zuid en de binnenstad, moest een opvallende brug over de Maas komen, die symbool zou staan voor de stad in het jaar 2000. Architect Ben van Berkel maakte een ontwerp voor een tuibrug, een brug die aan kabels is opgehangen, dat hij tot in de kleinste details uitwerkte. Hij wilde met deze Erasmusbrug een dynamische verbinding creëren tussen het bestaande stadscentrum en de nieuwe buurt. De architect schiep daarom een niet te massief ogend, smal en gebogen brugdek met een lengte van 808 meter. De brug bevat een basculebrug van 89 meter, een ophaalbare klep, om grote schepen door te laten. De asymmetrische Erasmusbrug steunt op een 139 meter hoge pyloon van staal. De kabels waaraan de brug hangt, bracht hij maar aan één kant van de pyloon aan. Om tegenwicht te bieden maakt de pyloon een knik en zijn er aan de andere kant nog twee trekstangen die de brug stabiel houden. De opvallende vorm bezorgde de brug de bijnaam De Zwaan. Niet lang na de oplevering van de Erasmusbrug ontstond er commotie toen bleek dat de kabels van de gloednieuwe brug bij barre weerscondities begonnen te zwiepen en de brug begon te slingeren. Maar de oorspronkelijke opzet is geslaagd. De Erasmusbrug is in korte tijd uitgegroeid tot het symbool van het moderne Rotterdam.

Calatravabrug (2004)

Over de Hoofdvaart, Haarlemmermeer

S. Calatrava

Sinds 2004 liggen er drie opvallende nieuwe tuibruggen, of hangbruggen, over de Hoofdvaart in de Haarlemmermeer, twee bij Hoofddorp en een bij Toolenburg. Ze zijn ontworpen door de Spanjaard Santiago Calatrava. Calatrava maakte van elke brug een extravagant kunstwerk, een uniek samenspel van witte lijnen, maar toch ook duidelijk verbonden met de andere bruggen. Alle drie de bruggen hebben een pyloon als een priemende naald. De positie van de pyloon verandert per brug, van verticaal tot vervaarlijk hellend. Om de pyloon zwieren de tuien – de kabels – ook steeds anders. De brugdekken daaronder slingeren tussen de tuien door. De bruggen zijn veel grootser dan voor de smalle vaart door de polder nodig was. Eén brug gaf Calatrava bijvoorbeeld twee gescheiden rijbanen en een pad voor voetgangers, zodat die vanaf de brug over het polderlandschap konden uitkijken. Van een andere brug vond de architect dat mensen er ook onderdoor moesten kunnen lopen. Daarom moesten de wegen naar de brug toe verhoogd worden. De pyloon van de brug werd bovendien ruim zestig meter lang – dat terwijl de Hoofdvaart maar twintig meter breed is. Het brugdek is eigenlijk niet meer dan het contragewicht dat de pyloon op zijn plaats houdt. De bruggen hebben na een prijsvraag de namen Harp, Citer en Luit gekregen, omdat ze eruit zien als "gigantische snaarinstrumenten" en "een muzikale toonzetting in het omringende landschap" vormen.

Schiedam Centrum (2002)

Beneluxlijn
Jan van Belkum

Schiedam is een van de stations aan de nieuwe, twaalf kilometer lange Benelux metrolijn aan de zuidwestkant van Rotterdam, die in 2002 in gebruik werd genomen. De lijn loopt deels boven de grond. Jan van Belkum ontwierp het bovengrondse station Schiedam Centrum, op de plek waar al een ouder treinstation stond. Dit station is het belangrijkste openbaar vervoersknooppunt op de lijn; metro, trein, tram en bus komen hier samen. Van Belkum maakte een ontwerp dat het bestaande NS-station, in gerenoveerde vorm, combineerde met een nieuw metrostation. De verbinding tussen de twee stations legde de architect door middel van een grote overkapping. De reusachtige nieuwe kap van het metrostation strekt zich niet alleen uit over de metroperrons en de entree, maar hangt bovendien boven de oude stationskap. Zo zijn de reizigers overal op het gecombineerde station beschut tegen weer en wind. In de kap verwerkte de architect vooral veel glas. Dat zorgt voor veel licht op het station. Van Belkum kon de nieuwe kap niet zomaar aan de oude vastmaken. Daarom ontwierp hij zestien grote betonnen dragers die als reusachtige hijskranen de overkapping rondom omhoog houden. Deze dragers hebben een opvallende roze kleur gekregen. Het is de bedoeling dat er dagelijks veertienduizend reizigers de perrons van de metro zullen betreden, en zo'n tienduizend die van het treinstation.

Metrostation Pernis (2002)

Rotterdam-Pernis, Beneluxlijn

T. Voets

De Delftse architect Ton Voets ontwierp een van de bovengrondse metrostations van de nieuwe Beneluxlijn naar het zuidwestelijke deel van de regio Rotterdam. De ligging van dit station Rotterdam-Pernis was bepalend voor de vormgeving. Het station kwam tussen twee verschillende werelden te staan. Aan de ene kant van het station staat een raffinaderij van Shell, de grootste ter wereld, en loopt de drukke snelweg. Maar aan de andere kant ligt het dorp Pernis in een landelijk gebied. Deze verschillende aspecten van de directe omgeving verwerkte Voets in zijn ontwerp voor de kap van het station. Hij liet de kap open aan de kant van Pernis; hij staat daar op hoge, slanke kolommen die doorlopen tot aan de grond onder de verhoogde metrobaan. Daardoor hebben de reizigers onbelemmerd uitzicht op het dorp. Maar aan de andere kant trok de architect de kap helemaal door om hem vast te maken aan de metrobaan. De lichtinval door de transparante kap wisselt en sluit daarmee aan bij de dynamiek van het moderne, snelle transportmiddel. De hal onder de perrons heeft een glazen pui. Ook de ruimten in de hal gaf Voets een opvallende verschijning. Ze zijn gemetseld in stenen die een kunstenaar één voor één met de hand heeft beschilderd en gebakken.

De zorg voor die Nederlanders die niet goed voor zichzelf konden zorgen, door armoede of gebrekkigheid, was in de Middeleeuwen een religieus geïnspireerde liefdadigheid, waarmee de gulle schenkers hun zielenheil hoopten veilig te stellen. Toen de Noordelijke Nederlanden aan het einde van de zestiende eeuw overgingen naar het protestantisme, werd de zorg voor de armen, de wezen en vondelingen, de zieken en de bejaarden in de eerste plaats een taak voor de stadsbesturen, en nog later, vanaf de negentiende eeuw, ook voor de landelijke overheid. Die verschillende overheden lieten speciale gebouwen neerzetten, zoals weeshuizen, gasthuizen die de armen en de zieken moesten opvangen, proveniershuizen waar mensen een verzorgde plek voor hun oude dag konden kopen, oudemannenhuizen en tuchthuizen. Want ook de voorloper van de gevangenis begon als een instelling waar mensen weer op het juiste pad werden gebracht om daarna volledig aangepast te kunnen terugkeren in de maatschappij. De verschillende kerkgenootschappen hadden hun eigen voorzieningen voor de armen en welgestelde particulieren lieten, vooral in de zeventiende en de achttiende eeuw, regelmatig geld na voor zogeheten hofjes, die bestonden uit huisjes rondom een binnenplaats, waar behoeftige oude mensen onderdak konden vinden. Al die instellingen werden beheerd door een college van regenten, die vergaderden in een speciaal, meestal weelderig ingericht vertrek in het gebouw, de regentenkamer.

Het waren ook welgestelde particulieren die in de negentiende eeuw als eersten het initiatief namen om echte ziekenhuizen op te zetten, die niet alleen bedoeld waren voor de opvang, maar ook voor de behandeling en genezing van zieken. Naast de algemene ziekenhuizen kwamen er gespecialiseerde klinieken, bijvoorbeeld voor psychiatrische patiënten, maar ook sanatoria voor mensen die aan tuberculose leden. In de twintigste eeuw heeft vooral de beweging van het Nieuwe Bouwen, die de nadruk legde op het belang van de aspecten licht, lucht en ruimte in de architectuur, een grote bijdrage geleverd aan gezonde gebouwen voor de zorg, en voor het onderwijs.

Scholen waren in vroegere eeuwen vaak bedompte panden geweest. Vaak werden ze gevestigd in bestaande gebouwen, en regelmatig gaf een leraar gewoon in zijn eigen huis les. In de negentiende eeuw gingen architecten echt nadenken over de vormgeving van het schoolgebouw. Vooral vanaf de jaren twintig van de twintigste eeuw gingen fraai en functioneel ontworpen scholen de kern van de woonbuurten vormen. Veel bekende architecten hebben zich sindsdien met het ontwerpen van schoolgebouwen beziggehouden. Eenzelfde ontwikkeling maakten de gebouwen van de universiteiten door. De eerste universiteit van Nederland, die van Leiden, vond in de zestiende eeuw onderdak in oude kloostergebouwen. Maar in de negentiende, en vooral in de twintigste eeuw, zetten de universiteiten hun eigen gebouwen neer. Sinds de Tweede Wereldoorlog hebben verschillende Nederlandse universiteiten terreinen bebouwd met panden voor onderwijs en voorzieningen. Die universiteitsterreinen bieden een boeiend overzicht van de ontwikkelingen in de moderne architectuur. Er staan massieve, betonnen bouwwerken uit de jaren vijftig en zestig, en gebouwen in de stijl die in de jaren zeventig als reactie ontstond, opgebouwd uit kleine aaneengeschakelde ruimten waar studenten en docenten elkaar konden treffen. Vooral de laatste tien jaar zijn er spectaculaire universitaire bouwwerken verrezen, in uiteenlopende vormen en onverwachte materialen, in spuitbeton en glas, en zelfs in gras.

7 Zorg en onderwijs

Latijnse school (1546)

Sint Stevenskerkhof 2, Nijmegen

Op de Latijnse school kregen jongens van zes tot zestien jaar les in de Latijnse taal en literatuur, als vooropleiding voor de universiteit. In Nijmegen stond al aan het begin van de veertiende eeuw zo'n Latijnse school aan het Sint Stevenskerkhof. In de zestiende eeuw kwam daar een nieuw schoolgebouw, een overwegend gotisch bouwwerk, maar wel met wat elementen die geïnspireerd waren op de Renaissance die juist in die tijd het noorden van Europa bereikte. Het gebouw had twee lagen en een zolder. De gevel bestond uit rode baksteen, op een natuurstenen plint. Onder het dak kwam een lijst met consoles. De lange gevel aan het plein vertoonde een regelmatig patroon van ramen met luiken, die het gebouw een horizontaal accent gaven. Boven de ramen brachten de bouwers een gotische versiering aan: brede korfbogen in reliëf, met daarbinnen de vorm van een driepas, een klaverblad. Sierlijke muurankers zorgden voor verdere verfraaiing van de gevel. Boven de ingang prijkte, binnen een spitsboog, het stadswapen van Nijmegen. Tussen de begane grond en de eerste verdieping liep een natuurstenen band met daarop in het Latijn de tien geboden. Erboven kwamen beelden van de twaalf apostelen te staan. In 1842 veranderde de Latijnse school in een gymnasium. Later waren hier onder andere een muziekschool, het politiebureau en de Armenraad gevestigd. Nu huist er een architectenbureau in het schoolgebouw.

Bibliotheek Thysiana (1655)

Rapenburg 25, Leiden

Arent van 's-Gravesande

De Leidse jurist Joannes Thysius stierf in 1653, pas 31 jaar oud. Hij liet zijn grote boekenverzameling na "tot publycque dienst der studie" en bestemde in zijn testament bovendien twintigduizend gulden voor de bouw van een bibliotheek aan het Rapenburg. De Leidse stadsarchitect Arent van 's Gravesande kreeg de opdracht het bibliotheekgebouw te ontwerpen. Deze Bibliotheca Thysiana is het enige bewaard gebleven Nederlandse gebouw uit de zeventiende eeuw dat speciaal als bibliotheek werd opgetrokken. Er kwam ook een woning voor de huisbewaarder bij. De bibliotheek staat op de hoek van twee grachten. Hij is gebouwd in de classicistische stijl van die tijd. Dat betekende dat de structuur en de proporties van het gebouw gebaseerd waren op de klassieke bouwkunst. De verhoudingen zijn heel harmonieus. Boven een hoog basement, of voetstuk, staan op de verdieping Ionische pilasters, dat wil zeggen met een kapiteel met aan weerszijden voluten, of krullen. De gevels hebben kruiskozijnen; ramen die in vieren zijn gedeeld, waarbij het onderste deel luiken heeft. Binnen kwamen getimmerde boekenkasten te staan, die plaats boden aan de verzameling van zo'n 2.500 boeken en duizenden pamfletten over uiteenlopende wetenschappelijke onderwerpen. De inrichting is na 350 jaar nog vrijwel onveranderd. Tussen 1997 en 2001 onderging de Bibliotheca Thysiana een forse restauratie en aanpassingen, zodat het gebouw nu weer geschikt is om de waardevolle boekenverzameling te huisvesten.

Sint-Jansgasthuis (1563)

Kerkplein, Hoorn

Al in de Middeleeuwen stond er in Hoorn, tegenover de Grote Kerk, een gasthuis als opvang voor de armen en de zieken dat gewijd was aan Johannes de Doper. In 1563 kreeg dat Sint-Jansgasthuis een modern gebouw. In die tijd had de Renaissance vanuit Italië de Nederlanden bereikt en het nieuwe gasthuis kreeg decoraties die geïnspireerd waren op de klassieke Oudheid. De gevel is van rode baksteen met versieringen in natuursteen. Een rondboog omlijst de ingang. De gegroefde stenen aan weerszijden van de deur zouden een genezende werking hebben. Op de eerste verdieping bevindt zich een nis, vormgegeven als een klassiek bouwwerkje en bekroond met een driehoekig fronton, met daarin een beeld van Johannes de Doper. Een lijst sluit iedere verdieping af. Het huis heeft een forse trapgevel. De proporties van de ramen verspringen mee met de naar boven toe smaller wordende gevel. Op de eerste verdieping zijn er nog twee ramen. Daarna heeft iedere verdieping steeds één raam, dat in breedte afneemt. Elk raam heeft als bekroning een fronton. Helemaal bovenin sluit een klein klassiek fronton het gebouw af. De treden van de trapgevel hebben grote gebeeldhouwde klauwstukken – hoekopvullingen – met, naar Antwerps voorbeeld, menselijke figuurtjes in rolwerk. Het gebouw bleef tot 1840 de functie van gasthuis vervullen. Daarna deed het onder meer dienst als Boterhal. Nu herbergt het gebouw een expositiecentrum voor kunstenaars.

Gasthuis Magdalena van der Stappen (1646)

Markt, Boxtel

In het jaar 1646 stichtte Magdalena van der Stappen een gasthuis aan de Markt in Boxtel, dat zestien "schaemele vrouwen" onderdak zou bieden. Sinds de veertiende eeuw bestond het gebruik dat welgestelde particulieren, uit liefdadigheid, geld beschikbaar stelden voor de bouw en het beheer van een hofje, waarin behoeftige oude mensen werden opgevangen. Zo'n hofje – in dit geval gasthuis genoemd – bestond uit een aantal huisjes rondom een binnenplaats. Ze hadden een streng toelatingsbeleid. Meestal mochten er alleenstaande vrouwen wonen, ongehuwd of weduwe, van minstens vijftig jaar, die in staat waren zelfstandig te leven. Aan de buitenkant, aan de Markt, is niet direct te zien dat hier een hofje is. Er staat een wit gepleisterd huisje, met grote ramen met luiken. De gevel loopt spits toe, maar eindigt in een rechthoekige tuit. Het is een zogeheten tuitgevel, afgedekt door een hardstenen plaat. Bovenop staat een kruis, dat verwijst naar de liefdadigheid die aanleiding was voor de stichting van het achtergelegen gasthuis. Een kleine poort, met daarboven het jaartal van de stichting en een ovale opening, leidt naar de kleine huisjes, of 'kameren', voor de oude vrouwen. Nog aan het einde van de negentiende werd het gasthuis uitgebreid. In 1990 is het gasthuis van Magdalena van der Stappen gerestaureerd. Nu huist er de VVV en het Historisch Museum, en er zijn nog steeds een paar kleine woningen.

Tevelingshofje (1666)

Vierde Binnenvestgracht 7, Leiden

Willem van der Helm

In 1666 bouwde de Leidse stadstimmerman Willem van der Helm vlak binnen de wallen een hofje met twintig huisjes voor "eerlyke ende nugtere egte luiden, zonder kinderen zijnde… booven de veertig jaren oud". Ze moesten van het gereformeerde geloof zijn. Het geld voor het hofje kwam van de broers Charles en Jacob Tevel. Het beschikbare terrein had de wat onhandige vorm van een ruit. Het was de tijd van het classicisme, waarbij symmetrie van het grootste belang was. Het poortgebouw, met daarboven de regentenkamer en links en rechts muren met blinde nissen, is helemaal symmetrisch. Op de gevel staan de namen van de stichters; die hadden daar zelf om gevraagd. De architect bouwde het hele hofje daarachter in ruitvorm. Alle lijnen trok hij, net als bij een rechthoekig hofje, evenwijdig. Alles liep daarom 'scheef': de huisjes, de regentenkamer en zelfs de putdeksels. Van der Helm liet speciale ruitvormige plavuizen bakken voor de hal. Het Tevelingshofje werd een van de rijkste hofjes van Leiden. De bewoners kregen bier, brood en turf en vijftig gulden per jaar voor een 'vrolijke maaltijd'. Tegenwoordig zijn de woningen gemoderniseerd: de bedsteden en schouwen zijn verwijderd, de plavuizen bedekt met houten vloeren en de daken geïsoleerd. In de muren tussen de slaapkamers van de huisjes zijn vluchtluiken aangebracht in verband met brandgevaar.

Deutzenhofje (1695)

Prinsengracht 855-899, Amsterdam

Pieter Alolfse de Zeeuw

In 1692 kocht de rijke Agneta Deutz een stuk grond aan de Amsterdamse Prinsengracht. Bij haar dood twee jaar later liet zij geld na om daar een hofje te bouwen, het aanzienlijkste van de stad, vooral bestemd voor oudere dienstboden. Agneta had voor haar dood een bouwmeester aangesteld, Pieter Alolfse de Zeeuw, en met hem overlegd over de opzet van het hofje. Het bestond uit een woonvleugel rondom een binnenplaats met negentien kleine kamerwoningen voor de bejaarde dames. Centraal kwam een opvallende waterpomp te staan. Aan de ene kant was het poortgebouw. Daartegenover was een sierlijk open portaal met Dorische zuilen en daarboven een klok met gebeeldhouwde versieringen. Aan de Prinsengracht ging het hofje uit drie dubbele huizen bestaan, waarvan de middelste het poortgebouw werd. De twee buitenste dubbele huizen waren huurhuizen, waarvan de opbrengst ten goede kwam aan het hofje. Het poortgebouw was rijk versierd met beeldhouwwerk, zoals festoenen. Boven de ingang prijkten twee putti en de wapens van Agneta Deutz en haar twee echtgenoten. De marmeren lijst in de poort kreeg een inscriptie: "Agneta Deutz laat hier haar liefde en godsdienst blijken. Den Armen tot een troost, tot voorbeeld aan de rijken. Anno 1695". Op de verdieping van het poortgebouw bevond zich de regentenkamer. Daar kwam een schoorsteenstuk met het portret van de stichtster. Er wonen nog altijd oudere dames in het Deutzenhofje.

Huis van Achten (1657)

(Provenhuis van Johan van Nordingen), Lombardsteeg 23, Alkmaar

Op het terrein van het opgeheven Maria Magdalenaklooster in Alkmaar werd op 29 mei 1657 een zogeheten provenhuis gesticht, met geld uit de nalatenschap van Johan van Nordingen. Die had in zijn testament bepaald dat het een tehuis moest worden voor zes, zeven of acht oude mannen. Het werden er acht. In de volksmond kreeg het tehuis daarom al gauw de naam Huis van Achten. In zo'n provenhuis konden toekomstige bewoners een plek kopen, waar zij dan de rest van hun leven konden wonen en 'prove' ontvangen, liefdadigheid in de vorm van eten en drinken. Het Huis van Achten kreeg een U-vorm. Een ander hofje op hetzelfde terrein sloot de oostelijke kant van het huis af. Het provenhuis was een blokvormig, laag huis met maar één bouwlaag en daarboven een zolder. De grote ramen hadden kruiskozijnen; ze waren in vieren gedeeld met luiken voor het onderste deel. De bogen boven de ramen waren simpel versierd met blokken natuursteen. Aan twee zijden kwamen de acht kamers te liggen, die uitkwamen op een overdekte gang met ramen aan een binnentuin. Aan de Nieuwesloot bevonden zich de regentenkamer en de dienstwoning van de beheerster. Daar kwam ook een versierde gevel met klassieke pilasters en krulmotieven, en beelden die vertelden dat dit een huis voor oude mannen was. Een opbouwtje met een klein driehoekig fronton bekroonde de gevel.

Proveniershuis (1761)

Overschiesestraat 3, Schiedam

Arij van Bol'Es

In het centrum van Schiedam, aan het water van de Schie, werd vanaf 1756 gebouwd aan een nieuw proveniershuis, waar de inwoners van de stad zich konden inkopen om op hun oude dag onderdak en verzorging te vinden. Het ontwerp was van stadsbouwmeester Arij van Bol'Es. De woningen, allemaal met een verdieping, kwamen aan een rechthoekig hofje te liggen. De regentenkamer van het hofje kreeg een plek in een hoger bouwdeel aan de achterzijde. Aan de voorkant sloot een groot bakstenen poortgebouw met drie bouwlagen het hofje af. Over de hele gevel liepen grote verticale reliëfbanden in natuursteen, lisenen genoemd, die bovenin een lijst met grote consoles droegen. Klassieke pilasters flankeerden de monumentale toegang. Daarboven sieren zwierige vensteromlijstingen in Lodewijk XV-stijl de gevel. Een indrukwekkende kuif met onder andere het wapen van Holland, gedragen door twee leeuwen, bekroont het poortgebouw. Tien jaar na de opening woonden er 58 proveniers in het huis. In 1827 waren dat er nog maar drie, en de laatste provenier overleed in 1834. Het beheer van het huis kwam daarna in handen van de Magistraatsarmenkamer. In 1965 viel het toe aan de gemeente. Op 29 juli 1981 liep het huis bij een brand ernstige schade op. Het is daarna gerestaureerd. In het voorhuis en de zijvleugels bevinden zich nu zo'n dertig woningen. Het achterhuis doet dienst als partycentrum.

Maagdenhuis (1787)

Spui, Amsterdam

Abraham van der Hart

Vanaf 1629 stond er aan het Spui in Amsterdam een katholiek weeshuis voor meisjes, het Maagdenhuis genoemd. In 1783 begon de bouw van een groot nieuw onderkomen voor het weeshuis, naar een ontwerp van de Amsterdamse stadsarchitect Abraham van der Hart. Die bouwde een vrij sober ogend gebouw uit vooral baksteen. Het Maagdenhuis bestaat uit vier hoge vleugels rondom een binnenplaats. Het gebouw is klassiek van opzet. Boven het basement, of voetstuk, en de begane grond heeft de gevel lisenen – ofwel verticale reliëfbanden – met daartussen de ramen van de verschillende verdiepingen. De lisenen zijn eigenlijk een vereenvoudigde versie van klassieke pilasters. Ze dragen een zandstenen kroonlijst. De middenpartij van de gevel, vijf vensters breed, springt wat vooruit. Een zandstenen fronton vormt hier de bekroning. Een reliëf in het fronton toont de functie van het gebouw. Er zijn twee weesmeisjes te zien die een medaillon vasthouden met een voorstelling die verwijst naar de uitspraak van Jezus, 'laat de kinderen tot mij komen'. Verder zijn de symbolen voor Geloof, Hoop en Liefde afgebeeld. De voormalige kamers van de regenten en regentessen aan weerszijden van de ingang zijn te herkennen aan de rondboogvensters. Het weeshuis bleef tot 1953 bestaan. Daarna werd het gebouw een kantoorpand. Sinds 1961 is het Maagdenhuis het administratieve en bestuurlijke centrum van de Universiteit van Amsterdam.

Sint-Jacobsgasthuis (1789)

Hoogstraat 112, Schiedam

Jan Guidici

Aan een van de oudste dijken van Schiedam, de Hoogstraat, was sinds de zestiende eeuw het Sint-Jacobsgasthuis gevestigd, bestemd als opvang voor zieken en voor behoeftige bejaarden. In 1789 kreeg het gasthuis een heel nieuw gebouw, naar een ontwerp van de oorspronkelijk Italiaanse architect Jan Guidici. Guidici bouwde in de symmetrische Lodewijk XVI-stijl, die geïnspireerd was op de klassieke bouwkunst. Het Sint-Jansgasthuis werd een U-vormig gebouw met twee vleugels, verbonden door een hervormde kapel. Tussen de armen van de vleugels lag een plein. De kapel heeft een open portiek van kolossale zuilen die een fronton dragen. Op het dak prijkt een torentje. De twee vleugels van het gasthuis zijn helemaal symmetrisch. Ze zien er eigenlijk uit als gewone woonhuizen uit die tijd. Guidici plaatste de hoofdingang van het gasthuis in de linkervleugel. Daar huisden de mannen, en aangrenzend waren de regentenkamer en de kleine woning van de binnenmoeder of binnenvader, die de dagelijkse leiding over het gasthuis had. Rechts van de kapel was de vrouwenvleugel. In de kelder onder de kapel bevonden zich de gijzelkamers, kleine stenen cellen bedoeld voor "weerspannige oude lieden die tot een beter inzicht in de goede bedoelingen van de regent en binnenmoeder" moesten komen. In de jaren dertig verbouwden werkloze jongeren de rechtervleugel van het oude gasthuis tot Stedelijk Museum. Sinds 1966 hoort ook de linkervleugel bij het museum.

Teylers Museum (1784/1881)

Spaarne 16, Haarlem

L. Viervant/Chr. Ulrich

In 1778 overleed in Haarlem de schatrijke koopman Pieter Teyler van der Hulst. Hij liet een groot deel van zijn vermogen na aan de wetenschap. Teyler was zelf een verwoede verzamelaar van voorwerpen en boeken op het gebied van kunst en wetenschap geweest. In zijn woonhuis aan de Damstraat ontstond na zijn dood het eerste museum van Nederland dat dagelijks voor iedereen toegankelijk was. In 1784 ging een grote nieuwe zaal achter het oudere huis open, de ovale zaal. Architect Leendert Viervant plaatste langs de muren beneden glazen wandkasten, met daartussen zestien Ionische pilasters. In die kasten werden de natuurkundige instrumenten en modellen opgesteld. In het midden van de zaal kwam een ovale vitrinekast te staan met fossielen, ertsen en tekeningen. Op de omloop boven plaatste de architect de kasten met Teylers collectie boeken, bekroond met portretmedaillons van bekende geleerden en schrijvers. Een kap met vensters en stucwerk sloot de zaal af. Een eeuw na de opening kreeg het museum een forse uitbreiding en een nieuwe entree aan het Spaarne van de Weense architect Christiaan Ulrich. Op de verdieping kwam een weelderige gevel met een veelheid aan klassieke motieven. De middenpartij, bijvoorbeeld, heeft een balkon waarvan de toegang de vorm heeft van een Romeinse triomfboog. Daaromheen dragen rijk versierde zuilen een driehoekig fronton. Een zware balustrade met daarboven een beeldenpartij sluit de gevel af.

Academiegebouw (1894)

Universiteit Utrecht, Domplein 29, Utrecht

E.H. Gugel, C. Vermeys, F.J. Nieuwenhuis

In 1886 kreeg de 250-jarige Utrechtse universiteit een Academiegebouw cadeau van de burgers van de stad. Het gebouw kwam aan het Domplein te staan. Architect E.H. Gugel maakte een ontwerp in de stijl van de neorenaissance. In de tijd van de klassieke Oudheid en tijdens de Renaissance was de wetenschap immers tot grote bloei gekomen. De keuze voor deze bouwstijl deed veel stof opwaaien, omdat deze niet zou aansluiten bij de gotische Dom. Het Academiegebouw ging bestaan uit twee vleugels die haaks op elkaar stonden. De gevels waren van baksteen, afgewisseld met natuursteen, zoals dat in de tijd van de Hollandse Renaissance in de mode was geweest. Boven de ramen op de begane grond plaatste Gugel halfronde bogen en boven die van de verdieping driehoekige frontons. Tussen de etages liep een lijst met cartouches waarop de namen van belangrijke geleerden stonden. Hun portretten in reliëf sierden een fries onder de met boogjes versierde daklijst. De ingang van het Academiegebouw stond schuin, op de plaats waar de twee vleugels samen kwamen. Erboven was Pallas Athene, de godin van de wetenschap, te zien. Een rijk versierd geveldeel bekroonde de ingangspartij, met in een klassiek bouwwerkje de personificaties van de stad en de provincie, en daarboven het rijkswapen. Een klein fronton met het symbool van de Utrechtse universiteit – 'sol justitiae' ofwel de zon der gerechtigheid – bekroonde het geheel.

Bronbeek (1862)

Velperweg 149-153, Arnhem

W.N. Rose

In 1859 schonk koning Willem III het landgoed Bronbeek bij Arnhem, met de bijbehorende villa, aan de staat om daar een tehuis te laten bouwen voor militairen uit het Oost-Indische Leger die invalide waren geraakt of te oud waren om nog in het leger te dienen. In de jaren daarop werd achter de koninklijke villa, waarin de commandantwoning kwam, het tehuis gebouwd naar een ontwerp van architect W.N. Rose. Dit Koloniaal Militair Invalidenhuis was een groot, witgepleisterd gebouw, bekroond met een opvallende balustrade, die de gevel ook volgde waar die, boven de vooruitspringende middenpartijen en zijpartijen, in een punt toeliep. Het huis kreeg grote rondboogramen, nu eens enkel en dan weer per twee of drie gekoppeld. Rose maakte royaal gebruik van het nieuwe materiaal gietijzer, dat niet alleen heel handzaam was en modern oogde, maar ook nog eens de kosten drukte. De architect schakelde daarvoor de Haagse ijzergieterij L.J. Enthoven & Co. in. Dat bedrijf schonk het tehuis ook een buste van koning Willem III, voor boven de ingang. Het huis was ook van binnen erg modern, vooral door de sanitaire voorzieningen. Vanaf de opening, op 19 februari 1863, had het Koloniaal Militair Invalidenhuis tweehonderd bewoners. Die moesten tot hun tachtigste werken, en waren onderworpen aan strenge regels. Sinds 1970 is Bronbeek toegankelijk voor alle oud-beroepsmilitairen en heet het Koninklijk Tehuis voor Oud-Militairen Bronbeek.

Jelgersmakliniek (1903)

Rhijngeesterstraatweg 13, Oegstgeest

G. Driessen

De gemeente Leiden kocht in 1900 de buitenplaats Rhijngeest, bij Oegstgeest, om daar een 'sanatorium voor zenuwlijders' te bouwen, als onderdeel van het 'krankzinnigengesticht' Endegeest. De kliniek heeft later de naam gekregen van G. Jelgersma, de eerste Leidse hoogleraar psychiatrie, die daar kwam te werken. Jelgersma oefende ook invloed uit op het ontwerp dat de Leidse gemeentearchitect G. Driessen voor de kliniek maakte. Omdat het vooral een plek moest worden waar de zenuwlijders rust konden vinden, stelde Jelgersma voor het gebouw te baseren op een Zwitsers kuuroord, dat toen synoniem was voor gezond. Volgens de chaletstijl kreeg de kliniek balkons en veranda's, en overstekende dakranden met snijwerk. Binnen kwam er een grote centrale hal, die over alle etages omhoog liep en bekroond werd met een koepel die daglicht doorliet. Omdat deze opzet zelfmoordpogingen van patiënten in de hand bleek te werken, werd er al gauw een kooiconstructie rondom de vide geplaatst, met smeedijzeren hekken die versierd waren met plantmotieven in Jugendstil. Eerste klas patiënten kregen onderdak in de oude villa van het landgoed. Er was veel belangstelling voor de moderne kliniek; zelfs de bekende psychiater Siegmund Freud kwam er op bezoek. Tegenwoordig bestaat de Jelgersmakliniek nog steeds, maar de patiënten huizen in nieuwe gebouwen aan de rand van het terrein. Het oude sanatoriumgebouw is nu het gemeentehuis van Oegstgeest.

Koepelgevangenis (1886)

Nassausingel 26, Breda

J.F. Metzelaar

Eind negentiende eeuw kreeg Nederland een nieuw soort gevangenis, de koepelgevangenis, volgens het panopticon principe dat de Engelsman Jeremy Bentham al in 1791 had bedacht. Panopticon is Grieks voor alziend: de gevangenis kreeg een ronde vorm zodat een toezichthouder vanuit een centraal punt alle cellen in de gaten kon houden. In Arnhem, Breda en Haarlem kwamen vrijwel identieke koepelgevangenissen te staan, naar ontwerp van de justitiearchitect Johan Frederik Metzelaar. Die van Breda was in 1886 klaar. De gevangenis bevat vier lagen met cellen die tussen twee concentrische ringmuren liggen. In het midden is een grote open ruimte. IJzeren trappen en galerijen voeren naar de cellen. Een koepel, bestaande uit een ijzerconstructie met daarop zinkplaten en glaspanelen, overdekt het cellencomplex. Op de koepel prijkt een kleine lantaarn. Aan vier kanten van het gebouw staan stenen torens. Op een ommuurd rechthoekig terrein rondom de koepelgevangenis zijn nog wat nevengebouwen. Daarbij is ook een kerk gebouwd, toen een experiment met een preekstoel midden in de koepel akoestisch een mislukking bleek. Een poort als van een kasteel, met grote deuren tussen twee zware torens, geeft toegang tot het voorhof van het gevangenisterrein. Daaraan liggen de magazijnen en het administratiegebouw. De beroemdste gedetineerden uit de geschiedenis van de Bredase koepelgevangenis waren de vier Duitse oorlogsmisdadigers, bekend als de Vier van Breda. De gevangenis heet tegenwoordig penitentiaire inrichting De Boschpoort.

De Schie (1989)

Abraham van Stolkweg/Prof. Jonkersweg 7, Rotterdam

C. Weeber

De grote, strakke gevangenis die in Rotterdam aan de rivier de Schie staat, werd in 1989 ontworpen door Carel Weeber. Weebers manier van bouwen wordt wel neorationalisme genoemd. Hij streefde naar een objectieve benadering van zijn opdracht en ontwierp een gebouw op basis van zijn functie, vaak met gebruik van geometrische vormen. Meestal werden het, in tegenstelling tot de trend van kleinschaligheid uit de jaren zeventig, grote bouwblokken. Bij het ontwerpen van de penitentiaire inrichting De Schie keek Weeber naar klassieke bouwvormen. Hij baseerde zich daarbij onder andere op het werk van de pragmaticus J.N.L. Durand die al in de vroege negentiende eeuw een rationele, gestandaardiseerde ontwerpmethode had uitgedacht op basis van de klassieke normen. Het ging vooral om soberheid, rust en harmonie in de compositie. Weeber maakte van de gevangenis een gesloten bouwwerk, een reusachtige rechthoek met twee binnenplaatsen. De 252 cellen plaatste hij aan de lange zijden van de binnenplaatsen, terwijl de recreatieruimten aan de korte zijden kwamen te liggen. Alle cellen kijken uit op een binnenplaats. In het interieur gebruikte Weeber vrolijke kleuren die niet leken aan te sluiten bij de functie van het gebouw. Ook de gevels kregen felle kleuren, met vooral veel oranje, naar een ontwerp van kunstenaar Peter Struycken. Om het gevangenisgebouw heen kwam een vijf meter hoge muur te staan van grote blokken die een klassiek, rustiek effect gaven.

Laboratorium voor Anorganische Chemie en Gezondheidsleer (1892)

Catharijnesingel 59, Utrecht

J.A. van Lokhorst

In de tweede helft van de negentiende eeuw zochten Nederlandse architecten naar een bouwtrant die echt een nationale stijl mocht heten. Sommige grepen daarvoor terug naar de bouwstijl uit het begin van de Gouden Eeuw, die Hollandse Renaissance of maniërisme werd genoemd. Toen waren bakstenen gebouwen in de mode geweest, met natuurstenen versieringen die vaak geïnspireerd waren op de klassieke Oudheid. De architecten die bouwden volgens de zogeheten neorenaissance gaven zelfs vrij onbeduidende gebouwen overvloedige versieringen die zij ontleenden aan de maniëristische bouwwerken van vroeger. Architect J.A. van Lokhorst bouwde in Utrecht bijvoorbeeld het rijk gedecoreerde Laboratorium voor Anorganische Chemie en Gezondheidsleer. Het laboratorium is gebouwd in baksteen, soms afgewisseld met natuursteen. Een gedecoreerde rand scheidt de begane grond van de verdieping. Het gebouw heeft een vooruitspringende middenpartij, met bovenop een kleine trapgevel. Rondom de ramen en de toegang bracht Van Lokhorst overvloedig decoraties aan. De ingangspartij is een kopie van het portaal van de Utrechtse Statenkamer uit 1645. Aan weerszijden van de deur staan zuilen die een lijst dragen met daarop allegorische gestalten die een tekstplaquette vasthouden, en achter hen nog eens pilasters die een driehoekig fronton ondersteunen. De figuren en de opschriften had Lokhorst aan zijn voorbeeld toegevoegd; ze verwijzen naar de chemische en medische wetenschap. De meer dan twintig tegeltableaus in de gevel vermelden verder de namen van belangrijke artsen en chemici.

Centraal Apotheek (1905)

Hoek Voorstreek 58/De Tuinen, Leeuwarden

G.B. Broekema

De Kampense architect G.B. Broekema bouwde aan het begin van de twintigste eeuw veel winkels in een eigentijdse stijl, Jugendstil of Art Nouveau geheten. De architecten van deze stroming wilden niet langer bouwen volgens de op het verleden gerichte stijlen van de voorafgaande eeuw en maakten gebruik van hele nieuwe materialen en vormen, veelal geïnspireerd op planten en bloemen. Vooral voor winkels was de Jugendstil erg geschikt. Met grote etalages en sierlijke tegeltableaus in de gevel probeerden de zaken klanten te trekken. In 1905 bouwde Broekema voor een opdrachtgever uit Kampen een apotheek in Leeuwarden. Deze Centraal Apotheek was onderdeel van een landelijke keten van apotheken die goedkope medicijnen verkochten. Het gebouw kwam op een hoek van twee grote straten te staan. Broekema creëerde een asymmetrisch maar gracieus geheel, waarbij hij iedere gevel een heel eigen aanblik gaf. Boven een natuurstenen plint trok hij de gevels op in gele verblendsteen. Op de begane grond waren grote rondboogramen die als etalage dienden. Daarboven prijkten aan alle drie de gevels balkons van sierlijk smeedwerk. De belangrijkste hoek accentueerde Broekema met een opeenstapeling van een erker, een groot raam met daarboven een kleine loggia en een torentje. Tegels in de gevel vermeldden de naam van de apotheek en een groot kleurig tegeltableau toonde Hygieia, de godin van de gezondheid, met een medicijnbeker en de esculaap.

Stichting Engelenberg (1916)

Engelenbergplantsoen 7, Kampen

W. Kromhout

Architect Willem Kromhout wilde een hele eigen, expressieve bouwstijl ontwikkelen, die niet de traditionele wijze van bouwen volgde, maar ook niet aansloot bij de Jugendstil van zijn tijd. Hij vond het vooral de taak van de architect om, op basis van een kloppende constructie, zijn fantasie de vrije loop te laten en een origineel ontwerp te maken. In 1911 ontwierp Kromhout een ziekenhuis in Kampen voor de Stichting Engelenberg. In het ziekenhuis moesten 72 bedden komen te staan. Daarvoor bouwde hij twee lange, symmetrische vleugels van twee bouwlagen en een zolder aan weerszijden van een monumentale ingangspartij. De vleugels ogen heel strak, met beneden grote ramen, op de verdieping wat kleinere en daarboven een reeks dakkapelletjes. Maar op de middenpartij leefde Kromhout zich helemaal uit. Het bouwdeel springt naar voren, uit het gareel van de vleugels. Een monumentale luifel voert naar de entree. De ombouw van de luifel loopt naar boven toe over in een grote versierde rondboog, die een groot glas-in-loodraam omlijst. Kleinere rondboogvensters flankeren het grote raam. Bovenin vermeldt een tableau de naam van de Stichting Engelenberg, voordat de gevel eindigt in een driehoek. Erachter rijst nog een tweede opvallend geveldeel op, ook uitlopend in een punt met daaronder een klok, en aan weerszijden twee hoge bakstenen torens. Eigenlijk zijn dat ventilatieschachten voor de ziekenzalen.

Sanatorium Zonnestraal (1931)

Loosdrechtse Bos 7, Hilversum

J. Duiker, B. Bijvoet, J.G. Wiebenga

Vanaf 1905 zamelden Amsterdamse diamantbewerkers de koperen steeltjes in die tijdens het slijpen de diamanten op hun plaats hielden. Van de opbrengst kocht het Koperen Stelen Fonds in 1919 een landgoed bij Hilversum, om daar een sanatorium te bouwen waar diamantbewerkers van tuberculose konden herstellen. Dit sanatorium Zonnestraal was vooral het werk van architect Jan Duiker, die het ontwierp volgens de principes van het Nieuwe Bouwen, waarbij gezonde lucht, licht en ruimte voorop stonden. Het hoofdgebouw ging bestaan uit drie langgerekte, parallelle blokken met onder andere de medische afdeling, de keuken en wasruimtes. Over de blokken kwam een restaurant te liggen in de vorm van een kruis, met ernaast een dakterras. Vanuit het hoofdgebouw voerden paden langs lage muurtjes naar twee paviljoens, het ene voor mensen die nog erg ziek waren, het andere voor revaliderende patiënten. Duiker gaf de paviljoens een V-vorm van twee vleugels met kamers, gekoppeld door een conversatiezaal. Zo kregen alle kamers zonlicht én uitzicht op het bos en de heide. De kamers hadden bovendien allemaal een balkon. In een constructie van beton en staal bracht Duiker reeksen ramen aan, die vanaf een laag wit wandje doorliepen tot aan een uitkragend plat dak. Als geheel oogde het sanatorium licht en gezond, met lange witte gevels en transparante stroken, waarbij cilinders met trappen en een opvallende schoorsteen de rechte lijnen doorbraken.

Openluchtschool (1930)

Cliostraat 40, Amsterdam

J. Duiker en B. Bijvoet

Aan het begin van de twintigste eeuw kreeg Nederland een aantal openluchtscholen, meestal gelegen in de natuur en bestemd voor zieke kinderen die daar in de buitenlucht konden herstellen. In 1927 gaf de Vereniging van Openluchtscholen architect Jan Duiker echter de opdracht een openluchtschool midden in Amsterdam te bouwen, die juist bedoeld was om gezonde kinderen gezond te houden. Duiker behoorde tot de stroming van het Nieuwe Bouwen en gebruikte moderne technieken en materialen om gebouwen met veel licht, lucht en ruimte te scheppen. Diagonaal op een binnenterrein bouwde hij een vierkant blok met klaslokalen op vier verdiepingen. Om de zon optimaal door te laten dringen in de school ontwierp hij een open gebouw met een betonskelet en dunne stalen kozijnen met veel glas. Het zuidelijke deel van het gebouw liet Duiker telkens open, waardoor op iedere verdieping een terras ontstond waarop les kon worden gegeven. Twee binnenlokalen flankeren steeds deze open klaslokalen. De binnenlokalen hebben, boven een lage betonnen borstwering, wanden van glas die helemaal opengeschoven kunnen worden. Op het dak plaatste Duiker nog twee openluchtlokalen. Rechts van het vierkante schoolgebouw kwam een glazen gymnastieklokaal te liggen, dat de architect deels onder het blok met klaslokalen schoof. Het poortgebouw aan de straat bleef vrij laag en transparant, zodat de Openluchtschool ook van buiten het binnenterrein goed zichtbaar was.

Montessorischool en Willemsparkschool (1983)

Apollolaan/Willem Witsenstraat, Amsterdam

H. Hertzberger

Herman Hertzberger is de architect van een reeks scholen, vooral voor het Montessori-onderwijs. In Amsterdam-Zuid ontwierp hij twee basisscholen naast elkaar, als een tweeling met veel overeenkomsten, maar ook enkele verschillen. De scholen kregen een plek in een groene buurt met grote vrijstaande huizen, die de architect inspireerden tot villa-achtige schoolgebouwen. De scholen zijn bakstenen, kubusvormige blokken met glazen stroken die het daglicht in de lokalen laten. Ze zijn verder vrij gesloten om het rumoer van de straat buiten te houden. Eén school kwam op een drukke straathoek te staan, terwijl de aangrenzende school wat verder daarvandaan kwam te liggen. Deze verschillende posities ten opzichte van de straat zorgden voor een verschillende vormgeving van de buitenruimtes en de entrees. Een overgangsgebied leidt geleidelijk van de straat naar de besloten ruimte binnen het schoolgebouw. Een deel van het schoolplein is nog half openbaar, maar voor de kleine kinderen is er een meer beschut gedeelte. De ingang voor de kleuters is op de begane grond, onder de buitentrappen, waarop zij kunnen spelen en waaronder ze kunnen schuilen. Daarboven liggen de lokalen voor de oudere leerlingen aan weerszijden van een ruime hal die tegelijk het auditorium is. Dit is het hart van de school, waar bijeenkomsten plaatsvinden, maar waar kinderen ook kunnen werken. Terwijl de buitenkant van de scholen gesloten is, heeft Hertzberger binnen alles juist transparant gehouden.

Snelliusschool (1931)

Snelliuslaan 10, Hilversum

W.M. Dudok

Als gemeentearchitect van Hilversum ontwierp Willem Marinus Dudok negentien schoolgebouwen. Vooral zijn lagere scholen gingen vaak het middelpunt van een nieuwe woonwijk vormen. Dudok liet zich inspireren door de kubistische vormen van het Nieuwe Bouwen, maar gaf daar wel een heel eigen interpretatie aan. Zijn scholen bestaan meestal uit een langwerpig blok van twee lagen met klaslokalen en daaraan gekoppeld, door middel van een opmerkelijke entree, een gymnastiek-lokaal. De langwerpige vorm van de blokken benadrukte Dudok onder andere door stroken met ramen en door luifels en platte daken. De entree gaf de architect vaak als contrast een verticaal accent. In 1931 bouwde Dudok de Snelliusschool voor openbaar lager onderwijs. Het gebouw in rode baksteen bestaat uit twee vleugels met platte daken die haaks op elkaar staan. Door veel glas te gebruiken wist Dudok de school een vrij transparante uitstraling te geven. De hoge klaslokalen in de vleugels liggen achter een stalen pui met grote vensters. Waar de twee vleugels samenkomen is de entree, in een grote halfronde uitbouw waarin Dudok de trappen onderbracht. De gevel bestaat daar bijna helemaal uit stroken met glazen bouwstenen. Die zorgen voor voldoende daglicht in het monumentale trappenhuis. Achter de halfronde uitbouw staat een opvallende hoge schoorsteen. De school is inmiddels opgeheven en het oude schoolgebouw is nu in gebruik als kantoor.

Siebe Jan Boumaschool (1932)

Oliemuldersweg 47, Groningen

S.J. Bouma

Siebe Jan Bouma bouwde in 1932 een lagere school aan de Oliemuldersweg in Groningen, die later zijn naam heeft gekregen. De jonge Bouma was in de jaren twintig en dertig als architect verbonden aan de Groningse Dienst Gemeentewerken. Hij ontwierp onder andere nieuwe woonwijken, met de daarbij horende voorzieningen, zoals een reeks van zes openbare lagere scholen. Zijn positie was te vergelijken met die van de bekende Hilversumse stadsarchitect Dudok, voor wie Bouma grote bewondering kreeg.

Bouma's eerste ontwerpen waren nog geïnspireerd op de stijl van de Amsterdamse School, waarmee hij ook een ideologie deelde: hij wilde aantrekkelijk ogende buurten bouwen voor de arbeiders. Later kregen Bouma's gebouwen steeds meer de kubistische en geometrische vormen waarvan ook Dudok zich bediende. De school aan de Oliemuldersweg is daar een voorbeeld van. Het schoolgebouw staat helemaal vrij en is opgebouwd uit verschillende, in hoogte verspringende, rechthoekige blokken met platte daken.

De diverse, nogal gesloten ogende, delen van het gebouw heeft Bouma zo naast elkaar geplaatst dat een harmonische compositie is ontstaan. Tegen een langwerpig blok met klaslokalen zette hij een hoger blok, dat daarna weer verspringt naar een niveau lager. Aan de zijkant maken drie smalle rechthoekige torens van verschillende hoogte het kubistische geheel af. Hier eindigt het hogere bouwdeel een eind boven de grond in een rechthoek van glas. Een halfronde ingang doorbreekt al die rechte lijnen.

Groene Kruis (1936)

Kloosterstraat 17, Brunssum

L. Willems

Het Groene Kruis van Brunssum, in het zuiden van Limburg, werd in 1915 opgericht met het doel hulp te bieden aan de zieken en voorlichting te geven over gezondheid. Twintig jaar later ontwierp architect L. Willems een nieuw onderkomen voor het Groene Kruis. Hij liet zich daarbij inspireren door de witte villa's in de stijl van het Nieuwe Bouwen, die een aantal welgestelde particulieren sinds de jaren twintig had laten ontwerpen. Dat waren moderne, zakelijke, witgepleisterde huizen met balkons en terrassen in moderne materialen als beton en staal. Ze hadden over het algemeen een strakke structuur van horizontale en verticale lijnen. Willems bouwde een vrij gesloten, blokvormig gebouw met aan de straatzijde twee raampartijen boven elkaar en op het dak een terras met een grote pergola. Aan de zijkant valt vooral de uitstekende glazen rechthoek met de trap op, bekroond met een kleine uitkragende dakpartij. Maar Willems doorbrak de moderne manier van bouwen op een aantal punten, en creëerde daarmee een heel eigen bouwwerk. Hij trok het gebouw bijvoorbeeld niet op in het moderne beton, maar in traditioneel metselwerk, dat hij deels stucte en deels in het zicht liet. Bovendien bracht hij wat decoratieve elementen aan – een taboe volgens het Nieuwe Bouwen. Een speels poortje geeft toegang tot het terrein en de deur en enkele ramen voorzag de architect van ronde vormen.

Bio Herstellingsoord (1960)

Wekeromscheweg 6, Arnhem

J.J.P. Oud

In de jaren vijftig ontwierp de bekende architect J.J.P. Oud een herstellingsoord voor motorisch gestoorde kinderen. Het kwam te liggen in een bosrijk gebied bij Arnhem. Oud bracht de verschillende functies onder in aparte, vrijstaande gebouwen, die allemaal gebaseerd waren op geometrische vormen. Met de opzet van het complex verwees hij naar het sanatorium Zonnestraal dat Jan Duiker zo'n 25 jaar eerder in Hilversum had gebouwd. Hij plaatste het hoofdgebouw met de kantoren van de directie en een aantal dienstgebouwen langs een centrale as. Daar kwam bijvoorbeeld een sportgebouw met een gymnastiekzaal en een zwembad, voorzien van een hoge uitkijktoren die bestond uit tegen elkaar geplaatste betonnen platen. En Oud gaf het herstellingsoord nog een monumentale bijzonderheid. Precies in het midden van het complex zette hij een rond ketelhuis met de woning van de conciërge neer met daarop een opvallend kegelvormig dak van aluminium. Aan weerszijden van de centrale as plaatste hij tien identieke paviljoens met verblijven voor de kinderen. Ze staan scheef ten opzichte van de verbindingweg, gedraaid naar de zon. In ieder paviljoen vonden zes jongens en zes meisjes onderdak. Oud gaf met primaire kleuren accenten aan de gevels. Het herstellingsoord is een van Ouds laatste ontwerpen, en zeker het meest expressieve. Dat vond zijn weerklank in een kleurig tegeltableau van Karel Appel, getiteld 'Circusnummer', boven de hoofdingang.

Onder de Toren (1943)

Woningen voor bejaarden, Nieuwe Kerkgang 1, Middelburg

F.A. Eschauzier

In de Tweede Wereldoorlog liep het oude centrum van Middelburg zware schade op: 456 historische panden werden verwoest, waaronder de middeleeuwse abdij en het zestiende-eeuwse stadhuis. Nog tijdens de oorlog begonnen de herstelwerkzaamheden. Daarbij was het de bedoeling de oorspronkelijke structuur van de stad en het oude straatbeeld zoveel mogelijk te herstellen en zo de oude sfeer weer terug te brengen. Het werd geen exacte wetenschappelijke reconstructie van hoe de stad geweest was, maar een vrije interpretatie van de oude Middelburgse contouren. Deze traditionalistische manier van bouwen was gebaseerd op de gedachte dat in de loop van de tijd bepaalde bestemmingen verbonden waren geraakt met bepaalde vormen, en dat die conventies gerespecteerd moesten worden. "Het feit dat het de eeuwen door gegolden heeft en nog geldt, maakt het eerbiedwaardig en navolgenswaardig," aldus Granpré Molière, de voorman van het traditionalisme. Een van de architecten die een grote rol speelden bij het herstel van de Middelburgse stadskern was F.A. Eschauzier. Vlak bij de kerktoren bouwde hij een groep woningen voor bejaarden, die de verwoeste diaconiewoningen moesten vervangen. Het project kreeg toepasselijk de naam Onder de Toren. Eschauzier baseerde de opzet van het complex op die van een hofje, immers eeuwenlang de plek waar ouden van dagen onderdak vonden. Hij plaatste de woningen in een L-vorm en legde daarbinnen een gemeenschappelijke tuin aan.

Ouderenhuisvesting (2000)

Stadshagen, Zwolle

Claus en Kaan

In de nieuwe woonwijk Stadshagen, aan de rand van Zwolle, bouwde architectenbureau Claus en Kaan in 2000 een complex met woningen voor ouderen. Het is een groot, strak gebouw van vijf verdiepingen, dat contrasteert met de laagbouw in de omgeving. Daarmee sloten de ontwerpers zich aan bij een trend die in de jaren negentig was ontstaan: uitgesproken gebouwen die indruk maken door hun massa, hun dimensies of hun strenge uniformiteit. De ouderenwoningen zijn verdeeld over twee gebouwen, die een lange en een korte zijde van een blok vormen. Op de hoek, als een inkeping in het volume, is een glazen entreehal. Aan het rechthoekige bakstenen blok met zijn onverbiddelijke patroon van ramen is niet te zien dat achter de gevel bejaardenwoningen schuilgaan. De identiteit van de bewoners is ondergeschikt aan de eenvormigheid van de gevel. Het was de bedoeling van de architecten een gebouw neer te zetten dat oogde alsof het er al veel langer stond, al voor de aanleg van de wijk. Alsof het een oude fabriek was, verbouwd tot appartementen voor senioren. Het gebouw moest daarom een industriële aanblik krijgen. Oorspronkelijk zou de gevel in beton worden opgetrokken, maar financiële argumenten brachten de keuze toch op baksteen. Achter de harde gevel moest echter een zacht en vriendelijk interieur komen, waar de bewoners zich thuis voelden. Binnen overheersen daarom warme tinten oranje en rood.

Burgerweeshuis (1962)

IJsbaanpad 3, Amsterdam

A.E. van Eyck

In 1960 opende in Amsterdam een nieuw Burgerweeshuis, naar ontwerp van Aldo van Eyck. Het gebouw kon onderdak bieden aan 125 weeskinderen. Van Eyck behoorde tot de groep architecten rondom het tijdschrift *Forum*, die met hun gebouwen vooral aan de sociale behoeften van de mens tegemoet wilden komen. De architect wilde daartoe in zijn gebouw tegenstellingen als binnen en buiten en eenheid en verscheidenheid met elkaar verzoenen. Ruimten stonden niet alleen op zichzelf, maar hadden ook een relatie met de aangrenzende ruimte. Zo schiep de architect een overgangsgebied tussen de straat en het weeshuis: van een gedeeltelijk omsloten ruimte naar een open galerij naar een meer besloten, vierkante binnenplaats die leidde naar de acht verschillende afdelingen van het weeshuis. Het weeshuis zelf bouwde Van Eyck op uit kleine eenheden, bestaande uit lage vierkantjes met een koepeltje. Die schakelde hij aan elkaar tot een complexe, maar helder georganiseerde structuur. De kleine overkoepelde vierkantjes voegde Van Eyck samen met een groter overkoepeld vierkant – met een gemeenschappelijke ruimte – en een onbebouwd deel. Voor de kleine kinderen was dat een beschutte patio, bij de grotere kinderen staan ze in verbinding met de buitenruimte. Daarnaast waren er zalen voor recreatie en sport, een keuken, een ziekenafdeling en kantoren en dienstwoningen. Hoewel de uiterlijke vorm hetzelfde was, waren de ruimten van binnen allemaal anders, maar natuurlijk ook met elkaar verbonden.

Hubertushuis (1978)

Plantage Middenlaan 33-35, Amsterdam

A.E. van Eyck

Het Hubertushuis was in de negentiende eeuw opgericht om steun te bieden aan 'gevallen vrouwen'. In de jaren zeventig van de twintigste eeuw was het vooral een instelling geworden die ongehuwde moeders opving. Aldo van Eyck bouwde toen een nieuw huis, waarin zestien ouders en 78 kinderen tijdelijk onderdak konden vinden. Hij renoveerde daarvoor twee oude panden en bouwde er een nieuwbouw tegenaan. Die paste in afmetingen en verhoudingen bij de bestaande bebouwing, maar week er ook vanaf, door de strakke vormen en het vele glas, maar vooral door de verschillende opvallende kleuren waarin de metalen puien zijn geschilderd. "Mijn lievelingskleur is de regenboog," aldus de architect. Van Eyck liet de gevel terugwijken op de plek van de entree en het trappenhuis. Daardoor lijkt het gebouw in tweeën geknipt, in een hoog gedeelte en een lagere uitbouw van de oudere panden. Maar de kleuren en materialen zorgen toch voor eenheid. In de oude huizen kwamen de kantoren en de verblijven voor de ouders. De terrassen bij de verblijven liggen op de nieuwbouw. Daarin is, naast een kantine en de keuken, het dagverblijf voor de peuters en kleuters. Op de bovenste twee lagen is plaats voor de baby's. Achter de huizen staat aan een binnenplaats nog een gebouw van twee etages met woningen voor steeds tien kinderen. Een kleine passage verbindt deze woningen met het dakterras.

Aula (1966)

Technische Universiteit, Mekelweg 5, Delft

Van den Broek en Bakema

Na de oorlog moest de Technische Hogeschool Delft, nu Technische Universiteit geheten, wegens ruimtegebrek in de binnenstad verhuizen naar een nieuw terrein. Daar kwamen in de jaren vijftig en zestig aan weerszijden van een brede straat, de Mekelweg, moderne onderwijsgebouwen te staan. Het architectenbureau Van den Broek en Bakema leverde een grote bijdrage aan de architectuur van de nieuwe universiteitswijk. Ook het meest opvallende gebouw, de aula aan de noordzijde van de wijk, was van hun hand. De architecten trokken het gebouw op uit ruw beton, waaraan ze een plastische vorm gaven. De aula kwam als een gigantische abstracte sculptuur met grillige vormen tussen de onderwijsgebouwen te liggen. Het bouwwerk ging een auditorium met plaats voor 1300 mensen bevatten, naast vier collegezalen in trapeziumvorm, een senaatskamer en de mensa van de hogeschool. Over de lengteas is het gebouw symmetrisch. Het opvallendste onderdeel van de aula is het auditorium. Dat kraagt als een grote hoekige betonnen schotel dertig meter uit over de hoofdingang. Forse driehoekige betonnen kolommen dienen ter ondersteuning. Ook de collegezalen aan de achterkant kragen uit. De bordessen van het centrale trappenhuis doen dienst als foyer en kantine. In 1999 heeft architectenbureau Mecanoo de mensa op de begane grond opnieuw ingericht. Datzelfde bureau voorzag de aula van een heel nieuw decor, in de vorm van een met gras bedekte universiteitsbibliotheek.

Universiteitsbibliotheek Delft (1997)

Prometheusplein 1, Delft

Mecanoo

Architectenbureau Mecanoo miste op het terrein van de Technische Universiteit Delft de sfeer van een echte campus, met grasvelden waar studenten en docenten elkaar ook buiten de collegezalen konden treffen. Dat gras werd het uitgangspunt voor de nieuwe universiteitsbibliotheek. Het grasveld achter de massieve betonnen aula van de universiteit loopt langzaam over in het dak van het driehoekige bibliotheekgebouw. Kolommen ondersteunen het dak, waaronder een grote hal schuilgaat met aan de zijkanten hellende gevels van glas met een onregelmatig patroon van arceringen. Een brede trap leidt naar de entree, die uitgesneden is in het grasdak. Een grote kegel met bovenop een open constructie steekt uit het grasveld en bekroont de centrale hal. Via het glazen dak van de kegel en een glazen ring eromheen stroomt het daglicht het gebouw in, dat van binnen erg licht en ruim oogt door de vele glazen wanden. De kegel staat ook symbool voor de techniek, die in een moderne bibliotheek een grote rol speelt. Boeken worden in een computercatalogus opgezocht en van de duizend studieplaatsen in de bibliotheek hebben er driehonderd een computer. Toch hebben de architecten naast de techniek ook de boeken zichtbaar gemaakt. Over de volledige hoogte van de centrale hal brachten zij een grote boekenkast aan. En in de kegel bevinden zich nog ouderwetse studieplekken, waar de studenten in boeken kunnen bladeren.

Bastille (1969)

Technische Universiteit Twente, De Hems, Campuslaan, Drienerlo

P. Blom

De Technische Hogeschool Twente – tegenwoordig een universiteit – kreeg in de jaren zestig en zeventig de enige echte campus van Nederland, gelegen op het landgoed Drienerlo in de bossen tussen Hengelo en Enschede. De vorm van de campus volgde de modernste stedenbouwkundige inzichten. Piet Blom ontwierp de mensa. Het gebouw moest volgens de architect als een levendige stad zijn, waarin allerlei verschillende functies samenkwamen. Het ging bestaan uit kleine, in elkaar overlopende ruimten waar mensen elkaar gemakkelijk konden ontmoeten, een manier van bouwen die structuralisme heet. Blom schiep een overvloed aan trapjes, nissen, bankjes en doorkijkjes en plaatste in het hart van het gebouw een 'speakers corner'. Zo moest de architectuur, die ook wel ontmoetingsarchitectuur genoemd wordt, bijdragen aan de hechtheid van de academische gemeenschap. De basiseenheid waaruit de architect de mensa opbouwde was een vierkante verticale kern – met daarin een trappenhuis of leidingschacht – en daaromheen vier velden. Die eenheden schakelde hij aan elkaar tot een complexe structuur in prefab beton. In de gevel markeren ruitvormige torentjes de vierkante kernen. Aan die torens en de smalle raampartijen dankt het gebouw de naam Bastille. Uiteindelijk bleek Bloms doolhof van kleine ruimtes niet aan de verwachtingen te voldoen. Het gebouw is onlangs gerenoveerd. Met een doorbraak is toen onder andere een groot atrium ontstaan. En in plaats van de vele kleine toegangen zijn er twee hoofdingangen gekomen.

Toegepaste Wiskunde (1973)

Technische Universiteit Twente, De Zul, Drienerlo

L. Heijdenrijk en J. Mol (Environmental Design)

De campus van de Technische Universiteit Twente in Drienerlo was in de jaren zestig en zeventig een laboratorium voor moderne architectuur. Een groep jonge architecten bouwde daar in de bossen een reeks markante bouwwerken voor onderwijs en studentenhuisvesting. Onder de architecten waren veel aanhangers van het structuralisme. Als reactie op de grootschaligheid en de zakelijkheid die vooral vanaf de jaren dertig de Nederlandse architectuur overheersten, bouwden zij structuren van kleinere ruimten die in elkaar overvloeiden en daarmee het samenzijn moesten bevorderen. Leo Heijdenrijk en Jos Mol van het bureau Environmental Design ontwierpen het gebouw voor toegepaste wiskunde op de Twentse campus. De naam van het bureau duidde erop dat de architecten vonden dat zij zich met de hele leefomgeving van de mens hoorden bezig te houden, en dat een bouwwerk meer was dan alleen een omhulsel. Het tweetal schakelde losse elementen met kantoren, collegezalen en algemene ruimten, opgebouwd uit geprefabriceerde onderdelen, aan elkaar tot een complexe structuur van blokken, die deels op kolommen in het water staan. Die kolommen hebben vaak een dragende functie, maar soms zijn ze ook hol en dienen ze als leidingschachten. Dat de architecten het gebouw samenstelden uit rechthoeken, waardoor een kubistisch geheel ontstond, was vrij uniek binnen het structuralisme. De uitspringende rechthoekige zonweringen in beton, die de ramen omlijsten, versterken het effect van de rechte lijnen.

De Donksbergen (1988)

Berkvenseweg 2, Duizel

C. Dam

In de jaren zeventig bouwde Cees Dam twee woonpaviljoens en een zusterhuis voor De Donksbergen, een leefgemeenschap voor geestelijk gehandicapten in de landelijke omgeving van Duizel, ten zuiden van Eindhoven. Tot 1988 breidde hij het complex uit met een aantal woonclusters, voor in totaal driehonderd bewoners, en wat gebouwen met voorzieningen. Dam vermeed monotonie door de uitbreidingen een andere vorm te geven dan de al bestaande gebouwen. De nieuwe bebouwing ligt, met de as gedraaid ten opzichte van de oudere gebouwen, rondom een centraal plein. Aan drie kanten staan de huizen, met daaromheen medische voorzieningen. Aan de zijde van de bestaande bebouwing heeft de architect het plein open gelaten. De wooneenheden gingen onderdak bieden aan groepen van acht tot twaalf personen. De meeste woongebouwen hebben alleen een begane grond, maar aan de voorkant heeft Dam de gevels verhoogd, zodat het plein en de straten een ononderbroken, hoge façade hebben, als in een stad. Aan de achterkant schakelde hij de blokken met platte daken zo aan elkaar dat er allerlei binnenplaatsen ontstonden, met speelplaatsen en terrassen. Het centrum voor dagactiviteiten bouwde de architect op uit vier rijen kleine gebouwen rondom een centrale koffieruimte. Iedere rij bestaat weer uit vier eenheden met één verdieping, steeds met een halfrond dak in een levendige kleur. Overdekte paden met kleurcodering vormen de verbinding tussen de verschillende gebouwen van De Donksbergen.

Leger des Heils (1995)

Gerdesiaweg 486/Hoge Boezem, Rotterdam

Van Duivenbode & De Jong

Het Leger des Heils strijdt, met de bijbel als basis, tegen de armoede en de ellende in de moderne maatschappij en biedt behoeftigen geestelijke en materiële steun. In 1993 ontwierp het architectenbureau Van Duivenbode en De Jong een grote vestiging voor de Rotterdamse afdeling van het Leger des Heils. Hier kwamen de evangelisatieafdeling en de laagdrempelige hulpverlening, naast de maaltijdvoorziening en de kledingbeurs. De hoofdingang van het hoekgebouw ligt aan de Gerdesiaweg, maar eigenlijk vormt het bouwwerk het sluitstuk van de bebouwing aan de Hoge Boezem. De architecten bouwden een massief blok dat op een kleiner voetstuk met veel glas rust. De gevel valt op door wit en rood stucwerk. De zijgevel kreeg patronen van kleine en grotere ramen. Aan de voorkant lijkt het gebouw uit meerdere verspringende rechthoeken te bestaan, samengevoegd achter een grote lijst, die even hoog oploopt als het achterste blok. Van binnen is het gebouw vrij eenvoudig van opzet. Aan de achterkant brachten de architecten een strook aan met voorzieningen, gangen en trappen. Daarvoor plaatsten ze op iedere verdieping een open ruimte, zonder kolommen, die afhankelijk van de functie steeds anders ingericht kon worden. Op de eerste verdieping is daar een kerkzaal. Omdat dit de belangrijkste ruimte van het gebouw is, beslaat deze zaal twee verdiepingen. De omloop rond de kerkzaal, met een glazen wand, steekt buiten uit het kubusvormige bouwwerk.

Crematorium Westerveld (1926/1936)

Duin en Kruidbergerweg 2-4, Driehuis

W.M. Dudok

Begraafplaats Westerveld in Driehuis, bij Velsen, was in 1890 een van de eerste particuliere begraafplaatsen van Nederland, bestemd voor mensen van alle geloofsrichtingen. Het ontwerp voor de begraafplaats was van de hand van de beroemde Haarlemse tuinarchitect L. Zocher. In 1913 kwam op Westerveld het eerste crematorium van Nederland te staan, ontworpen door Marius Poel. De eerste Nederlandse crematie vond daar plaats op 1 april 1914. In de jaren twintig en dertig ontwierp de bekende architect W.M. Dudok bij dit crematorium een tweede aula en een aantal zogeheten columbaria, galerijen met nissen voor de urnen. De diverse urnengalerijen liggen zowel binnen als buiten. Vanaf sommige plekken is er uitzicht over de duinen. Het eerste columbarium bestaat uit een galerij in stemmige grijze baksteen, met forse bakstenen kolommen, rondom een groene binnentuin. In de wanden bevindt zich een strak raster van nissen. Een schuin pannendak dekt de galerij af. Een aula sluit de galerij aan een kant af. Het gebouw bestaat uit gesloten, rechte blokken in dezelfde grijze baksteen als de galerij. Dudok plaatste een blok met een verticaal accent, met bovenin kleine verticale ramen, naast een horizontaal blok, met liggende ramen. Een rechthoekige toren steekt boven het gebouw uit. Een tweede door Dudok ontworpen columbarium bestaat eveneens uit wanden met urnennissen aan een galerij, waarbij het dak rust op dunne ronde kolommen.

Crematorium Haarlem (2002)

Vergierdeweg 271, Haarlem

H.L. Zeinstra

Herman Zeinstra ontwierp het nieuwe crematorium van Haarlem. Zijn uitgangspunt was dat de ceremonie van de crematie de nabestaanden vaak maar weinig steun biedt. Een begrafenis heeft, door zijn lange traditie, een meer ritueel karakter waarin mensen troost vinden. Het ritueel bestaat dan uit een aantal fasen die in verschillende ruimten plaatsvinden, zoals de gang van huis naar de kerk of de aula, vervolgens naar het graf en ten slotte naar een receptieruimte of café. Deze verschillende stappen zouden bijdragen aan de verwerking van het verlies. Zo'n procesgang, en niet de crematie zelf, nam Zeinstra als basis voor zijn ontwerp. Hij gaf alle functies die een rol spelen bij de rouwdienst een eigen ruimte, gelegen aan een open omloop rondom een binnentuin. Midden in de binnentuin staat de aula, die bestaat uit hoge houten spantbenen met daartussen glas, afgedekt met een houten kap. De tocht van de ontvangstruimte naar de aula, en van de aula naar de condoleanceruimte krijgt iets van een rituele rondgang. Over de ontvangstruimte en de condoleanceruimte plaatste de architect houten kappen. Deze ruimtes zijn grotendeels gesloten. Alleen bovenin lopen stroken van glas, die uitzicht geven op de toppen van de bomen rondom het crematorium. Met zijn ontwerp voor het Haarlemse crematorium won Herman Zeinstra de DINO-bokaal, een prijs voor het beste gebouw van een Nederlandse architect die de VUT-leeftijd gepasseerd is.

Medisch Centrum (1989)

Oude Provincialeweg 81/Lindenstraat, Hapert

W.M.J. Arets

Architect Wiel Arets zag zich in 1988 voor de opdracht geplaatst een gebouw te ontwerpen voor het Brabantse Hapert dat zowel een medisch centrum, met allerlei verschillende afdelingen, als een woonhuis bevatte. Het complex kwam bij een splitsing van wegen te staan. Daar gaf Arets het bouwwerk een imposante hoge gevel die bijna helemaal bestaat uit glazen bouwstenen. Achter de glazen gevel plaatste de architect een langgerekt betonnen bouwwerk met een plat dak dat strak en uniform oogt, maar ook toont waar de verschillende afdelingen zich bevinden. Het gebouw bestaat uit een regelmatige afwisseling van lage en hogere delen. De verhogingen markeren de entrees van de verschillende onderdelen van het medisch centrum: een apotheek, een verloskundigenpraktijk, een tandartsenpraktijk en een huisartsenpraktijk. Aan de zijkanten van de hoge partijen, die boven de lage bouwdelen uitsteken, bracht Arets verticale stroken van glas aan. Laag in de hele gevel loopt, vrijwel op de grond, een lange horizontale strook met ramen. Die lage ramen liet de architect terugkomen in het woonhuis, dat aan de andere kant van het complex, aan een rustige zijstraat, staat. Het woonhuis en de praktijkruimten liggen allebei aan een binnenhof, dat verder afgesloten wordt door een muur.

Oklahoma (1997)

Reimerswaalstraat 1, Amsterdam
MVRDV

Aan de westkant van Amsterdam, waar na de Tweede Wereldoorlog massaal nogal uniforme woningen waren gebouwd, verrees in de jaren negentig een opvallend woonzorgcomplex – ofwel WoZoCo – voor senioren, Oklahoma genoemd. Aan de kop van een strook met voorzieningen voor ouderen ontwierp architectenbureau MVRDV een bouwblok met woningen voor mensen van boven de 55. Het was de bedoeling dat er honderd woningen zouden komen. Maar volgens de architecten paste dat niet binnen het beschikbare bouwblok, als ze zich aan de voorschriften hielden over hoogte, zichtlijnen en bezonning. Zij bouwden daarom een hoge schijf van negen lagen, met daarin 87 woningen. De resterende dertien woningen voegden ze samen in vijf aparte blokken, even diep als de flat, die door middel van een staalconstructie uit de hoogbouw steken. De blokken kunnen wel elf meter uit het gebouw springen en lijken de zwaartekracht te trotseren. Het materiaalgebruik versterkt dat effect nog verder: de flat zelf oogt aan deze kant heel fragiel, met galerijen achter een glazen gevel. De uitstekende blokken lijken juist extra zwaar door een bekleding van cederhout. Ze hebben hier en daar een balkonnetje van gekleurd plexiglas. Aan de andere kant heeft ook het flatgebouw een gevel van hout met balkons van plexiglas in paars, groen, oranje en geel. Achter de gevels gaan 21 verschillende soorten woningen schuil. Met dit woonzorgcomplex won MVRDV in 1997 de Merkelbachprijs.

NEMO (1997)

Oosterdok 2, Amsterdam

R. Piano

Als een groot schip ligt sinds 1997 het Nationaal Publiekscentrum voor Wetenschap en Technologie, oftewel het educatieve wetenschapsmuseum NEMO, in het Amsterdamse Oosterdok. Het gebouw vormt volgens zijn Italiaanse ontwerper Renzo Piano een verbinding tussen de Amsterdamse binnenstad en het IJ. Het museum, dat eigenlijk op pijlers boven de zuidingang van de IJtunnel staat, lijkt op te rijzen uit het water en eindigt in een voorover hellende, afgeronde vorm die aan een scheepsboeg doet denken. De bekleding van de gevel draagt verder bij aan het effect van een schip. Voor glazen puien bracht Piano deels koperen platen met gaten aan, die al snel groen zijn uitgeslagen. Met zijn ligging in het water en de contouren van een schip hoort NEMO bij het IJ. Maar het museum heeft ook bakstenen muren, die naar de gebouwen in de stad verwijzen. De architect maakte van het hellende dak – of dek – van het gebouw een openbaar toegankelijke plek die, als een van de weinige hoge punten van de stad, een mooi uitzicht biedt over het water van het IJ en over het oude centrum van Amsterdam. In het interieur creëerde Piano een open, doorlopende ruimte met verdiepingen die trapsgewijs oplopen. In totaal ontstond zo een oppervlakte van elfduizend vierkante meter met ruimte voor tentoonstellingen, die het publiek laten kennismaken met allerlei aspecten van wetenschap en techniek.

Educatorium (1997)

Universiteit Utrecht, Leuvenlaan 19, Utrecht

Office for Metropolitan Architecture

Op het Utrechtse universiteitsterrein De Uithof is een dwarsdoorsnede van de architectuur van de afgelopen dertig jaar te zien. In het midden van het terrein bouwde het Office for Metropolitan Architecture in 1997 een van de opmerkelijkste onderwijsgebouwen, met daarin twee grote collegezalen, drie tentamenzalen en een kantine. Al deze ruimten plaatsten de architecten op en naast elkaar in een soort transparante doos, waardoor een continue lijn van beton loopt, die nu eens vloer is en dan weer plafond of wand. De lijn begint op de begane grond, bij een plein voor samenkomsten, en loopt door in het plafond van de kantine, dat tegelijkertijd de vloer van de twee collegezalen erboven vormt. De lijn krult om en wordt een welvende muur. Die gaat ten slotte over in het plafond van de twee collegezalen. Deze lijn schept eenheid binnen het gebouw dat is samengesteld uit verschillende vormen. De twee collegezalen hebben bijvoorbeeld allebei een eigen karakter: één bestaat uit een glazen ovaal en de andere is een rechthoek van beton en staal. De vloeren van beide zalen vormen een hellend vlak. Het gebouw heeft een structuur van gewapend beton. Ronde betonnen kolommen dragen de verschillende vloeren. Aan de Leuvenlaan is de gevel vrijwel helemaal van glas. Daardoor is de continue beweging van vloer naar wand naar dak die binnen plaatsvindt goed te volgen.

Minnaertgebouw (1997)

Universiteit Utrecht, Leuvenlaan 4, Utrecht

W.J.M. Neutelings

Een nieuw universitair onderwijsgebouw in Utrecht, genoemd naar de sterrenkundige M.G. Minnaert, moest volgens architect Willem Jan Neutelings de zintuigen prikkelen. Het hart van het gebouw is een grote hal op de eerste verdieping. Trappen leiden vanuit alle andere ruimten naar deze hal: de praktijkportalen op de begane grond, de collegezaal en de kantoren in het westelijke deel en het restaurant in het oostelijke deel van het gebouw. In de hal ligt een vijver van vijftig meter lang, bijna de hele lengte van de hal. Via vier grote schalen stroomt regenwater vanuit trechters in het plafond de vijver in. De breedte van de vijver kan verschillen; als het veel regent is hij breed, bij droog weer wordt hij smal. Het regenwater zorgt voor de koeling van het gebouw. Ook het zonlicht komt door de vier trechters in het dak het gebouw binnen. De lichtinval varieert met de tijd van de dag. De wanden van de hal hebben uiteenlopende kleuren en structuren en dragen daarmee verder bij aan het veranderlijke voorkomen van de ruimte. De betonwanden zijn veelal onbehandeld gelaten, met grote kleurvlakken. Natuurlijke, aardse tinten overheersen, ook aan de buitenkant. De gevel is bekleed met een golvend patroon van rood spuitbeton, dat moest passen bij de blauwe lucht en het omringende groen. Ook de massieve vorm van het gebouw zou aansluiten bij de natuur.

Universiteitsbibliotheek Utrecht (2004)

Heidelberglaan 3, Utrecht

W.M.J. Arets

Sinds september 2004 zijn de bibliotheken van de Universiteit Utrecht, die verspreid over de stad gevestigd waren, samengevoegd in een grote universiteitsbibliotheek op De Uithof, ontworpen door Wiel Arets. In het gebouw van negen verdiepingen vonden niet alleen de bibliotheken een plaats, maar er kwamen ook winkels en horecagelegenheden, en parkeerruimte voor auto's en fietsen. De architect wilde in het gebouw de benodigde gesloten delen, voor de opslag van boeken en ander lichtgevoelig materiaal, zichtbaar combineren met open ruimtes voor studenten en onderzoekers. De depots zijn daarom binnen het gebouw aanwezig als opgetilde delen, die volgens Arets als wolken boven, onder of naast de leeszalen en de kantoren zweven. Op elke verdieping is een leeszaal. Een vide verbindt de verschillende leeszalen met elkaar, en met de uitleenbalie op de eerste verdieping. De gevel van de bibliotheek is bijna helemaal van glas. Op het glas liet Arets een patroon van gebladerte zeefdrukken. De bladeren zijn decoratief, maar ze dienen meteen ook als zonwering. Op een paar plaatsen heeft de gevel beweegbare verticale lamellen. Uitspringende delen aan de noordkant en de westkant van de entree hebben een bekleding in natuursteen gekregen. Twee loopbruggen verbinden de bibliotheek met omliggende gebouwen. Een brede patio scheidt de bibliotheek aan de oostzijde van een parkeergelegenheid. Op deze patio is het terras van een leescafé dat op de begane grond ligt.

Ontspanning hebben mensen altijd gezocht, in allerlei varianten. Maar veel van de gebouwen waarin de Nederlanders uit het verleden zich vermaakten, zijn inmiddels verloren gegaan. Schouwburgen brandden af of werden gemoderniseerd. Variététheatertjes maakten een korte periode van immense populariteit door, maar kenden meestal geen lang leven. Verschillende vormen van vermaak kwamen in de mode, maar raakten daarna weer 'uit'. Bovendien was amusement te vinden in kroegen, in tijdelijke gebouwen, of gewoon op straat.

De oudste, nog bestaande uitgaansgebouwen richtten zich vooral op de welgestelden. Het waren concertzalen en theaters die in hun vormgeving de hiërarchie van de maatschappij weerspiegelden, met vooral veel luxe voor de rijken, die er niet alleen genoten van de muziek of het toneel, maar er ook hun sociale contacten onderhielden. Ook beeldende kunst was een zaak voor de rijken, die privé-collecties samenstelden en aan elkaar toonden. Zelfs een dierentuin als Artis was aanvankelijk een elitair genootschap, alleen toegankelijk voor welgestelde leden. Zo was ook sport tot aan het begin van de twintigste eeuw vermaak voor de rijken, zowel om te beoefenen als om naar te kijken. De minder welgestelden hadden natuurlijk hun eigen vormen van amusement, maar die hebben nauwelijks gebouwde sporen achtergelaten.

Tegen het einde van de negentiende eeuw, en vooral in de loop van de twintigste eeuw, begon er langzaam verandering te komen in deze situatie. Steeds meer ontstond het idee dat kunst en cultuur voor iedereen moesten zijn, sterker nog, dat zij de lagere sociale klassen zouden kunnen 'verheffen'. In de negentiende eeuw werden de eerste echte musea voor beeldende kunst gebouwd die voor iedereen toegankelijk waren. In de twintigste eeuw moest die toegankelijkheid ook spreken uit de vorm van het gebouw: geen bouwwerken meer die de bezoeker probeerden te imponeren, maar gebouwen die hen juist uitnodigden binnen te komen om daar op aangename wijze naar de objecten te kijken, en erover leren. Het was het begin van de democratisering van de cultuur, in al haar vormen. Het idee van laagdrempeligheid beleefde toptijden in de jaren zeventig, toen alle grenzen tussen kunst en publiek, en tussen cultuurgebouw en straat, moesten worden opgeheven. De concertzaal of het theater als huiskamer, was het motto. Intussen was het amusement ook thuis de huiskamers binnengekomen, in de vorm van televisie. En openbare bibliotheken maakten het iedereen mogelijk voor weinig geld boeken te lezen.

Maar er diende zich een nieuwe elite aan. Kunst en cultuur waren weliswaar niet meer exclusief voor de rijken, maar ze werden nu het domein van een culturele elite. Opnieuw gingen culturele instellingen zich inzetten om de 'gewone' mensen naar binnen te lokken. Soms met succes. Grote tentoonstellingen, zoals in de speciaal daarvoor gebouwde Kunsthal, trekken regelmatig hoge bezoekersaantallen. De architectuur van de cultuurgebouwen moest bijdragen aan de aantrekkingskracht op het publiek. Musea en theaters behoren tegenwoordig tot de meest markante bouwwerken van de moderne Nederlandse architectuur. Ze ogen zelf dikwijls als kunstwerken en zijn ontworpen door gerenommeerde architecten, soms aangetrokken uit het buitenland. Ook vinden verschillende culturele instellingen steeds vaker een plek onder één dak. Het contact tussen het culturele gebouw en de straat blijft in vrijwel alle hedendaagse ontwerpen een grote rol spelen.

8 Ontspanning

Felix Meritis (1788)

Keizersgracht 324, Amsterdam

Jacob Otten Husly

Aan de Amsterdamse Keizersgracht opende in 1788 het nieuwe pand van het genootschap Felix Meritis – Latijn voor 'gelukkig door verdiensten' – de deuren. Het prestigieuze genootschap zette zich al tien jaar in om welgestelde burgers door middel van voordrachten, demonstraties en concerten in contact te brengen met kunst en wetenschap. Ontwerper van het nieuwe gebouw was Jacob Otten Husly. Voor de imposante voorgevel in natuursteen had hij de klassieke tempel als voorbeeld genomen. Het basement, het voetstuk van het gebouw, kreeg groeven die de suggestie wekten van grote, rustieke blokken steen. Daarop staan vier Corinthische halfzuilen die een fries dragen met de naam van het genootschap. Een driehoekig fronton met het embleem van de maatschappij sluit de gevel af: een bijenkorf stond symbool voor de ijverige leden die 'honing uit de bloemen der geleerde werken' putten en daarachter was de 'zon der verlichting' te zien. Tussen de eerste en tweede verdieping verbeeldden vijf reliëfs de verschillende afdelingen van het genootschap: in het midden de belangrijkste afdeling, Koophandel, en verder Tekenkunde, Letterkunde, Natuurkunde en Toonkunst. Binnen kreeg het gebouw verschillende ruimten voor lezingen en experimenten en bovendien, op de hoofdverdieping van het achterhuis, een ovale zaal met koepelplafond voor concerten. Die concertzaal bood plaats aan zo'n zeshonderd toehoorders. Felix Meritis zou, met name dankzij de concertzaal, bijna een eeuw lang het belangrijkste culturele centrum van Amsterdam zijn.

Concertgebouw (1888)

Van Baerlestraat 98, Amsterdam

A.L. van Gendt

In 1882 richtte een aantal Amsterdamse muziekliefhebbers de N.V. Het Concertgebouw op. Zij wilden het muziekleven in de stad nieuw leven inblazen met de bouw van een concertzaal aan de rand van de stad, waaraan ook een orkest verbonden zou worden. Voor het ontwerp van het gebouw schreven ze een prijsvraag uit. Het moest, naast een zaal met plaats voor zo'n tweeduizend mensen, ook een kleinere zaal hebben en een tuin voor openluchtconcerten. Het ontwerp van A.L. van Gendt kwam als winnaar uit de bus. De architect bouwde het nieuwe Concertgebouw voornamelijk in baksteen, maar schiep een monumentale voorgevel in zandsteen. Boven de hoofdingang plaatste hij een rij met zes monumentale zuilen met daarop een driehoekig fronton met daarin een reliëf dat de muzen toont. Achter de zuilenrij ligt een gevel met grote ramen, waarboven kleine borstbeelden van de componisten Sweelinck, Bach en Beethoven prijken. Een lier, attribuut van Apollo, de beschermer van de muziek, bekroont de gevel. De stijl van de gevel was een vorm van neoclassicisme, geïnspireerd door de tempels van de klassieke Oudheid, maar minder strak en opgefleurd met versieringen in neorenaissancestijl. Die stijl, Weener Renaissance genoemd, werd gebruikt om gebouwen allure te geven. Het Concertgebouw opende in 1888 de deuren. Precies honderd jaar later kreeg het gebouw een moderne glazen aanbouw van de hand van architect Pi de Bruijn.

Rijksmuseum (1885)

Stadhouderskade 41, Amsterdam

P.J.H. Cuypers

Al aan het einde van de achttiende eeuw ontstonden plannen een museum te bouwen om de nationale kunstcollectie in onder te brengen. Maar pas in de zomer van 1885 was dat Rijksmuseum er, aan de rand van Amsterdam. De beroemde architect P.J.H. Cuypers had het bouwwerk, na het winnen van een ontwerpwedstrijd, vormgegeven. Hij had zich daarbij gebaseerd op de Hollandse Renaissance van de late zestiende eeuw en paste versieringen in Renaissancestijl toe op een gebouw dat in vorm vooral gotisch was. Veel protestanten beklaagden zich over die gotische en dus katholieke vorm van het nationale museum. Het Rijksmuseum was een enorm symmetrisch bouwwerk, met aan weerszijden van een centrale as binnenplaatsen met daaromheen drie vleugels. Acht torens van verschillende formaten zorgden voor een monumentaal en levendig effect, evenals de vele versieringen. Die waren in natuursteen toegevoegd aan het overwegend bakstenen gebouw. De decoraties verwijzen naar wat er binnen te zien is: de kunst en de geschiedenis van Nederland. Zo sieren de borstbeelden en namen van meer dan tachtig Nederlandse kunstenaars de gevels. Midden door het museum loopt een doorgang, geflankeerd door torens, die een verbinding vormt tussen het oude centrum van Amsterdam en de nieuwe wijken die aan het eind van de negentiende eeuw verrezen. Het bouwwerk is daarmee ook een poortgebouw, net als Cuypers' Centraal Station aan de andere kant van de stad.

Carré (1887)

Amstel 115-125, Amsterdam

J.P.F. van Rossum en W.J. Vuijk

Het circus van de Duitse familie Carré was in de tweede helft van de negentiende eeuw zo populair in Amsterdam dat directeur Oscar Carré besloot er een permanent onderkomen te bouwen. Na een tijdelijke houten circustent kwam er in 1887 een stenen circusgebouw, ontworpen door J.P.F. van Rossum en W.J. Vuijk. Het reusachtige gebouw werd een kruising tussen een circustent en een theater. De voorgevel oogde als een schouwburg, met in het midden klassieke zuilen en een driehoekig fronton. Maar de leeuwen in dat fronton verwezen naar het circus, net als de clownshoofden, de leeuwenkoppen en de paarden die de gevel sierden. Binnen was er een piste, maar ook een toneel. De zitplaatsen, in een hoefijzervorm rond de piste, boden plaats aan tweeduizend toeschouwers. Het hoge blauwe dak met vier gebogen schilden had een constructie van staal en hoefde daarom binnen niet ondersteund te worden. Er waren dus geen pijlers die het zicht op het spektakel belemmerden. Op het dak stond een rechthoekig opbouwtje, voor de ventilatie, met in rode letters de naam van het theater. Het herinnerde nog aan de oude circustent. Op 3 december 1887 opende Carré met een 'Groote Parade Gala Openingsvoorstelling in de Hoogere Rijkunst, Paardendressuur en Gymnastiek'. Daarna waren er in de winter circusvoorstellingen en in de zomer vooral revues. Carré werd een van de belangrijkste theaters van Amsterdam.

Aquarium van Artis (1882)

Plantage Middenlaan 53, Amsterdam

G.B. en A. Salm

Het Amsterdamse genootschap Natura Artis Magistra was in 1838 begonnen met de aankoop van de dieren van een reizende menagerie en was in de tweede helft van de negentiende eeuw uitgegroeid tot een prestigieuze dierentuin die kortweg Artis heette. Op 2 december 1882 opende in Artis het grootste en modernste aquarium ter wereld. G.B. en A. Salm, vader en zoon, hadden het gebouw ontworpen in een neoclassicistische stijl, geïnspireerd op de bouwkunst van de Oudheid. Het langgerekte gebouw, met een reeks rondboogramen, heeft daarom een klassieke middenpartij met, op een indrukwekkend bordes, zuilen die een driehoekig fronton dragen. Op de hoek prijkt een koepel. In 1926 kwam daar een diorama van een Texels duinlandschap, maar oorspronkelijk was het een collegezaal. Want in het Aquariumgebouw werd ook onderwijs gegeven, en bovendien kreeg het Zoölogisch Museum er een plek. Van binnen is het gebouw daarom in de lengte in tweeën gedeeld. Aan de kant van de straat waren op de begane grond de onderwijsruimten – nu zijn het werkkamers voor de medewerkers van het museum – met daarboven de museumzalen. Aan de andere kant lagen, op halve verdiepingshoogte (split level), de ruimten met de aquaria, met daaronder een heel stelsel van waterbekkens en filterbakken. Grote lichtkappen in het dak lieten het daglicht binnen. Het Aquarium van Artis is in 1997 grondig gerenoveerd.

Diergaarde Blijdorp (1940)

Van Aerssenlaan 49, Rotterdam

S. van Ravesteyn

In 1937 besloot het gemeentebestuur van Rotterdam dat De Rotterdamsche Diergaarde, die al tachtig jaar gevestigd was in het centrum van de stad, plaats moest maken voor bebouwing. Er kwam een nieuwe dierentuin in de polder Blijdorp. Sybold van Ravesteyn kreeg de opdracht het ontwerp te leveren voor deze Diergaarde Blijdorp, die daarmee als een van de eerste dierentuinen ter wereld helemaal van de hand van één architect was. Uniek voor die tijd was ook dat Van Ravesteyn rekening hield met het comfort van de dieren. Hij ontwierp de tuin rondom een middenas met daarop het hoofdgebouw de Rivièrahal – een soort wintertuin onder een halfrond gewelf – en een inmiddels gesloopte toren die uitzicht bood over de hele dierentuin. Vanaf de middenas bogen paden af naar verschillende weiden met dieren. De gebouwen, zoals de dierenverblijven, kregen – heel modern – een skelet van gebogen stalen spanten, met daarover een betonnen laag. Maar Van Ravesteyn gaf de dierentuin ook allerlei versieringen, wat in die tijd erg ouderwets was. De zwierige plattegrond van het park en de vorm van de gebouwen baseerde hij op de Italiaanse barok, met golvende lijnen en veel beeldhouwwerk. Toen Blijdorp in mei 1940 bijna voltooid was, verwoestte het bombardement op de Rotterdamse binnenstad de oude Diergaarde. Veel dieren overleefden het niet. De rest werd overgebracht naar de nieuwe dierentuin, die op 7 december 1940 openging.

Stadsschouwburg Amsterdam (1894)

Leidseplein 26, Amsterdam

J.L. en J.B. Springer, en A.L. van Gendt

Nadat de oude Amsterdamse schouwburg aan het Leidseplein in vlammen was opgegaan, ontwierpen de gebroeders Springer samen met A.L. van Gendt een nieuwe Stadsschouwburg, die in 1894 de deuren opende. Aan de buitenkant was goed te zien dat het gebouw bestond uit twee delen. De toneeltoren was gemetseld in gewone bruine bakstenen. Maar het publieksgedeelte was van gladde rode baksteen met decoratieve accenten in natuursteen. Het kreeg bovendien twee opvallende torens. De gevel was gebaseerd op de Hollandse Renaissance uit de late zestiende eeuw: gotisch aandoende vormen in baksteen met daarop natuurstenen decoraties die geïnspireerd waren op de klassieke Oudheid. De verschillende rangen hadden allemaal een eigen ingang en ook binnen hing de inrichting samen met de rang. Op de weelderige parterre zaten de rijke burgers en helemaal bovenin was het eenvoudige, goedkope schellinkje. De schouwburg was vooral ingericht op de welgestelde bezoekers. Rijtuigen konden hen afzetten onder de overkapping voor de schouwburg. Vandaar kwamen ze in de luxe foyer, waarachter de zaal lag. Die zaal had de vorm van een hoefijzer. Dat betekende dat het zicht op het toneel vanaf veel plaatsen slecht was en dat de bezoekers met name elkaar goed konden zien. De laatste jaren heeft de Stadsschouwburg moderniseringen ondergaan en sinds 1982 is er op de oude decorzolder een bovenzaal voor experimentele voorstellingen.

Stadsschouwburg Utrecht (1941)

Lucasbolwerk 24, Utrecht

W.M. Dudok

W.M. Dudok, de stadsarchitect van Hilversum, ontwierp eind jaren dertig een moderne Stadsschouwburg aan het Utrechtse Lucasbolwerk. Het is een compositie van verschillende blokken. Aan het water staat een zware, gesloten toneeltoren. Daaraan grenst een lager, eveneens massief blok met de grote zaal. Die zaal, met een diep balkon, was toen erg modern: vrijwel alle stoelen staan naar het toneel gekeerd, zodat er overal goed zicht is. In 1956 voegde Dudok een wat gebogen vleugel toe aan de schouwburg, met daarin onder andere de entree, garderobe en foyer. Deze vleugel oogt met zijn grote ramen met vierkante ruitjes veel lichter en opener dan de rest van het gebouw. De buitenkant van de schouwburg bekleedde Dudok met tegels. De Stadsschouwburg ging open tijdens de Tweede Wereldoorlog, in 1941. Twee jaar later verscheen er, met medewerking van Dudok, een bespreking van het gebouw in een Duits architectuurtijdschrift. Na de oorlog moest de architect zich daarvoor verantwoorden. Hij werd onschuldig bevonden. De schouwburg is sinds de bouw regelmatig gemoderniseerd en uitgebreid, steeds met respect voor het oorspronkelijke ontwerp, dat moest blijven overheersen. Daarom kwam er in 1995 een grote transparante stolp over de toneeltoren te staan, die hem zowel hoger als breder maakte. Om de zaal geschikt te maken voor bepaalde moderne toneelvoorstellingen kwam er een flexibele tribune, zodat de toeschouwers ook rondom de speelplaats kunnen zitten.

Tuschinski (1921)

Reguliersbreestraat 26-28, Amsterdam

H.L. de Jong

De Poolse immigrant Abraham Tuschinski opende op 28 oktober 1921 in Amsterdam een bioscoop die de gewone mensen moest binnenvoeren in de droomwereld van de film. De onbekende architect Hijman Louis de Jong leverde het ontwerp voor het Tuschinski Theater, maar kreeg snel daarna onenigheid met zijn eigengereide opdrachtgever. Tuschinski had kosten noch moeite gespaard, en zo'n vier miljoen gulden in het gebouw gestoken. De gevel van de bioscoop is rijk gedecoreerd, in een stijl die wat oosters aandoet. Hij is helemaal bekleed met geglazuurde tegels en keramische sculpturen, met hier en daar smeedijzeren decoraties en lampen. Opvallend zijn de twee torens. Die gevel gaf de bezoeker al een voorproefje van de wondere wereld die binnen wachtte. Achter de gevel lag een groots opgezette ontvangsthal, die het alledaagse leven helemaal moest doen vergeten. De grote bioscoopzaal, met 1.600 plaatsen, was weelderig ingericht als een negentiende-eeuwse schouwburg, met een toneellijst om het doek, en balkon en loges. Ondanks de enorme grootte is er geen enkele pijler of zuil in de zaal die het publiek zou kunnen verhinderen ten volle te genieten van de films en variétéshows, veelal begeleid door een orgel of zelfs een orkest. Een verwarmings- en ventilatiesysteem hield de temperatuur overal in het theater stabiel. Sinds 2002 is het Tuschinski Theater in oude luister hersteld.

Cineac (1934)

Reguliersbreestraat 31-33, Amsterdam

J. Duiker

Tegenover het luxe filmtheater Tuschinski kwam in 1934 een heel ander soort bioscoop te staan: de Cineac. In deze bioscoop vertoonde het *Handelsblad* onafgebroken filmpjes met actueel nieuws, waarbij bezoekers ieder moment in en uit konden lopen. De naam Cineac was een samentrekking van 'cinema' en 'actualité'. Architect van het gebouw was Jan Duiker. Die bouwde volgens de principes van het Nieuwe Bouwen een bioscoop in moderne materialen als staal en glas, waarbij de vorm voortvloeide uit de functie. Omdat het bouwterrein eigenlijk een onhandige vorm had, plaatste Duiker de filmzaal diagonaal. Hij liet de vloer van de zaal oplopen en bracht een balkon aan, zodat er overal optimaal zicht op het doek was. De filmprojectoren stonden op de eerste verdieping; ze waren vanaf de straat te zien. Door gebruik te maken van een staalskelet kon Duiker het gebouw een open structuur geven. Hij plaatste de ingang, op de hoek, wat terug van de rooilijn. Onder een luifel kwam daarvoor een verrijdbare kassa te staan. De bioscoop liep dus over in de straat en de actuele filmjournaals die in het gebouw te zien waren, kregen zo een plaats midden in het leven. Een grote lichtreclame op het dak accentueerde de hoek.

Tegenwoordig huist in het gebouw een nachtrestaurant met de naam Cineac. Het grote bord op het dak is daarom teruggekeerd op zijn oude plek.

Olympisch Stadion (1926)

Stadionplein, Amsterdam

J. Wils

In 1928 vonden de Olympische Spelen in Amsterdam plaats. Alle sportterreinen en de accommodaties voor de atleten kwamen bij elkaar te liggen aan de zuidwestkant van de stad, zodat niets de internationale verbroedering in de weg stond. Het pronkstuk werd een heel nieuw Olympisch Stadion naar een ontwerp van architect Jan Wils, geassisteerd door stedenbouwkundige Cornelis van Eesteren. Het stadion had een betonnen wielerbaan en atletiekbaan rondom een veld voor voetbal en hockey. De tribunes waren uitgevoerd in gewapend beton en boden plaats aan 31.600 toeschouwers. Aan de lange zijden kreeg het stadion overkappingen met een staalconstructie. Onder de tribunes kwamen allerlei voorzieningen, van kantoren en persruimten onder de lange zijden tot cafés onder de staantribunes aan de korte zijden. Wils bouwde aan de buitenkant van het stadion een bakstenen muur, die geen dragende functie had, maar alleen de betonnen constructie aan het zicht moest onttrekken. Aan weerszijden van de zogenoemde Marathonpoort liet hij bloembakken metselen en erboven kwam een balkon met de woorden 'citius, altius, fortius': sneller, hoger, sterker. Een toren met de houder van de Olympische vlam markeerde de hoofdingang als verticaal accent naast het vooral horizontale stadion. In de jaren dertig breidde Wils het stadion uit met een nieuw betonnen omhulsel dat het aantal plaatsen deed stijgen tot zo'n zestigduizend. Bij een restauratie in 1998 is die tweede ring weer afgebroken.

De Kuip (1936)

(Feyenoordstadion), Olympiaweg 50, Rotterdam

Brinkman en Van der Vlugt

Op 22 juli 1935 sloeg Feyenoord-aanvoerder Puck van Heel de eerste paal in de grond voor een nieuw stadion in de Varkenoordse polder bij Rotterdam. Het ontwerp was van de hand van de bekende architect L.C. van der Vlugt. Het werd een uniek stadion van twee verdiepingen die helemaal rondom het veld liepen; ook in de hoeken werden de tribunes niet onderbroken. Doordat de tweede ring over de eerste heen hing, zaten alle toeschouwers dicht op het veld. Bovendien waren er geen palen die het uitzicht belemmerden. De architect zelf noemde het stadion in zijn aantekeningen al 'de kuip', vanwege de rond lopende vorm. En dat bleef de bijnaam voor het Feyenoordstadion. Een jaar na het slaan van de eerste paal was het stadion voltooid. Maar het duurde nog acht maanden voordat er in gespeeld kon worden. Er waren namelijk nog geen toegangswegen en parkeerplaatsen en de gemeente weigerde daarvoor te betalen. Op zaterdag 27 maart 1937 was uiteindelijk de feestelijke opening van het Feyenoordstadion in aanwezigheid van 37.825 toeschouwers – een nieuw Nederlands record. Sindsdien is de Kuip regelmatig verbouwd en is het aantal plaatsen uitgebreid tot 51.250. Een grootscheepse renovatie kreeg het stadion in 1994. Toen kwam er een vrijstaande overkapping in staal, aluminium en glas, die als een derde ring over de tweede is gebouwd, met een wit geraamte aan de buitenkant.

Museum Boijmans-Van Beuningen

(1935/1972/1991/2003)

Museumpark 18-20, Rotterdam

A. van der Steur/A. Bodon/H.J. Henket/Robbrecht en Daem

In 1928 kreeg A.J. van der Steur, stadsarchitect van Rotterdam, de opdracht een onderkomen te ontwerpen voor de kunstverzameling die de advocaat Boijmans aan de stad had nagelaten. Hij schiep een museum met lange smalle vleugels rondom twee binnenplaatsen: een aan vier kanten omsloten binnenhof en een buitenhof dat aan de oostelijke kant open was. Alle zalen kregen veel daglicht, op de begane grond zijlicht en op de eerste verdieping via bovenlichten. Een toren, geïnspireerd op die van het stadhuis van Stockholm, markeerde de hoofdingang. Van buiten was het een gesloten gebouw, met levendig metselwerk van baksteen in verschillende formaten. Binnen hield Van der Steur de ruimten neutraal, zodat alle aandacht naar de kunstwerken zou gaan. Een afwisseling in de grootte van de zalen en de lichtinval moest voorkomen dat bezoekers het museum te snel beu werden. In 1958 kreeg het museum de verzameling van de ondernemer Van Beuningen in handen. Alexander Bodon ontwierp daarop een uitbreiding die de buitenhof afsloot, met aan de straatzijde een grote glaswand. Sindsdien heeft het museum nog twee uitbreidingen gekregen. In 1991 kwam er een transparant paviljoen van architect Hubert Jan Henket aan de tuinzijde. Recent creëerde het Vlaamse architectenbureau Robbrecht en Daem ongeveer vijfduizend vierkante meter extra ruimte door een nieuwe vleugel te bouwen en de vleugel van Bodon in te pakken in een reeks kleinere ruimten.

Gemeentemuseum Den Haag (1935)

Stadhouderslaan 41, Den Haag

H.P. Berlage en E.E. Strasser

Het laatste project van de beroemde architect H.P. Berlage was het Haagse Gemeentemuseum. In 1929 maakte hij het definitieve ontwerp. Het werd een museum rondom een binnenhof, met daartegenaan een vleugel met de vestibule, zalen voor lezingen, een bibliotheek en de conciërgewoning. Een glazen gang leidde van de straat naar het museum. Het gebouw kreeg een betonskelet, bekleed met gele bakstenen in wisselende verbanden. Van buiten zag het museum eruit als een compositie van ritmisch verspringende daken en gevelpartijen. De vorm hing samen met de inrichting: de uitspringende of terugwijkende muren volgden de opzet van het interieur. Want het ging vooral om wat er binnen te ervaren was. Berlage wilde een overzichtelijk museum, waarin de bezoeker zo goed mogelijk van de kunst kon genieten. Hij plaatste de doorgangen van zaal naar zaal niet recht tegenover elkaar. Zo kon de bezoeker zich concentreren op de kunst in één zaal, zonder zich geïntimideerd te voelen door wat nog komen ging. Hendrik van Gelder, de eerste directeur, wilde het museum voor iedereen toegankelijk maken. De kunst zou al die mensen verheffen, en de indeling van het gebouw bereidde ze daarop voor. Beneden kwamen vooral gebruiksvoorwerpen, gewoon van opzij belicht door ramen in de wanden. Maar boven waren de kunstwerken te zien, die een loutering teweeg zouden brengen. Hier komt het licht van boven, door vensters in het dak.

Van Abbemuseum (1935/2003)

Bilderdijklaan 10, Eindhoven

A.J. Kropholler/A. Cahen

Sigarenfabrikant Henri van Abbe was een groot liefhebber en verzamelaar van hedendaagse kunst. Omdat hij iedereen daarvan wilde laten genieten, deed hij in 1933 een schenking aan de gemeente Eindhoven voor de bouw van een museum. Architect A.J. Kropholler ontwierp het museum, dat aan de rivier de Dommel kwam te staan. Hij liet zich inspireren door de vormen van traditionele gebouwen. Het Van Abbemuseum werd een vrij sober, symmetrisch bouwwerk met gesloten bakstenen gevels. Alleen rondom de ingang plaatste Kropholler wat accenten: een klokkentorentje en een trap met beeldhouwwerk. Binnen moest de bezoeker in alle rust van de kunst kunnen genieten, weg van het lawaai van de straat. Het museum heeft een centrale tentoonstellingsruimte met daaromheen kleinere zalen. De wanden zijn gesloten. Het daglicht komt via bovenlichten binnen. Het gebouw van Kropholler gaat sinds begin 2003 op in een vernieuwd museum. Architect Abel Cahen renoveerde en verbouwde het oude museumgebouw en integreerde het in een nieuw, groot complex. Achter het oude gebouw staat nu een opvallende 27 meter hoge toren met schuine wanden, bekleed met grijze leisteen, die afhankelijk van het weer in tint kan variëren van zilvergrijs tot donker antraciet. Deze toren is de spil van het museum geworden; iedere verdieping komt erop uit. Zelfs de omgeving is aangepast. De Dommel is verbreed, zodat het museum nu deels aan een binnenmeer ligt.

Museum Kröller-Müller (1938/1977)

Nationaal Park de Hoge Veluwe, Otterloo

H. van de Velde/W.G. Quist

Helene Müller, dochter van een Duitse fabrikant, bracht samen met haar man Anton Kröller aan het begin van de twintigste eeuw een grote collectie van vooral contemporaine kunst bijeen. In 1919 gaf het echtpaar aan architect Henry van de Velde de opdracht een onderkomen voor hun kunstverzameling te ontwerpen, dat op een pas aangekocht landgoed op de Veluwe zou komen te staan. Een paar jaar later moesten ze de bouw echter staken, een gevolg van de economische crisis. In de jaren dertig schonk het stel de collectie en het landgoed aan de Nederlandse staat. In 1938 ging het museum open, een intiem gebouw met in de zalen een subtiele belichting door daklichten, dat mooi aansloot bij de omringende natuur. In 1977 kreeg het Museum Kröller-Müller een nieuwe vleugel, ontworpen door Wim Quist. Het is een langwerpige strook, die loodrecht op het oudere gebouw staat, met een afwisseling van dichte gevels en glazen wanden die van de vloer tot het plafond lopen. De expositieruimten en de voorzieningen zijn verspreid geplaatste gesloten kubussen. Af en toe is er een omkaderd raam, alsof het uitzicht een van de tentoongestelde kunstwerken is. Het licht valt van boven de zalen binnen. Gangen met grote glazen wanden verbinden deze blokken. De bezoeker loopt zo door de bossen van de Hoge Veluwe van zaal naar zaal.

AVRO studio (1936/1940)

's-Gravelandseweg 52, Hilversum

Merkelbach en Karsten

In de jaren dertig bekostigde de contributie van duizenden abonnees de bouw van een pand voor de in 1927 opgerichte AVRO, de Algemene Vereniging Radio Omroep. Bij de opening in 1936 waren grote aantallen van die leden aanwezig. Het gebouw in Hilversum was een ontwerp van de architecten Merkelbach en Karsten. Het is een typisch voorbeeld van het Nieuwe Bouwen, waarbij de architecten de functie van het gebouw als uitgangspunt namen voor de vorm. De belangrijkste functionele eisen voor het omroepgebouw waren een goede geluidsisolatie en akoestiek in de verschillende zalen en studio's. De architecten ondernamen allerlei proeven, totdat ze de juiste opzet gevonden hadden. Ze gaven de studio's de vorm van een wig. Dat zorgde voor de beste geleiding van het geluid. Ook de keuze van baksteen als bouwmateriaal vloeide voort uit de akoestische eisen. De bakstenen muren binnen hebben allemaal een eigen fundering en staan bovendien los van de buitenwanden. Daardoor konden geluiden van buiten en de trillingen die het verkeer veroorzaakte niet tot in de studio's doordringen om de opnamekwaliteit te verstoren. De wigvorm van de zalen zorgde ervoor dat het gebouw een uitwaaierende plattegrond kreeg. Dat was ook aan de plaatsing van de, verder strakke, gevels te zien. In 1940 ontwierpen dezelfde architecten nog een uitbreiding voor de AVRO studio, in een wat zwierigere, meer decoratieve stijl.

Villa VPRO (1997)

Sumatralaan 45, Hilversum

MVRDV

Tot 1997 was de VPRO gevestigd in een dertiental Hilversumse villa's. Architectenbureau MVRDV ontwierp een nieuw gebouw voor de omroep, dat in zijn vorm nog aan een villa moest herinneren. Het compacte gebouw heeft een vierkante plattegrond en vijf lagen, met een complex systeem in beton van kolommen, vierkante stutten en dragende muren. De gevels bestaan uit 35 verschillende soorten glas met een uiteenlopende mate van transparantie, samenhangend met de hoeveelheid zonlicht die het deel van het gebouw vangt. Niet alleen de gevel is transparant, ook het interieur is erg open – en gevarieerd. De entree bevindt zich op de eerste verdieping. Daaronder, op de begane grond, liggen de studio's en de technische ruimten en op de drie bovenste verdiepingen de kantoren. Er zijn geen vaste scheidingswanden tussen de kantoorruimten. De kamers hebben uiteenlopende vormen en de plafonds wisselen van hoogte. De routes door het gebouw zijn niet altijd rechtlijnig en lopen over verschillende niveaus, soms als een hellingbaan. De parkeerplaats loopt van buitenaf door in het gebouw. Het was de bedoeling dat de villa VPRO zoveel mogelijk zou samengaan met de omgeving. Die omgeving komt het gebouw binnen, maar de kantoren kunnen ook naar buiten. Door grote glazen deuren stappen de medewerkers het gebouw uit om buiten verder te werken. In het park en de daktuin lopen kabels voor elektriciteit, telefoon, televisie en het computernetwerk.

Euromast (1960)

Parkhaven 20, Rotterdam

H.A. Maaskant

Ter gelegenheid van de bloemententoonstelling de Floriade bouwde architect Hugh Maaskant in 1960 in Rotterdam een 104 meter hoge toren van gewapend beton. De toren had een diameter van negen meter, met wanden van dertig centimeter dik. Op een hoogte van 32 meter bracht Maaskant een replica van een scheepsbrug aan, met navigatieapparatuur en een kaartenkamer, waar bezoekers konden voelen hoe het is om een schip te besturen. Op honderd meter hoogte kwam een groot kraaiennest met daarin twee restaurants met uitzicht over Rotterdam en omgeving. Deze enorme staalconstructie werd gebouwd aan de voet van de toren en daarna in vijf dagen omhoog gehesen. Het zwaartepunt van de toren kwam onder de grond te liggen; daar bestaat de fundering uit 131 betonpalen met daarop een blok gewapend beton van 1.900.000 kilo dat als tegenwicht dient voor de grote toren boven de grond. De toren kreeg de naam Euromast: 'Euro' omdat Rotterdam met zijn haven een belangrijke rol speelt in Europa en 'mast' omdat dat woord in veel talen ongeveer hetzelfde klinkt. Bij de opening was de Euromast het hoogste gebouw van Rotterdam. Maar al snel begon nieuwe hoogbouw in de omgeving boven de mast uit te torenen. Daarom kreeg de Euromast er in 1970 nog eens 85 meter bij in de vorm van de Space Tower. In 2004 is de Euromast van binnen helemaal vernieuwd.

Gerbrandytoren (1961)

IJsselstein

In 1961 bouwde NOZEMA, de Nederlandsche Omroep-Zender Maatschappij, in Lopik een grote toren voor televisie-uitzendingen en voor de FM. Deze Gerbrandytoren, vernoemd naar oud-premier Gerbrandy, bestaat uit 23 verdiepingen met apparatuur en daarop een zendmast. De toren is met 375 meter hoger dan de Eiffeltoren en het hoogste punt van Nederland. Twaalf stalen tuidraden van elk vijfduizend kilo houden de toren vanuit drie punten op de grond op zijn plaats. Die tuidraden krijgen rond Kerstmis vaak verlichting, zodat de 'grootste kerstboom ter wereld' ontstaat. Zo'n hoge toren is uniek in Europa; hij is ook alleen maar praktisch in een vlak land als Nederland, waar de zendmast veel bereik heeft. De Gerbrandytoren kan per straalverbinding zendmasten op meer dan honderd kilometer afstand bereiken. De toren is het hart van de communicatie in Nederland. Hij staat en hangt vol met zendapparatuur en schotels die signalen ontvangen en uitzenden voor onder andere televisie, radio, mobiele telefonie en meteorologische informatie. Op de veertiende verdieping bevindt zich bijvoorbeeld allerlei apparatuur voor radio-uitzendingen. De Gerbrandytoren krijgt de signalen binnen vanuit de studio in Hilversum, versterkt dat signaal en verspreidt het via de antenne over heel centraal Nederland. De toren staat ook wel bekend als de zendmast van Lopik, de gemeente waarin hij in 1961 stond. Maar sinds de gemeentelijke herindeling van 1989 hoort de Gerbrandytoren bij IJsselstein.

Schouwburg Tilburg (1961/1996)

Louis Bouwmeesterplein 1, Tilburg

Bijvoet en Holt/J. Coenen

Vanaf het einde van de jaren vijftig onderging het centrum van Tilburg een transformatie. Onderdeel daarvan was een nieuwe schouwburg, ontworpen door het architectenbureau Bijvoet en Holt, dat in die periode meer theaters bouwde. Deze naoorlogse schouwburgen hadden van binnen nog een ouderwetse opzet, met een verhoogd en omlijst toneel, afgescheiden van de zaal met toeschouwers. De Tilburgse zaal bood, samen met het balkon, plaats aan bijna negenhonderd mensen. Maar van buiten zag het gebouw er erg modern uit. Het was een compositie van massieve geometrische vormen: grote rechthoekige blokken, met ronde bouwdelen als contrast. Ramen en deuren waren gapende openingen in de verder gesloten wanden, strak en zonder enige omlijsting. De schouwburg ging in 1961 open. Ruim dertig jaar later leidde architect Jo Coenen een ingrijpende verbouwing en uitbreiding. Het theater ging deel uitmaken van een nieuw, aan cultuur gewijd kwartier aan de zuidkant van het Tilburgse stadscentrum, waarvoor Coenen het masterplan maakte. Naast de schouwburg kwam het zogeheten Kunstcluster te staan, met daarin een concertzaal, het conservatorium en de dansacademie. In tegenstelling tot de massieve, gesloten schouwburg oogt het Kunstcluster juist heel open en licht. Coenen heeft naast hout en aluminium veel glas gebruikt. De concertzaal heeft een golvend dak en doet denken aan een vioolkist. Ook andere culturele instellingen en opleidingen krijgen een plaats in de omgeving.

De Tamboer (1967/1997)

Hoofdstraat 17, Hoogeveen

O. Greiner

Architect Onno Greiner is de ontwerper van een tiental Nederlandse theaters en culturele centra. Zijn eerste project was De Tamboer, in het Drentse Hoogeveen. Dit theater ging in 1967 open. In hoofdvorm bestond het uit twee, in grootte verspringende, tegen elkaar geplaatste zeshoeken. In de jaren negentig werd steeds duidelijker dat het theater aan vernieuwing toe was; er was een achterstand op technisch gebied, en bovendien was het toneel te klein voor de steeds grotere decors. Onno Greiner maakte zelf het ontwerp voor de uitbreiding van de oude Tamboer tot een groot, modern cultureel centrum. Om het oude theater bouwde hij een complex met verschillende zalen en foyers, een café en een binnentuin. Greiner verkleinde de bestaande zaal en bouwde daarnaast een grotere zaal met ruim achthonderd plaatsen. Van buiten ziet het eruit als een hoge rechthoek, de toneeltoren, met daarvoor een centraal aangelegd bouwwerk. Van binnen blijkt de zaal een ovale vorm te hebben. Daardoor zitten zoveel mogelijk mensen dicht op het toneel en zijn de zichtlijnen kort. Voor het complex staan zeven grote witte portalen in beton – van 8,5 meter hoog – die samen een 'open gevel' vormen. Met hun formaat laten zij het cultureel centrum aansluiten bij de grote gebouwen die sinds de bouw van het oude theater in de buurt zijn komen te staan.

Van Goghmuseum (1973/1999)

Paulus Potterstraat 13, Amsterdam

Rietveld, Van Dillen, Van Tricht/Kisho Kurokawa

De erfgenaam van de verzameling schilderijen en tekeningen van Vincent van Gogh bracht al die werken in 1962 onder in een stichting. Die stichting besloot in samenspraak met de gemeente Amsterdam en het rijk tot de bouw van een museum. Het Van Goghmuseum kwam tussen het Rijksmuseum en het Stedelijk Museum in Amsterdam te staan, aan de Paulus Potterstraat. Een aantal villa's moest daarvoor wijken. De bekende architect Gerrit Rietveld maakte niet lang voor zijn dood nog een schetsontwerp voor het museum, dat zijn partners daarna uitwerkten. Het gebouw is een geometrisch geheel van grote blokken en strakke vlakken in licht gekleurd beton zonder versieringen. Aan de voorkant maakt het museum een gesloten, massieve indruk. Aan de zijkanten is er meer variatie. Daar is de stapeling van verschillende geometrische vormen duidelijk te zien, en wisselen open delen de gesloten muurpartijen af. Zo breekt in de rechtergevel de glazen wand van de bibliotheek de muur open. Aan de achterkant gebeurt dat door het glazen trappenhuis en de rij ramen van het restaurant. Ook in het interieur is er een variatie van openheid en geslotenheid. De verdiepingen van het museum liggen rondom een vide, maar er zijn ook dichte ruimten. Het Van Goghmuseum opende op 2 juni 1973. In 1999 is het museum aan de achterkant uitgebreid met een halfrond paviljoen van de Japanse architect Kisho Kurokawa.

Museum Het Valkhof (1999)

Kelfkensbos 59, Nijmegen

Ben van Berkel

In 1999 opende in Nijmegen Museum Het Valkhof, een licht en modern ogend museum voor kunst en archeologie, ontworpen door Ben van Berkel. Het gebouw is vrijwel helemaal van glas en kreeg daarom de bijnaam 'het aquarium'. Het glazen omhulsel omvat een grote variatie aan objecten. De architect koos daarom voor twee elementen die orde in het geheel moesten brengen: de trap en het plafond. De grote trap is de kern van het museum. Hij begint al op het plein voor het gebouw en voert naar een galerij boven. Vertakkingen leiden naar de verschillende delen van het museum, zoals de centrale hal, de tentoonstellingszalen, het café en de bibliotheek. De openbare en administratieve ruimten zijn op de begane grond. De museumzalen liggen op de eerste verdieping. Die verdieping is in de lengte verdeeld in parallel lopende straten met aan weerszijden meerdere openingen. Doorkijkjes en lichtinval kunnen de bezoekers verschillende kanten op trekken, zodat ieder zijn eigen route volgt. Het plafond maakt van het museum, met zijn uiteenlopende objecten en routes, een eenheid. Hierin zijn ook alle installaties en kabels, zoals voor het licht en de klimaatbeheersing, verwerkt. Het plafond bedekt die, maar verbergt ze niet. Het maakt een golvende beweging. Op plekken waar veel mensen samenkomen, en daarom veel apparatuur voor bijvoorbeeld klimaatbeheersing nodig is, staan de golven dichter op elkaar dan in rustigere ruimten.

Muziekcentrum Vredenburg (1979)

Vredenburgpassage 77, Utrecht

H. Hertzberger

In de jaren zeventig moesten culturele instellingen laagdrempelig zijn en vooral niet te exclusief en imposant ogen. Architect Hertzberger ontwierp een concertzaal aan het Utrechtse Vredenburg die als woonkamer van de stad moest functioneren. Het gebouw kwam niet los van zijn omgeving te staan, maar ging erin op. Muziekcentrum Vredenburg sluit daarom aan op winkelcentrum Hoog Catharijne. Rondom lopen transparante binnenstraten, waaraan ook winkels gelegen zijn. Het Muziekcentrum heeft een grote en een kleine zaal, elk met een glazen overkoepeling. De grote zaal, met 1700 zitplaatsen, kreeg de vorm van een amfitheater, waardoor iedere concertganger goed zicht had op het podium; daardoor zou hij ook beter gaan luisteren. Er kwam geen grote foyer. In plaats daarvan is er om de zalen heen een aaneenschakeling van kleinere 'plekken'. Er zijn ook veel verschillende toegangen, trappen en buffetten, zodat alles op bescheiden, menselijke schaal blijft. De gevels volgen de vormen van de plekken binnen. Ronde kolommen in beton met daarop rechthoekige blokken als kapiteel komen in verschillende afmetingen steeds terug in de gevels en zorgen daarmee voor een zekere eenheid. Inmiddels zijn er plannen voor een nieuw, vrijstaand muziekcentrum, met zalen voor verschillende muziekstijlen. De grote zaal van het huidige Vredenburg, beroemd om zijn goede akoestiek, zal wel behouden blijven. Herman Hertzberger heeft voorgesteld de nieuwe zalen op een grote 'tafel' over de bestaande zaal te bouwen.

Nederlands Danstheater (1987)

Spui 56, Den Haag

Office for Metropolitan Architecture

Het Nederlands Danstheater in Den Haag was in 1987 het eerste theater ter wereld dat speciaal voor dans ontworpen was. Het was bovendien het eerste uitgevoerde project van de inmiddels wereldberoemde architect Rem Koolhaas. Hij had het gebouw eigenlijk al zeven jaar eerder ontworpen als uitbreiding voor het Scheveningse Circustheater. Koolhaas paste het plan aan de omgeving van het Haagse Spui aan, een terrein waar in die tijd ook een concertzaal gebouwd werd, en een hotel van architect Carel Weeber, die ook de invulling van het hele complex coördineerde. Het Nederlands Danstheater bestaat binnen uit drie stroken. Ze bevatten een zaal met duizend zitplaatsen, studio's en kantoren, en twee balletstudio's. De constructie bestaat uit stalen balken. De gevel vertoont een variatie aan horizontale delen, in verschillende materialen. Koolhaas maakte bij de bekleding bijvoorbeeld gebruik van leisteen, stucwerk en marmer. Het danstheater ging een foyer delen met de naastgelegen concertzaal: een zeven meter brede ruimte tussen de twee gebouwen, waarbij de buitenmuur van de concertzaal onderdeel werd van het interieur van het theater. De gevel is hier glanzend zwart en het dak maakt een golvende beweging. Uit de foyer rijst een gouden ovaal op, rondom voorzien van ramen, met daarin een restaurant en koffiebar. Op het dak steekt de toneeltoren uit. Daarop is volgens een ontwerp van Madelon Vriesendorp een schildering aangebracht van geabstraheerde dansende figuren.

RAI (1951–1981)

Europaplein 22, Amsterdam

A. Bodon

In de jaren zestig verrezen in verschillende Nederlandse steden grote complexen met zalen voor allerlei evenementen. Amsterdam kreeg het beurs- en congrescentrum RAI. De afkorting van Rijwiel- en Autoindustrie (RAI) verwijst naar de oorsprong van de RAI als rijwieltentoonstelling, waarvan de eerste in 1895 werd gehouden. De bouw aan het eerste deel van dit complex begon al in 1951. Daarop volgde een aantal uitbreidingen, de laatste nog begin jaren tachtig, steeds van de hand van dezelfde architect, Alexander Bodon. De RAI werd een samenstelling van grote multifunctionele ruimten achter transparante gevels. Het meest in het oog springende deel had een gebogen overwelving met een enorme gevelwand van glas binnen een constructie van vakwerk. Aansluitend stonden rechthoekige bouwdelen met ook weer vakwerk gevuld met glas. Voor het complex kwam een opvallende, hoge reclamezuil te staan. De laatste uitbreiding van de RAI, die in 1977 van start ging, bestond uit een reeks licht ogende zalen voor congressen en tentoonstellingshallen, een grote en twee kleinere. De gevels bestaan uit een afwisseling van dichte en glazen panelen. Van boven maken de gevels een knik van 45 graden. Met deze uitbreiding kreeg het complex een totale oppervlakte van 87.000 vierkante meter. De Amsterdamse RAI is een van de belangrijkste Europese locaties voor internationale evenementen. Ieder jaar vinden hier zo'n vijftig congressen en zeventig beurzen plaats naast allerlei andere grote manifestaties en kleinere congressen en bijeenkomsten.

Amsterdam ArenA (1996)

ArenAboulevard 1, Amsterdam

R.H.M. Schuurman

In 1996 kreeg Ajax een groot nieuw stadion in Amsterdam Zuidoost, de Amsterdam ArenA, dat paste bij het internationale niveau van de club. Maar de ArenA werd veel meer dan alleen een voetbalstadion. Het bouwwerk ging ook plaats bieden aan popconcerten en grote evenementen en vormt tegenwoordig het middelpunt van een uitgaansgebied met onder andere een bioscoop en een concertzaal. Het stadion is erg groot. De totale oppervlakte is 35.000 vierkante meter, de omvang van vier voetbalvelden. De ArenA rust op een enorme betonnen plaat die over een weg ligt. Eronder is een parkeergarage met ruimte voor duizenden auto's. Het hele stadion is opgebouwd uit een constructie van geprefabriceerd gewapend beton. De tribune bestaat uit twee ringen, die samen met een groot aantal skyboxen plaats bieden aan ruim vijftigduizend toeschouwers. Van buiten valt vooral de uitstekende, bovenste ring van de tribune op. Tegen het stadion aan staan de grote trappenhuizen, met daarvoor rechthoekige gevelplaten met ronde gaten. De ArenA heeft een zogenaamd telescopisch dak: een glazen schuifdak, gedragen door reusachtige witte staalconstructies, dat in een kwartier open of dicht kan worden geschoven. Het bezoek aan een voetbalwedstrijd is hier een echt uitje. Overal in het stadion kunnen bezoekers eten en drinken. Alleen de grasmat ligt nogal eens dwars. Het gras gedijt niet in de gesloten omgeving van het stadion en moet regelmatig vervangen worden.

Bibliotheek van Zeewolde (1989)

Kerkstraat 2, Zeewolde

K.J. van Velsen

Koen van Velsen ontwierp in de jaren tachtig de openbare bibliotheek van Zeewolde, in de Flevopolder. In deze plaats zonder historie had de architect een grote vrijheid bij de vormgeving van het gebouw. Hij schiep een geheel op zichzelf staand bouwwerk dat van buiten eenvoudig oogt, maar van binnen heel complex in elkaar zit. De bibliotheek lijkt op het eerste gezicht een vrij simpel vierkant gebouw. De gevels bestaan uit betonplaten met daarin smalle rechthoekige gaten, waarachter zich de ramen bevinden. Aan de voorkant en de achterkant staan die gaten verticaal, in de zijgevels liggen ze horizontaal. Voor het vierkante blok staat een rechthoekig glazen bouwwerk, met een staalconstructie, op palen. Achter de glazen wanden zijn de boekenkasten te zien, zodat van buiten duidelijk is dat het verder nogal gesloten gebouw een bibliotheek is. Binnen is het gebouw een ingewikkelde compositie van uiteenlopende vormen en constructies, die de architect allemaal losjes door elkaar geplaatst lijkt te hebben. Zo verbinden hellingbanen de verschillende niveaus. De studiezaal is als een apart huisje binnen het gebouw, met een gebogen dak, dat als het ware door de vloer van de verdieping zakt. Het materiaalgebruik draagt bij aan de variatie. Van Velsen paste allerlei, meestal onbewerkte materialen naast elkaar toe: beton en hout, maar ook golfplaat en spaanplaat. De bibliotheek heeft een belangrijke impuls gegeven aan de moderne Nederlandse architectuur.

CODA (2004)

Vosselmanstraat 299, Apeldoorn

H. Hertzberger

In Apeldoorn huist sinds 2004 een aantal culturele instellingen onder één dak. Het CODA, kort voor Cultuur Onder (een) Dak Apeldoorn, omvat twee musea, het gemeentearchief en een uitbreiding van de aangrenzende openbare bibliotheek. Architect Herman Hertzberger ontwierp de, naar eigen zeggen, 'containerachtige doos' waarin al die cultuur was ondergebracht. Het gebouw heeft de vorm van een U. De bollende vloer van de binnenplaats is het dak van de grote tentoonstellingsruimte die daar onder de grond ligt. Die bolle vorm komt ook binnen regelmatig terug. Het pand moest toegankelijk zijn, en wat er binnen te ervaren was moest aan de buitenkant af te lezen zijn, zodat mensen het gebouw ingelokt werden. Daarom zijn de gevels bijna helemaal van glas. Alleen de bovenste verdieping maakte Hertzberger van zwart beton: daar zijn het archief en de opslagruimten. Van binnen is het gebouw ook heel transparant. De ruimten van de verschillende instanties zijn wel duidelijk van elkaar gescheiden, maar visueel zijn ze aan elkaar gekoppeld door middel van vides. Loopbruggen, trappen en een hellingbaan verbinden de verschillende delen, waardoor bezoekers gemakkelijk van de ene organisatie naar de andere kunnen trekken. Aan de binnenplaats ligt ook het Huis voor Schone Kunsten van architect Rudy Uytenhaak. De grote trappen van dat gebouw vormen samen met het bollende plein van CODA een openbaar cultuurplein waar 's zomers voorstellingen kunnen plaatsvinden.

Circus (1991)

Gasthuisplein 5, Zandvoort

Sjoerd Soeters

Architect Sjoerd Soeters bouwde in 1991 in Zandvoort een amusementshal met kermisattracties en gokautomaten, gecombineerd met een theater- en filmzaal, waar toeristen zich bij slecht weer zouden kunnen vermaken. Hij koos voor een stijl die aansloot bij de functie van het gebouw en creëerde een samenspel van allerlei – soms banaal aandoende – vormen en kleuren die associaties oproepen met de wereld van het amusement. Het gebouw staat gewoon tussen de huizen, met de voorkant aan een winkelstraat. Daar is in kleurige, onregelmatige letters boven de ingang de naam 'Circus' te lezen. De gevel staat los voor een wand van spiegelglas. Het dak is geïnspireerd op dat van een circustent. Het heeft drie lichtkoepels die aan feesthoedjes doen denken. Aan de zijkant is het gebouw al even feestelijk en kleurrijk. Daar rijzen vijf dikke vlaggenmasten boven de huizen uit, met golvende vlaggen van met tegels bekleed staal. Ze geven de plaats aan van de theater- en filmzaal, op de vierde verdieping van het gebouw. De voorste en de achterste vlag vormen de muren van die zaal. De andere vlaggen zijn eigenlijk niet helemaal te zien; daarvan steekt maar een gedeelte uit de wand. De vlaggen geven aan dat hier plezier te beleven valt, en ze zoeken bovendien aansluiting bij de sfeer van een toeristisch dorp aan de kust.

Kunsthal (1992)

Westzeedijk 341, Rotterdam

Office for Metropolitan Architecture

In Rotterdam kwam tussen het Museumpark en de Westzeedijk een gebouw te staan dat onderdak bood aan verschillende expositieruimtes. Het Office for Metropolitan Architecture van Rem Koolhaas ontwierp deze Kunsthal. Van buiten oogt het gebouw als een luchtige opeenstapeling van verschillende onderdelen, met aan elke kant een heel andere gevel in verschillende, vaak contrasterende materialen naast en door elkaar. Op het dak staat een installatietoren die meteen als groot reclamebord voor de tentoonstellingen dient. De Kunsthal is de toegangspoort tot het Museumpark. Dwars door het gebouw loopt een hellingbaan voor voetgangers omlaag van de Westzeedijk naar het park. Met deze voetgangersroute als uitgangspunt loopt binnenin de Kunsthal een spiraalvormig stelsel van hellingbanen. De voetgangersroute verdeelt het gebouw in twee delen. Aan de oostkant is een vleugel met twee grote expositiezalen die verschillen van karakter. Op de begane grond zoekt de hal aansluiting bij het park: de muren hebben een onregelmatige verlichting, zoals licht dat door gebladerte valt, en er staan vier kolommen die uitgedost zijn als boomstammen. De hal daarboven is een grote vrije ruimte, met een transparant dak en een grote vensterwand die uitkijkt op de verkeersweg op de dijk. Aan de westkant van de voetgangerszone is het gebouw smaller, eigenlijk is het hier één grote hellingbaan met daarop een café-restaurant, een auditorium en een derde kleinere tentoonstellingszaal.

Groninger Museum (1994)

Museumeiland 1, Groningen

A. Mendini met M. de Lucchi, Ph. Starck en Coop Himmelb(l)au

De Italiaanse architect Alessandro Mendini ontwierp in Groningen een museum dat eigenlijk op zichzelf al een kunstwerk is. Hij ging uit van een symmetrische vorm die bestond uit drie aan elkaar geschakelde paviljoens. Zelf ontwierp Mendini het centrale deel, met onder andere het restaurant en de bibliotheek en, daarboven uitstekend, een gouden toren met het depot; goud omdat dit de schatkamer van het museum is. Via een wenteltrap daalt de bezoeker van daaruit af naar een gang die voert naar de twee vleugels met tentoonstellingsruimten. Die bestaan allebei uit twee op elkaar gestapelde paviljoens. Verschillende architecten en kunstenaars hebben de paviljoens van binnen en van buiten vormgegeven. Zo ontstond binnen Mendini's strakke opzet een grote variatie aan vormen. Michele de Lucchi bouwde aan de westkant een paviljoen in rode baksteen voor de collectie archeologie en geschiedenis. Daarop ligt een cirkelvormig paviljoen van de Franse ontwerper Philippe Starck, met de afdeling kunstnijverheid. Starck bekleedde de gevel met aluminium platen met daarop vazen in reliëf die verwijzen naar wat er binnen te zien is. Aan de oostkant bouwde Mendini zelf een trapeziumvorm van twee verdiepingen. Daarboven kwam het spraakmakendste paviljoen van het museum, ontworpen door Wolfgang Prix en Helmut Swiczinsky, ofwel Coop Himmelb(l)au: een expressieve constructie van onverwacht geplaatste platen van staal en glas – rauw en dynamisch. Het onconventionele museumontwerp leidde tot nogal wat heftige discussies.

Bonnefantenmuseum (1995)

Avenue Céramique 250, Maastricht

A. Rossi

Het Bonnefantenmuseum, het Limburgse museum voor oude en hedendaagse kunst, ligt aan de oostelijke oever van de Maas in het nieuwe Maastrichtse stadsdeel Céramique, vroeger het terrein van een aardewerkfabriek. Een oude, gerestaureerde fabriekshal, in 1912 gebouwd naar een ontwerp van J.B. Wiebenga, maakt deel uit van het museum, dat verder bestaat uit opvallende nieuwbouw van de Italiaanse architect Aldo Rossi. Rossi's gebouw heeft de vorm van een E: drie vleugels, aan de straatkant verbonden door tussendelen. Aan het uiteinde van de middelste vleugel staat, aan de Maas, een markante 28 meter hoge kogelvormige toren met koepel. De architect baseerde de vorm van het Bonnefantenmuseum op die van oude, negentiende-eeuwse musea, maar gaf er een moderne invulling aan. De gevel heeft bijvoorbeeld uitspringende midden- en hoekpartijen. Die voerde Rossi uit in baksteen, terwijl hij de muren daartussen bekleedde met rode natuursteen. Binnen bevindt zich midden in de entreehal de traditionele, monumentale trap, die de bezoekers naar de verschillende vleugels en verdiepingen van het symmetrisch opgezette gebouw voert. Ook de inrichting van de museumzalen is vrij traditioneel. Maar in tegenstelling tot de oude voorbeelden is het Bonnefantenmuseum geen gesloten, in zichzelf gekeerd geheel. Aan de Maas zijn de verschillende bouwdelen niet afgesloten tot binnenhoven, maar open gelaten. Het museum staat daarmee niet los in zijn omgeving, maar vormt een verbinding tussen de straat en de Maas.

Nederlands Architectuur-instituut (1993)

Museumpark 25, Rotterdam

J. Coenen

Met onder andere exposities, educatieve programma's en een bibliotheek informeert het Nederlandse Architectuurinstituut, het NAi, bezoekers over de architectuur van vroeger en nu. Sinds 1993 huist het instituut zelf ook in een architectonisch opvallend, door Jo Coenen ontworpen gebouw aan het Museumpark in Rotterdam. Van buiten is het pand samengesteld uit vier delen, die binnen overeenkomen met het hoofdgebouw – met entreehal, foyer en auditorium –, de tentoonstellingszalen, het archief en de bibliotheek, met daarboven kantoren. Elk deel van het gebouw heeft zijn eigen materiaal. De gevel van het hoofdgebouw bestaat bijvoorbeeld uit glas, dat de betonstructuur zichtbaar maakt. Het archief, een gebogen gebouw op palen, is bekleed met stalen platen en het expositiedeel is opgetrokken in bruinrode bakstenen. Die baksteen sluit aan bij het Museum Boijmans Van Beuningen, dat schuin tegenover het NAi staat. Een hoge pergola om het hoofdgebouw van het instituut benadert bovendien de hoogte van de toren van het museum. Het bouwwerk markeert ook de grens tussen de drukke straat en het rustige Museumpark. Het gesloten archiefgebouw op palen schermt het park af van de straat. Aan de kant van het Museumpark omgeeft een vijver het instituut. Van daaruit is het gebouw te bereiken via een smalle brug. Allebei de ingangen komen uit op de entreehal, waarmee het Architectuurinstituut onderdeel is geworden van een voetgangersroute vanuit en naar het Museumpark.

Arcam (2003)

Prins Hendrikkade 600, Amsterdam

R. van Zuuk

Het Architectuurcentrum Amsterdam, kortweg Arcam, verhuisde in 2003 naar een nieuw onderkomen aan het Oosterdok, tussen NEMO en het Scheepvaartmuseum. Architect René van Zuuk had de opdracht gekregen een gebouw te ontwerpen dat zich, hoewel niet zo groot, toch moest kunnen meten met de opvallende gebouwen in de buurt. Bovendien moest het een goed uitzicht over het water hebben. Van Zuuk creëerde een gebouw dat als een compact, maar opmerkelijk accent op de verlaagde kade staat. Aan de kant van de stad heeft het gebouw een huid van aluminium. Met een welving vloeit deze gesloten façade als vanzelf over in het dak, en bolt hij over de glazen wand van de entree. Aan de andere kant is het gebouw juist bijna helemaal open. Een glazen gevel over twee verdiepingen biedt daar uitzicht over het water. Het gebouw bestaat uit drie lagen. De onderste laag, aan het water, bevat vooral een multifunctionele zaal, voor vergaderingen en discussies. Daarboven, ter hoogte van de Prins Hendrikkade, is een expositieruimte. Op de bovenste verdieping liggen kantoren en vergaderruimten. Het hele gebouw doet transparant aan. Dat komt omdat alle voorzieningen, zoals toiletten en kasten, aan één kant geconcentreerd zijn. In de rest van de ruimten gebruikte Van Zuuk vooral veel glas, en roostervloeren. Zo ontstonden lange zichtlijnen, van de ene kant van het gebouw naar de andere kant.

Register

A

Aalsmeer 276
Watertoren 276
Aardenburg 17
Sint-Bavokerk 17
Abbe, Henri van 352
Abbemuseum (Eindhoven), Van 352
Abma, J. 173
Adams, P. 158
Aerdenhout 46
Adventskerk 46
Villa Looyen 88
Adriaan Florisz Boeyens 200
Agnes van Twickelo 60
Agnetapark (Delft) 213
Aken 14, 262
Akense Dom 14
Alberts, A. 187, 237
Alkmaar 152, 153, 298
Accijnstoren 152
Bierbrouwerij De Boom 153
Huis van Achten 298
Almere 235
Almere-Haven 235
Alolfse de Zeeuw, Pieter 297
Ambar, Iene 51
American (Amsterdam), hotel 169
Amerongen 282
Amersfoort 241, 251
Kattenbroek 241
Koppelpoort 251
Amiens 24
kathedraal 24
Amsterdam 7, 16, 23, 32, 36, 40, 115, 150, 151, 157, 161, 163, 165, 167, 168, 170, 172, 173, 176, 182, 187, 190, 193, 198, 206, 207, 214, 216, 217, 220, 225, 227, 228, 229, 230, 232, 236, 238, 244, 246, 247, 253, 259, 262, 268, 272, 273, 297, 300, 312, 313, 320, 321, 331, 332, 338, 339, 340, 341, 342, 344, 346, 347, 348, 360, 364, 365, 373
American Hotel 169
Aquarium Artis 342
Arcam 373
ArenA 365
Atelierwoningen 228
Berlagebrug 272
Betondorp 220
Beurs van Berlage 165
Borneo en Sporenburg 247
Burgerweeshuis 320
Carré 341
Centraal Station 165, 268, 340
Cineac 347
Concertgebouw 339
Deutzenhofje 297
Drive-in woningen 229
Eerste Hollandsche Levensverzekering Bank 167
Enneüs Heermabrug 273
Felix Meritis 338
Van Goghmuseum 360
Graansilo 163
Haarlemmerstraat 83 214
Hangbrugwoningen 232
Hoofdpostkantoor 161
Houten huis (Begijnhof) 198
Hubertushuis 321
ING-Bank 187
ING-House 193
Java-eiland 246
Kantoorvilla's 190
Koninklijk Paleis op de Dam 7, 115, 117
's Lands Zeemagazijn 151
Maagdenhuis 300
Magere Brug 259
Montessorischool en Willemsparkschool 313
Mozes en Aäronkerk 40
Nederlandsche Bank 173
Nederlandsche Handel-Maatschappij 172
NEMO 332, 373
Oklahoma 331
Olympisch Stadion 348
Oost-Indisch Huis 150
Openluchtschool 312
Oude Kerk (Sint-Nicolaaskerk) 23
Pentagon 238
Piraeus 244
P.L. Takstraat 217
Portugees-Israëlitische Synagoge 36
RAI 364
Rijksmuseum 340, 360
Rijksverzekeringsbank 176
Scheepvaarthuis 170
Scheepvaartmuseum 373
Singel 428 236
Sint-Antoniespoort (De Waag) 253
Sloterhof 227
Spaarndammerbuurt 216
Stadsschouwburg 344
Stedelijk Museum 360

Sweelinckhuis 206
Tetterode 182
Trippenhuis 207
Tuschinski 346, 347
Waag (Sint-Antoniespoort) 253
Weesperstraat 7-57 230
Werf 't Kromhout 157
Westerkerk 32
Westertoren 32
Weteringschans 26-28 190
Whale, The 247
Wolkenkrabber 225
Andijk 44
Kerk 44
Ansfried, graaf 20
Apeldoorn 118, 186, 367
Centraal Beheer 186
CODA 367
Het Loo 72, 73, 118
Apon, Dick 235
Appel, Karel 317
Appingedam 19
Kerk 19
Arcam (Amsterdam) 373
ArenA (Amsterdam) 365
Arets, W.M.J. 140, 330, 335
Arkel, G.A. van 167
Arnemuiden 255
Arnhem 128, 201, 279, 280, 304, 306, 317
Bio Herstellingsoord 317
Bronbeek 304
Duivelshuis 201
Provinciehuis 128
Purfina tankstation 279
Station 280
Arnold de Lamargelle (heer van Eijsden) 61
Arskerk (Haarlem), pastoor van 47
Artis Aquarium (Amsterdam) 342
Artus Quellinus 151
Autopalace (Nijmegen) 278
AVRO-studio (Hilversum) 354

B

Baanders, H.H. 167
Baarn 66, 82
De Hooge Vuursche 82
Bach, Johann Sebastian 339
Bakema, J. 45, 133, 181, 322
Barneveld 77
De Schaffelaar 77
Barth Lijstenfabriek (Boxtel) 185
Basilius van Brugge, pater 31
Baurscheit, Jan Pieter van 210
Bazel, K.P.C. de 37, 81, 172
Beatrix, koningin 62, 284
Beethoven, Ludwig von 339
Beijerinck, J.A. 264
Belkum, Jan van 288
Bentham, Jeremy 306
Benthem Crouwel Architecten 192
Berenplaat (Spijkenisse) 275
Bergambacht 64
Herenboerderij 64
Bergen 83
Park Meerwijk 83
Bergen op Zoom 104
Markiezenhof 104
Bergeyk 87, 175
Villa Visser 87
Weverij De Ploeg 175
Berghoef, J.F. 132, 227
Bergpolderflat (Rotterdam) 226
Berkel, Ben van 93, 280, 286, 361
Berkel-Rodenrijs 240
Wilgenlaan e.o. 240
Berlage, H.P. 81, 86, 165, 176, 215, 225, 269, 272, 351
Berlagebrug (Amsterdam) 272
Bernoldus, bisschop van Utrecht 12, 13
Betondorp (Amsterdam) 220
Beurs van Berlage (Amsterdam) 165
Beusekom, J.G. van 164
Bhalotra, Ashok 241
Bierbrouwerij De Boom (Alkmaar) 153
Bierum 18
Kerk 18
Bijvoet, B. 88, 311, 312, 358
Bijvoet en Holt 358
Bio Herstellingsoord (Arnhem) 317
Bisdom, Marcellus 212
Bisdom van Vliet (Haastrecht), Museum 212
Blaauw, C.J. 110
Blijdorp (Rotterdam), Diergaarde
Blokland, P. 282
Blom, P. 233, 324
Bodon, A. 350, 364
Boijmans Van Beuningen (Rotterdam), Museum 350, 372
Bol'Es, Arij van 299
Bologna 29
Boni, Donato de 255
Bonnefantenmuseum (Maastricht) 371
Bonnema, A. 191
Borch, Jacob van der 57
Borneo en Sporenburg (Amsterdam) 247
Borssele, Wolvert van 103
Bos, Caroline 93
Bosch, Th. 234, 238
Bouma, S.J. 315
Bouman, Elias 36
Bouwcombinatie Maeslant Kering 285
Boxtel 140, 185, 295
Barth Lijstenfabriek 185
Gasthuis Magdalena van der Stappen 295
Politiebureau 140
Brande, Jacoba van den 210
Breda 25, 105, 141, 188, 306
Brandweerkazerne 141
Grote Kerk (Onze-Lieve-Vrouwekerk) 25
Kasteel 105
Koepelgevangenis 306
Suikerunie 188
Bredero, Gerbrand Adriaansz 55
Brederode, K.H. van 263
Breman, Co 80
Breukelen 67
Gunterstein 67
Pieterskerk 67
Brinkman, J.A. 174, 240
Brinkman, M. 219, 226, 349

Broek, J.H. van den 45, 133, 181, 322
Broekema, G.B. 309
Bronbeek (Arnhem) 304
Brouwer, H. 128
Bruggen, J.P. van 274
Bruijn, Pi de 339
Brunssum 316
Groene Kruis 316
Brunswijk-Wolfenbüttel, Lodewijk Ernst van 119
Buijs, J.W.E. 171
Burgerweeshuis (Amsterdam) 320

C

Cahen, A. 236, 352
Calatrava, S. 287
Campen, Jacob van 7, 33, 114, 115, 116
Carré (Amsterdam) 341
Carré, Oscar 341
Centraal Apotheek (Leeuwarden) 309
Centraal Beheer (Apeldoorn) 186
Cepezed 245
Céramique (Maastricht) 371
Cineac (Amsterdam) 347
Circus (Zandvoort) 368
Claus en Kaan Architecten 319
Clemens XIV, paus 30
CODA (Apeldoorn) 367
Coehoorn, Menno van 257
Coenen, J. 244, 358, 372
Coevorden 204
Friesestraat 9 204
Concertgebouw (Amsterdam) 339
Coninck, E.L. de 122
Coop Himmelb(l)au 370
Corbusier, Le 46
Corps de Garde (Groningen) 109
Creutz, J.S. 121
Cruquius (Haarlemmermeer), gemaal De 264
Cuijk 140
Cuypers, Ed. 82
Cuypers, P.J.H. 7, 16, 26, 41, 42, 57, 78, 82, 161, 268, 340

D

Daan, G. 91
Dam, C.G. 138, 326
Dapper, Herbert 202
David van Bourgondië, bisschop van Utrecht 57
Delden 60
Kasteel Twickel 60
Delft 26, 111, 203, 213, 322, 323
Agnetapark 213
Aula Technische Universiteit 322
Markt 2 203
Nieuwe Kerk 26
Stadhuis 111
Universiteitsbibliotheek 323
Den Bosch 24, 43, 119, 123, 129, 278
Gouverneurshuis 119
Paleis van Justitie 123
Provinciehuis 129
Sint-Janskathedraal 24
Den Haag 34, 38, 49, 62, 106, 114, 130, 135, 137, 159, 160, 171, 180, 192, 208, 209, 218, 224, 351, 363
Bijenkorf 180
Gemeentemuseum 351
De Gruyter-winkel 159
Huis Schuylenburch 208
Huis ten Bosch 62, 63, 66
Huis van Anthony Patras 209
Malietoren (VNO-NCW) 192
Mauritshuis 114
Ministerie van VROM 137
Nederlands Danstheater 363
Nieuwe Kerk 34
Nirwanaflat 224
Ontmoetingskerk 49
Oud-katholieke Kerk 38
Papaverhof 218
Passage 160
Raadhuis 106
Ridderzaal 100
Rijkskantorengebouw 130
Stadhuis 135
De Volharding 171
Den Ham (Vleuten), Toren 56
Derde Administratiegebouw (Utrecht) 269
Deutz, Agneta 297
Deutzenhofje (Amsterdam) 297
Deventer 13, 51, 146, 196, 203
De Drie Haringen 203
Maranathakerk 51
Proosdij 196
Sint-Lebuïnuskerk (Grote Kerk) 13, 196
Waag 146
Doesburg, Theo van 85
Domburg 103
Domkerk (Utrecht) 12, 21, 22
Domtoren (Utrecht) 26, 101
Donksbergen (Duizel), De 326
Dordrecht 177, 205
Museumstraat 48 en 50 205
Verzekeringsmaatschappij De Holland van 1859 177
Dortsman, Adriaen 67
Drexhage, G. 49
Drie Haringen (Deventer), De 203
Driehuis 328
Begraafplaats Westerveld 328
Driel 282
Drienerlo 324, 325
Bastille 324
Gebouw Toegepaste Wiskunde 325
Driessen, G. 305
Drijfhout, Bartholomeus 35
Drooglever Fortuijn, C.M. 169
Dudok, W.M. 126, 183, 314, 315, 328, 345
Duiker, J. 224, 232, 311, 312, 317, 347
Duintjer, M.F. 173
Duivelshuis (Arnhem) 201
Duizel 326
De Donksbergen 326
Durand, J.N.L. 307

E

Edison, Thomas 215
Educatorium (Utrecht) 333
Eefde 73

De Voorst 73
Eems 18
Eenhoorn (Middenbeemster) 70
Eerste Hollandsche Levensverzekering Bank (Amsterdam) 167
Eesteren, Cornelis van 227, 348
Egeraat, Erik van 242
Eggers, Bartholomeus 147
Eijmer, L.J. 268
Eindhoven 42, 277, 326, 352
Van Abbemuseum 352
Sint-Catharinakerk 42
Watertoren 277
Elling, P. 223
Embden, S.J. 50
Emmaüs (Velp), Kapucijnenklooster 31
Engelenberg (Kampen), Stichting 310
Enkhuizen 117
Stadhuis 117
Enneüs Heermabrug (Amsterdam) 273
Ens, Pieter Augustinusz 107
Enschede 37, 125
Raadhuis 125
Synagoge 37
Enschedé, J. 262
Erasmusbrug (Rotterdam) 286
Erk, Rob van 178
Eschauzier, F.A. 318
Esscher, M.C. 130
ESTEC (Noordwijk) 189
Euromast (Rotterdam) 356
Eyck, A.E. van 51, 87, 189, 230, 234, 238, 320, 321
Eyck, H. van 51, 189

F

Feijenoordstadion (Rotterdam) 349
Felix Meritis (Amsterdam) 338
Florence 132
Palazzo Vecchio 132
Floris V, graaf 55, 100
Franeker 107
Raadhuis 107
Frankrijk 19
Fransz, Peter 255
Frederik Hendrik van Oranje, stadhouder 62
Freud, Siegmund 305
Friedhoff, G. 125, 130

G

Gaast, K. van der 281
Geerts, Berent 109
Gelder, Hendrik van 351
Geldrop 162
Wollenstoffenfabriek 162
Gendt, A.D.N. 172
Gendt, A.L. van 80, 163, 268, 339, 344
Gendt, gebroeders Van 170
Gent 17
Gerard van Gelre, graaf 16
Geuze, A. 247
Girod, P. 236
Glass House (Holten) 92
Glymes, Anthonius van 104
Glymes, Jan II van 104
Goedkoop, Daniël 157
Gogh, Vincent van 360
Goghmuseum (Amsterdam), Van 360
Gool, F.J. van 190
Goossen van Raesfelt 60
Gorinchem 271
Gosewijn I van Heinsberg 98
Gouda 64, 102, 147
Stadhuis 102
Waag 147
Graansilo (Amsterdam) 163
Granpré Molière, M.J. 43, 132, 318
Gratama, J. 213, 220
Grave 31, 257, 278
Hampoort 257
's-Graveland 63
Trompenburg 63
's-Gravesande, Arent van 33, 34, 35, 149, 293
Greiner, O. 359
Grinten, G.J. van der 90
Groningen 95, 109, 164, 315, 370
Corps de Garde 109
Groninger Museum 370
Korenbeurs 164
Siebe Jan Boumaschool 315
Wall House 95
Groninger Museum 370
Groosman Partners 178
Groothandelsgebouw (Rotterdam) 179
Gruyter-winkel (Den Haag), De 159
Gugel, E.H. 213, 303
Guidici, Jan 301
Gunterstein (Breukelen) 67

H

Haan, Herman 89
Haaren 43
Kerk van het Groot-Seminarie 43
Haarlem 47, 75, 139, 148, 211, 262, 302, 306, 329
Crematorium 329
Huis Hodshon 211
Kantoor VROM 139
Pastoor van Arskerk 47
Paviljoen Welgelegen 75
Teylers Museum 302
Vleeshal 148
Haarlemmermeer 264, 287
Gemaal De Cruquius 264
Harp, Citer en Luit (bruggen) 287
Haarzuilens 78
Kasteel De Haar 78
Haastrecht 212
Museum Bisdom van Vliet 212
Haet ende Nijdt (Maastricht), Rondeel 254
Hagestein 282
Stuw 282
Hamdorff, W. 282
Hampoort (Grave) 257
Hana, H. 215
Hapert 330
Medisch Centrum 330
Harder, Q. 266
Harderwijk 199
Donkerstraat 26 199
Harms, H.J. 215
Hart, Abraham van der 211, 300

Heel, Puck van 349
Heer van Teylingen 54
Heerlen 127
Raadhuis 127
Heesterboom (Leiden), De 154
Hegener, J. 214
Heijdenrijk, L. 325
Heil, Fri 128
Hejduk, J.Q. 95
Hellemons, pastoor Willem 41
Helm, Willem van der 256, 296
Helmond 233
Paalwoningen 233
Helpoort (Maastricht) 250
Hendrik I van Brabant, hertog 250
Hendrik III van Nassau, graaf 25,105
Hendrikse, Neeltje 157
Henegouwen, Jan van 101
Hengelo 132
Raadhuis 132
Henket, H.J. 162, 185, 350
Henny, A.B. 85
Heringastate (Marssum) 68
Heron, Rochus 65
Hertzberger, H. 186, 230, 313, 362, 367
Heukelom, G.W. van 269
Heystee, A.M.A. 83
Hillegersberg 89
Villa Uitenbroek 89
Hilversum 126, 223, 232, 311, 314, 354, 355
AVRO-studio 354
Joelaan 2 223
Raadhuis 126
Sanatorium Zonnestraal 232, 311
Snelliusschool 314
Villa VPRO 355
Hodshon, Cornelia Catharina 211
Hoek van Holland 285
Maeslantkering 285
Hoff, R. van 't 85
Hogendorp, Daniël van 113
Holland (Dordrecht), Verzekeringsmaatschappij De 177
Holt, G.H.M. 47, 88, 358
Holten 92
Glasshouse 92
Hondius, J.F. 132
Hoofddorp 94
Dijkhuis 94
Hooft, P.C. 55
Hoogeveen 359
De Tamboer 359
Hoogovens (Velsen-Noord) 183
Hoogstad, J. 137
Hoorn 112, 294
Grote Kerk 294
Sint-Jansgasthuis 294
Statencollege 112
Hope, Henry 75
Houben, Francine 242
Houten huis (Begijnhof, Amsterdam) 198
Houthem 39
Sint-Gerlachkerk 39
Hubertushuis (Amsterdam) 321
Huis De Haan (Zierikzee) 197
Huis Hodshon (Haarlem) 211
Huis Schuylenburg (Den Haag) 208
Huis ten Bosch (Den Haag) 62, 63, 66
Huis ter Heide 85
Villa Henny 85
Huis van Achten (Alkmaar)
Huis van Anthony Patras (Den Haag) 209
Huis van de Perre (Middelburg) 210
Huut, M. van 187
Huygens, Constantijn 55, 149
Huyssens, Pieter 30

I

IJburg 273
IJmuiden 266
Hoge Licht 266
IJsselstein 29, 357
Gerbrandytoren 357
Toren van de Sint-Nicolaaskerk 29
ING-House (Amsterdam) 193
Inyat Khan, Hazrat 50
Isbrants, Johan 109

J

Jan van Beieren, hertog 99
Jansen Kromhout, Doede 156
Java-eiland (Amsterdam) 246
Jelgersma, G. 305
Jelgersmakliniek (Oegstgeest) 305
Jelles, Claes 107
Johan Maurits, graaf 114
Johannes de Doper 294
Johnson-Wax (Mijdrecht) 184
Jong, H.L. de 346
Joos, Cornelis 106
Jordaens, Jacob 62
Juliana, koningin 66

K

Kampen 22, 309, 310
Bovenkerk (Sint-Nicolaaskerk) 22
Stichting Engelenberg 310
Kamperdijk, N.J. 263
Kanselarij (Leeuwarden) 108
Karel de Grote 14
Karel V, keizer 104, 105, 108, 201
Kasteel Breda 105
Kasteel Eijsden (Laag-Caestert) 61
Kasteel De Haar (Haarzuilens) 78
Kasteel De Hooge Vuursche (Baarn) 82
Kasteel Middachten (De Steeg) 72
Kasteel Muiderslot (Muiden) 55
Kasteel Roosendael (Rozendaal) 74
Kasteel Teylingen 54
Kasteel Twickel (Delden) 60
Kasteel Valkenburg 98
Kattenbroek (Amersfoort) 241
Katwijk aan Zee 50
Soefi-tempel 50
Keldermans, Andries 103
Keldermans, Anthonis 104
Keldermans, Rombout 104

Keppel, Arnold Joost van 73
Kerkhoff, F.M.L. 213
Kessel, Willem van 24
Key, Lieven de 6, 110, 148
Keyser, Hendrik de 6, 32, 111, 150
Keyser, Pieter de 32, 150
Kiefhoek (Rotterdam), De 221
Kinderdijk 261
Klerk, Michel de 29, 82, 216, 217
Klinkhamer, J.F. 163
Kloos, J.P. 232
Klunder, H. 240
Koenraad II, keizer 12
Koepelgevangenis (Breda) 306
Kolhoff, H. 244
Koolhaas, Rem 92, 363, 369
Kootwijk 267
Radiozender Kootwijk 267
Kop van Zuid (Rotterdam) 286
Koppelpoort (Amersfoort) 251
Korenbeurs (Groningen) 164
Kraaijvanger Urbis 138
Kramer, P.L. 82, 180, 217, 259
Kröller, Anton 353
Kröller-Müller (Otterloo), Museum 353
Kromhout, W. 168, 310
Kromhout (Amsterdam), Werf 't 157
Kropholler, A.J. 124, 352
Kruitmolen (Valkenburg aan de Geul) 155
Kunsthal (Rotterdam) 369
Kurokawa, Kisho 360

L

Laag-Caestert 61
Kasteel Eijsden 61
Laan, Dom Hans van der 48
Lakenhal (Leiden) 149
Lands Zeemagazijn (Amsterdam), 's 151
Langezwaag 91
Atelierwoning Gunnar Daan 91
Lebuïnus 13
Leck (heer van Bergh), Willem van der 144
Leeuw, C.H. van der 174
Leeuwarden 108, 309
Centraal Apotheek 309
Kanselarij 108
Lefèvre de Montigny-Bisdom van Vliet, Paulina 212
Leiden 33, 149, 154, 256, 293, 296
Bibliotheek Thysiana 293
Burcht van Leiden 99
De Heesterboom 154
Lakenhal 149
Marekerk 33
Morspoort 256
Stadhuis 111
Tevelingshofje 286
Zijlpoort 256
Leidschendam 156
De Salamander 156
Lemiers 48
Sint-Benedictusberg 48
Lemmer 265
Ir. Woudagemaal 265
Leyden, Gerard van 100
Lijnbaan (Rotterdam) 181
Linde, C. van de 37
Lloyd Wright, Frank 85
Lodewijk Napoleon 76, 108, 122, 255
Lodewijk XIV 119
Lodewijk XV 61, 119, 209
Lodewijk XVI 61
Lois, Jacob 113
Lokhorst, J.A. van 308
Loo (Apeldoorn), paleis Het 72, 73, 118
Lopik 357
Lucchi, M. de 370
Lürsen, J.B. 171
Luthmann, J.M. 267

M

Maagdenhuis (Amsterdam) 300
Maaskant, H.A. 129, 179, 356
Maaskant, Van Dommelen, Kroos en Senf 129
Maastricht 10, 11, 30, 117, 131, 250, 254, 258, 262, 371
Bonnefantenmuseum 371
Céramique 371
Gouvernementsgebouw 131
Helpoort 250
Jezuïetenkerk 30
Onze-Lieve-Vrouwekerk 10
Rondeel Haet ende Nijdt 254
Sint-Servaasbrug 258
Sint-Servaaskerk 11
Maastunnel (Rotterdam) 274
Maeslantkering (Hoek van Holland) 285
Malietoren (Den Haag) 192
Ma retraite (Zeist) 79
Maranathakerk (Deventer) 51
Marekerk (Leiden) 33
Maria van Hongarije 255
Marken, J.C. van 213
Markiezenhof (Bergen op Zoom) 104
Marot, Daniël 7, 39, 62, 73, 74, 118, 208
Marssum 68
Heringastate 68
Martinus (Sint Maarten), heilige 28
Marwijk Kooy, J.C. van 79
Mary Stuart 73, 103
Mastenbroek, B. 243
Mauritshuis (Den Haag) 114
Mecanoo 178, 231, 242, 322, 323
Meerman, B.J. 278
Meerwijk (Bergen), Park 83
Meesterkok (Ratum), De 58
Meier, R.A. 135
Mendini, A. 370
Menkemaborg (Uithuizen) 69
Merkelbach en Elling 182
Merkelbach en Karsten 354
Metzelaar, J.F. 306
Mey, J.M. van der 82, 170
Meyer en Van Schooten 193
Middelburg 35, 210, 255, 318
Bejaardenwoningen Onder de Toren 318
Huis Van de Perre 210
Oostkerk 35
Middenbeemster 70
De Eenhoorn 70

Mies van der Rohe, Ludwig 94
Mijdrecht 184
Johnson-Wax 184
Minnaertgebouw (Utrecht) 334
Möbiushuis (Het Gooi) 93
Moergestel 71
Langgevelboerderij 71
Mol, J. 325
Molenbosch (Zeist) 76
Molenhoek, W. 166
Mondriaan, Piet 85
Morspoort (Leiden) 256
Mozes en Aäronkerk (Amsterdam) 40
Muiden 55
Muiderslot 55
Müller, Helene 353
Müller, J. 169
MVRDV 163, 243, 331, 355

N

Naarden 81
Hofstede Oud-Bussem 81
Nagele 45
Kerk 45
Nationale Nederlanden (Rotterdam) 191
Nederlands Architectuur Instituut (Rotterdam) 372
Nederlands Danstheater (Den Haag) 363
Nederlandsche Bank (Amsterdam) 173
Nederlandsche Handel-Maatschappij (Amsterdam) 172
Nellefabriek (Rotterdam), Van 174
NEMO (Amsterdam) 332, 373
Nes, Aert van 113
Neutelings Riedijk 141, 334
Nicolaas, heilige 22, 23
Nicolas Grimshaw & Partners 273
Nieuwenhuis, F.J. 303
Nijmegen 14, 270, 278, 292, 361
Autopalace 278
Latijnse school 292
Museum Het Valkhof 361
Sint-Nicolaaskapel 14
Waalbrug 270
Nirwanaflat (Den Haag) 224
Noordhavenpoort (Zierikzee) 262
Noordwijk 189
ESTEC 189
Noorwits, Pieter 34
Nordingen, Johan van 298

O

Oegstgeest 305
Jelgersmakliniek 305
Office for Metropolitan Architecture (OMA) 92, 333, 363, 369
Oklahoma (Amsterdam) 331
Olympisch Stadion (Amsterdam) 348
Oosterschelde 284
Stormvloedkering 284
Oost-Indisch Huis (Amsterdam) 150
Oostvoorne 84
't Reigernest 84
Openluchtschool (Amsterdam) 312
Oranje, Willem van 111
Oranje-Nassau, familie Van 25
Östberg, R. 125
Otterloo 86, 353
Jachtslot Sint-Hubertus 86
Museum Kröller-Müller 353
Otten Husly, Jacob 120, 338
Otto I van Gelre, graaf 16
Oud, J.J.P. 221, 317
Oud-Ade 261
Vrouw Vennermolen 261
Oud-Bussem (Naarden), Hofstede 81
Oudega 15
Kerk 15
Oudenbosch 41
Basiliek 41
Oud-Zuilen 260
Westbroekse molen 260

P

Paalwoningen (Helmond) 233
Palladio, Andrea 114, 120, 207
Papaverhof (Den Haag) 218
Pasqualini, Alessandro 29
Patras, Anthony 209
Paushuize (Utrecht) 200
Pentagon (Amsterdam) 238
Peperklip (Rotterdam) 239
Pernis 289
Metrostation 289
Perre, Johan Adriaen van de 210
Peters, C.H. 161
Petersom, Hans 259
Peutz, F.P.J. 127
Piano, R. 332
Pijll, J. van der 278
Piraeus (Amsterdam) 244
Ploeg (Bergeyk), Weverij De 175
Poel, Marius 328
Polanen, Jan van 25
Popta, Henricus 68
Post, Maurits 66
Post, Pieter 35, 62, 66, 99, 114, 116, 147
Poulle, Magdalena 67
Purfina tankstation (Arnhem) 279

Q

Quist, W.G. 188, 275, 277, 284, 285, 353

R

Raesfelt, Ursula van 72
RAI (Amsterdam) 364
Rammekens (Ritthem), Fort 255
Rams Woerthe (Steenwijk) 80
Rapp, C. 244
Ratum 59
De Meesterkok 58
Ravesteyn, S. van 177, 279, 343
Reede, Godard van 72
Reigersnest (Oostvoorne), 't 84
Reitsma, E. 44
Richardis 16
Ridderzaal (Den Haag) 100
Rietveld, G.Th. 87, 175, 222, 360
Rietveld-Schröderhuis (Utrecht) 222
Rijgerburgh (Sint-Maartensdijk) 65
Rijksmuseum (Amsterdam) 340, 360

Rijkswaterstaat 284
Ritthem 255
Fort Rammekens 255
Robbrecht en Daem 350
Roermond 16
Munsterkerk 16
Roman, Jacob 72, 73, 118
Rome 30, 41, 177
Sint-Jan van Lateranen 41
Sint-Pieter 41
Villa Borghese 79
Roosenburg, D. 176
Rosdorff, Ph.M. 136
Rose, W.N. 304
Rossi, A. 371
Rossum, J.P.F. 341
Rossum, Maarten van 201
Rotterdam 89, 113, 138, 166, 169, 174, 178, 179, 181, 191, 219, 221, 226, 231, 239, 242, 245, 274, 275, 286, 307, 327, 343, 349, 350, 356, 369, 372
Architectenhuis Kralingse Plas 242
Bergpolderflat 226
Beurs en WTC 178
Diergaarde Blijdorp 343
Erasmusbrug 286
Euromast 356
Feyenoordstadion (De Kuip) 349
Groothandelsgebouw 179
Holland Amerika Lijn 169
Justus van Effencomplex 219
De Kiefhoek 221
Kop van Zuid 286
Kruisplein 231
Kunsthal 369
Leger des Heils 327
Lijnbaan 181
Maastunnel 274
Museum Boijmans-Van Beuningen 350, 372
Nationale Nederlanden 191
Nederlands Architectuur Instituut (NAi) 372
Van Nellefabriek 174
De Peperklip 239
De Schie 307
Schielandshuis 113
Stieltjesstraat/Entrepotplein 245
Weena 191
Wilhelminahof 113
Witte Huis 166
Rozenburg 283
Windscherm langs het Calandkanaal 283
Rozendaal 74
Schelpengalerij Kasteel Roosendael 74
Ruijsenaars, H.J.M. 161
Ruyter, Michel de 117

S

Salamander (Leidschendam), De 156
Salm, A. 79, 342
Salm, G.B. 342
Sangster, H. 276
Santpoort-Zuid 215
Vinkenbaan 14 215
Schaffelaar (Barneveld), De 77
Scheepvaarthuis (Amsterdam) 170
Scheepvaartmuseum (Amsterdam) 373
Schelling, H.G.J. 280
Schie (Rotterdam), gevangenis De 307
Schiedam 288, 299, 301
Proveniershuis 299
Sint-Jacobsgasthuis 301
Station Schiedam-Centrum 288
Schielandshuis (Rotterdam) 113
Schilperoord, Jopp 283
Schoonhoven 64, 145
Stadskorenpakhuis 145
Schoorl, G. 270
Schöpf, Johann Adam 38
Schuurman, R.H.M. 365
Schuylenburch, Cornelis van 208
Sijmons, K.L. 46
Sinkel, Anton 158
Sint-Hubertus Otterloo, Jachtslot 86
Sint-Maartensdijk 65
Rijgerburgh 65
Smits, A.P. 37
Snelder, B.G.J.J. 131
Soefi-tempel (Katwijk aan Zee) 50
Soest 66
Soestdijk 66
Paleis Soestdijk 66
Soeters, S. 246, 368
Solms, Amalia van 62
Spijkenisse 275
Berenplaat 275
Spinola, Ambrogio 30
Spoorwater, Evert 103
Springer, J.B. 344
Springer, J.L. 344
Staal, J.F. 83, 84, 178, 225
Stalpaert, Daniël 151
Stam, M. 229
Stam-Beese, L. 229
Starck, Philippe 370
Steeg, De 72
Kasteel Middachten 72
Steenwijk 80
Rams Woerthe 80
Stelling, P. 270
Steur, A. van der 274, 350
Stigt, J. van 134
Stockholm 125, 132, 350
Stadhuis 125, 132, 350
Stoop, J.B. 76
Stormvloedkering (Oosterschelde) 284
Strasser, E.E. 351
Struijs, Maarten 283
Struycken, Peter 307
Suys, T.F. 40
Swaay, G.J. van 41
Swart, Pieter de 119, 209
Sweelinck, Jan Pietersz 206, 339
Sweelinck, Pieter Jansz 206
Sweelinckhuis (Amsterdam) 206

T

Tak, C.B. van der 169
Tamboer (Hoogeveen), De 359
Ter Aar 134
Raadhuis 134
Ter Apel 27
Klooster 27

Terneuzen 133
Raadhuis 133
Tevel, Charles 296
Tevel, Jacob 296
Tevelingshofje (Leiden) 286
Teyler van der Hulst, Pieter 302
Teylers Museum (Haarlem) 302
Teylingen 54
Kasteel 54
Tholen 65
Thorn 20
Stiftskerk 20
Thysiana (Leiden), Bibliotheek 293
Thysius, Joannes 293
Tijen, W. van 179, 226, 229
Tilburg 262, 281, 358
Kunstcluster 358
Schouwburg 358
Station 281
Trip, Hendrick 207
Trip, Louys 207
Trippenhuis (Amsterdam) 207
Tromp, Cornelis 63
Tromp-Meesters, Jan Hendrik 80
Trompenburg ('s-Graveland) 63
Tuschinski (Amsterdam) 346, 347
Tuschinski, Abraham 346

U
Uithuizen 69
Menkemaborg 69
Ulrich, Chr. 302
UN Studio 93
Utrecht 12, 101, 158, 200, 222, 237, 243, 269, 303, 308, 333, 334, 335, 345, 362
Academiegebouw 303
J. Buziaulaan 25 237
Derde Administratiegebouw 269
Domkerk 12, 21, 22
Domtoren 26, 101
Educatorium 333
Koningslaan 124 243
Laboratorium voor Anorganische Chemie en Gezondheidleer 308
Minnaertgebouw 334
Muziekcentrum Vredenburg 362
Paushuize 200
Rietveld-Schröderhuis 222
Sint-Pieterskerk 12, 200
Stadsschouwburg 345
Universiteitsbibliotheek 335
Winkel van Sinkel 158
Uytenhaak, R. 139, 367

V
Valkenburg aan de Geul 98, 155, 262
Kasteel Valkenburg 98
De Kruitmolen 155
Station 262
Valkhof (Nijmegen), Museum Het 361
Van Duivenbode & De Jong 327
Vandenhove, C. 123
Veere 103
Stadhuis 103
Veggel, A. van 77
Vegter, J.J.M. 128
Velde, H. van de 353
Velp 31
Kapucijnenklooster Emmaüs 31
Velsen, K.J. van 133, 366
Velsen-Noord 183
Hoogovens 183
Venlo 90
Karel van Egmondstraat 139 90
Vennekool, Steven 72, 117
Vennermolen (Oud-Ade), Vrouw 261
Verhoeven, J. 240
Verhulst, Rombout 256
Vermeys, C. 303
Versteeg, G. 220
Verwey, Albert 165
Viervant, L. 302
Vijlen 59
Cottessen 5 59
Villa Henny (Huis ter Heide) 85
Villa Looyen (Aerdenhout) 88
Villa Uitenbroek (Hillegersberg) 89
Villa Visser (Bergeyk) 87
Villa VPRO (Hilversum) 355
Vincidor, Thomasso 105
Vingboons, Justus 207
Vingboons, Philips 70, 206, 207
Vleeshal (Haarlem) 148
Vleuten 56
Toren Den Ham 56
Vlugt, L.C. van der, 226, 349
Voets, T. 289
Volharding (Den Haag), De 171
Volmer, August 168
Vondel, Joost van den 55
Voorst (Eefde), De 73
Vorkink, P. 84
Vredenburg (Utrecht), Muziekcentrum 362
Vries Robbé & Co., De 271
Vriesendorp, Madelon 363
Vuijk, W.J. 341

W
Waag (Amsterdam), De 253
Waal, De 237
Waalwijk 124
Raadhuis 124
Waddinxveen 271
Hefbrug 271
Wall House (Groningen) 95
Wamelink, E. 94
Weeber, C. 239, 307, 363
Weena (Rotterdam) 191
Weert 28
Martinuskerk 28
Weesp 120
Raadhuis 120
Welgelegen (Haarlem), Paviljoen 75
Welsing, W.G. 159
Wenckebach, O.W. 103
Wesstra, H. 160
West 8 247
Westbroekse molen (Oud-Zuilen) 260
Westerveld (Driehuis), Begraafplaats 328
Westzaan 121
Raadhuis 121
Whale (Amsterdam) 247
Wiebenga, J.G. 224, 311, 371

Wijk, J.C. 160
Wijk bij Duurstede 57
Bourgondische toren 57
Wilhelmina, koningin 265, 270
Wilhelminahof (Rotterdam) 113
Willem II, koning 66, 100, 262
Willem III, stadhouder 66, 72, 73, 118, 304
Willem IV, stadhouder 62, 119, 209
Willem V, stadhouder 119, 210
Willems, L. 316
Willibrord, bisschop 21
Willigen, H. van 235
Wils, J. 218, 348
Winkel van Sinkel (Utrecht) 158
Winschoten 27
Witstok, N. 240
Witte Huis (Rotterdam) 166
Wormser, J.P. 84
Wouda, D.F. 265
Woudagemaal (Lemmer), Ir. 265

Z

Zandvoort 368
Circus 368
Zanstra, Giesen, Sijmons 228
Zeddam 144
Molen 144
Zeewolde 366
Bibliotheek 366
Zeinstra, H.L. 329
Zeist 76
Ma retraite 79
Molenbosch 76
Zierikzee 197, 252
Huis de Haan 197
Noordhavenpoort 252
Zuidhavenpoort 252
Zijlpoort (Leiden) 256
Zocher jr., J.D. 57, 74, 76
Zocher, L.P. 213, 328
Zoetermeer 136
Ministerie van Onderwijs en Wetenschappen 136
Zonnestraal (Hilversum), Sanatorium 232, 311
Zuidhavenpoort (Zierikzee) 252
Zuuk, René van 373
Zuylen van Nievelt, baron Jaspe Hendrik van 77
Zuylen van Nijevelt, baron Etienne van 78
Zwolle 122, 234, 263, 319
Nieuwstraat/Waterstraat 234
Ouderenhuisvesting Stadshagen 319
Paleis van Justitie 122
Station 263